国家社会科学基金一般项目"土家族濒危口述史料的征编与研究"（批准号：16BTQ047）结项成果

彭　燕——著

土家族
口述史料征编研究

社会科学文献出版社
SOCIAL SCIENCES ACADEMIC PRESS (CHINA)

序

　　口述史料，作为记述人们口述的原始资料，承载了一个人、一个民族乃至一个国家的记忆，在复原历史文化方面具有其他史料所无法替代的价值。国外相对比较重视口述史料的整理与研究，国内学界目前对口述史料尤其是少数民族口述史料的研究工作开展得还很不够。选择"土家族口述史料"作为研究对象，在我看来，极具挑战性，是需要很大勇气的。这是因为，土家族有民族语言，却没有文字，其历史文化均靠口传心授的方式传承。因缺乏有效的保护，部分口传文化已经失传，而且土家族聚居区的经济、文化和教育发展极不平衡。从事此项研究的困难具体表现在以下几个方面。

　　一是口述史料分布广。武陵山片区地域广阔，辖71个县（市、区），要征编土家族口述史料不仅要与该区各级相关单位（机构）、研究专家及学者等联系，争取他们的支持与捐赠，还需对散佚于民间的土家族手稿、实物等的口述史料进行广泛征集与甄别，需要投入大量的人力、物力和时间。

　　二是征集难度大。土家族现存的一些濒危口传文化大多散佚于崇山峻岭、交通不便的偏远土家乡村，要征集其口述史料，必须深入实地展开田野调查与口述历史等研究，不仅工作量大、任务重，还会遇到很多意想不到的困难。

　　三是征编无借鉴。我国口述历史研究起步较晚，对少数民族口述史料进行征编还是一个新兴领域，不仅在技术、人才等方面投入不足，而且相关学术成果不多，缺乏科学、系统的理论研究和切合实际的工作实践来指导该项目研究。

此外，口述史料编目比普通史料编目更为复杂，国内外目前尚未形成统一的编目规则和方法。如何通过标准化的编目向读者展示完整的口述史料，实现口述资源的共享，已成为国内外编目工作亟待解决的难题。

但值得庆幸的是，我校图书馆的彭燕老师（副研究馆员）勇于迎接挑战，攀登科学高峰，努力采摘学术硕果，完成了这么一部沉甸甸的专著。

《土家族口述史料征编研究》是彭燕老师国家社科基金一般项目的最终成果，也是她十年如一日潜心研究民族口述历史与图书馆特藏资源的结晶。在研究中，作者以无文字民族口述史料征编为切入点，利用图书馆学、口述史学与计算机等学科的理论与方法，对土家族口述史料进行全面、系统的征集、整编、数字化保护与开发利用研究，以鲜活的一手资料架构起我国民族口述史料征编与研究的基本体系，为其他民族展开相关研究提供了可复制、可参考的优秀成果，对建设与完善民族地区图书馆特色资源具有重要意义。这部著作至少有以下几方面的价值点。

第一，在国内率先以"民族口述史料"为视角，以土家族为研究对象，对散佚民间的土家族口述史料进行全面系统的征编，为社会各界进行多维度研究提供了重要而详实的口述史料。由于口述史料目前尚无统一的整理与编目方法，作者在遵循普通文献著录格式的同时，一是结合实践，提出图片、录音、视频等口述史料整理的具体方法；二是根据对土家族口述史料特征、编目需求的实证分析，提出其编目规则和方法，促进与深化了我国民族口述史料的整编工作，使选题与研究成果具有实践价值与方法论价值。

第二，在内容安排方面，作者采取逐步深入的方式，通过对土家族历史、文化及口述史料的理论探究，系统地提出了土家族口述史料征编方法并进行了广泛征集。征集对象涵盖土家族濒危口传文化的各个方面，服饰、饮食等也在收录之列，实属难得，具有一定的创新性。从史料类型来看，作者将口述史料看成一个逐步消失的动态过程，不仅挖掘现阶段土家族口述历史资料，也征集历史上通过土家族人口述而形成的手稿、铭刻、实物等濒临消失的口述史料，具有重要的社会价值与学术价值。

第三，利用新方法、新技术从多学科、多视角抢救性征编与研究土家族濒临消失的口述史料。如利用口述史学对土家族18种濒危口传文化及其传承人进行了口述历史研究，摘录了其中 11 位代表性传承人口述史，对其所承载的文化技艺与蕴含进行了由表及里的解读；利用现代信息技术对征集到的土家族口述史料进行了数字化保护与开发利用研究，通过创建首个土家族口述史料数据库与微信公众平台实现其长久保存、共享与传播，很好地解决了图书馆文献史料"藏与用"的问题，凸显了本成果的创新性价值。

除此之外，这部著作还有很多值得一提的闪光点，如研究方法规范、行文简洁、表达清晰。无论是选题、编辑内容，还是描写叙述、观点提炼，都显示出作者具备扎实的理论功底和专业功底。"图文并茂"也是全文值得一提的亮点。

尽管前面所述的客观困难，使此项研究还存在一些不足，但它对国内民族口述史料研究是开创性的，特别是在我国广泛开展"文化大发展大繁荣"、"建设文化强国"和"坚定文化自信"的背景下，本书对抢救、保护、传承土家族濒危口传文化，推动土家族聚居地区民族文化事业的建设与发展具有重要的理论价值和现实意义。

白晋湘

2020 年 5 月 30 日于吉首

目　录

绪　论

一

口述史料（Oral Historical Material），又称口头资料、口碑史料、口述档案或口述历史资料，主要通过有计划地访问当事人或知情人，根据人们口述亲历亲闻挖掘、整理出来的文字、图片、录音及视频等具有保存价值的原始资料。

对于研究者来说，通过查阅图书馆资料是开展各项研究的第一步，但当前可供查阅的口述史料相对缺乏，尤其是少数民族口述史料更为稀缺。研究少数民族特别是无文字民族的历史与文化更多依赖口述史料来开展，而口述史料难征、易失的特性决定了其征编的紧迫和抢救性保护的重要程度。土家族有本民族语言，但没有文字，其历史文化均靠口传心授的方式传承。因缺乏有效的保护，部分口传文化已经失传或濒于失传。本书以土家族为研究个案，征集土家族民间濒临消失的口述史料并进行整编、数字化保护与开发利用研究，旨为广大研究者提供丰厚的土家族口述史料，为少数民族口传文化的传承与发展探索出更富有成效的策略。

在没有文字的时代和民族中，口述是人们传播历史、文化和推动文明的主要方式。无论是国外的《吉尔伽美什》还是中国的《史记》《春秋》的采风内容等，都是先经过口述、后利用文字编写而成的，口述史料的价值曾备受推崇。

但随着德国兰克学派的兴起，文字书写的资料被看作最可信的历史记录；中国清朝的乾嘉学派也因政治压力被迫转向考据学，长期钻研文字史料，讲究"口说无凭"，使口述史料一度备受冷落。随着人类文明的进步和录音设备的发明与使用，文字一统天下的局面被逐渐打破，口述史料作为弥补文字和实物史料记录不足的优势重新得到了重视。

19世纪70年代，美国班克罗夫特图书馆开拓性地对口述史料开展了研究工作，成为现代图书馆采集、收藏与传播口述史料的先行者。1938年，艾伦·内文斯（Allan Nevis）提出："应该建立一个组织，系统地收集、记录口头传统和著名美国人士的回忆。"他于1948年在哥伦比亚大学图书馆创建了口述史研究室，开创了基于精英人物的口述访谈模式，标志着现代口述史学的建立，也使美国口述历史研究得到迅速发展。20世纪70年代，英国史学界掀起了"自下而上"的撰史运动，口述史界开始关注弱势和边缘群体，口述历史研究的范围开始渗透到社会生活的各个领域。1984年，《口述史学：跨学科文集》由美国口述历史协会出版，该书在整个口述史学界产生了非常显著的影响。随后，莱斯利·凯伦等在民族研究中也应用了口述史学，出版了著作《失去的故事：犹他州的少数民族口述史》（Leslie Karen，1996）。90年代后，世界各国开始将口述史料数字化作为发展互联网文化信息资源的主要策略。纽约图书馆将珍贵的犹太文化口述史料抄本数字化，并在线发布了部分抄本（Duke，2014），英国国家图书馆也建立了"口述史料资源库"。欧美许多国家和地区对口述历史研究非常重视，产生了大量口述史料。在亚洲，新加坡、日本等国以及我国香港、台湾地区的口述历史研究起步较早，成果相当丰硕。这些都为土家族口述史料征编研究提供了启发和参考。

虽然我国很早就有使用口述史料的传统，如汉代司马迁作《史记》时就通过访谈收集口述史料，但近代以来囿于各种原因，国内口述历史研究一直处于停滞状态。改革开放以后，口述史学闯入国人视野，《张学良世纪传奇：口述实录》《老北京人的口述历史》等口述史著作陆续出版。进入21世纪，随着图书馆对文献开发力度的不断加强，部分学者把目光投向这一领域，他们的研究主要集中在以下几个方面。

其一，国外口述历史，代表作有《美国总统图书馆的口述历史收藏》（杨祥银，2000）、《国外口述历史资源采集流程的共性对我国图书馆的启示——以James Gleeson和唐德刚的采访实践为例》（蔡屏，2011）、《口述资料采集与收藏的先行者——美国班克罗夫特图书馆》（王子舟、尹培丽，

2013）、《美国图书馆口述历史服务特点及启示》（陈方锐，2018）、《美国路易斯安纳州立大学图书馆口述历史工作研究》（吴振寰、韩玲、钟源，2019）等。

其二，图书馆口述史料研究的意义，代表作有《值得填补的空白——谈图书馆的口述史料资源》（左皓劼、张涛，2007）、《口述历史——图书馆资源建设的新探索》（李乃冰，2008）、《口述历史：地方文献工作之新视野与新拓展——以浙江图书馆为例》（刘杭，2010）、《口述资料收藏——图书馆的新领地》（尹培丽，2013）、《口述历史对图书馆史研究的意义探讨》（冯云，2015）等。

其三，口述历史理论，主要集中研究口述史料开发与收藏，如：陈俊华、乔菊英、叶锦青与李瑛等分析了当前国内图书馆开展口述历史工作面临的困难，探讨了各自图书馆开发和收藏口述史料应关注和把握的重点环节；李乃冰、郑松辉、张晓红、赵惠、冯光敏等从图书馆在口述资源建设中的意义与原则等方面进行了研究。

其四，口述历史实证研究，如：2012年，国家图书馆以传统文化遗产、现当代重大事件、各领域重要人物为专题，启动了"中国记忆"项目，为国家保存记忆资源；2013年，中华女子学院图书馆开始收集、整理与保存中国妇女的口述史，并定期开展以"妇女口述历史"为主题的学术研讨会；2014年10月，湖南图书馆主办"图书馆与口述历史及地方文化"国际学术研讨会，并对湖南抗战老兵口述历史进行了记录，等等。

具体到土家族口述史料研究，目前只有部分学者零星关注，如：王文章、金萱等为推动经济发展与非物质文化遗产的保护，对土家族西兰卡普的传人进行了调查，出版了《西兰卡普的传人 土家织锦大师和传承人口述史》（2010）；彭燕、田进婷通过对土家族民间工艺传承人的口述访谈，撰写了论文《土家族滴水牙床的传统技艺与文化蕴含——基于传承人陶代荣的研究》（彭燕、田进婷，2012）与《湘西土家族传统民居营建仪式与技艺——基于彭善尧师傅的访谈》（彭燕，2013）；刘德红、曹佳等提出土家族口述医药史料有利于土家族医药的发展，通过对巴东县土家族的调查，了解到其保存现状，提出了保护与传承的建议，并撰写论文《湖北巴东土家族口述医药文献调查分析》（2014）。

通过以上梳理可以看出，我国图书馆口述历史研究体系主要集中在重大事件、各领域重要人物与图书馆开展口述历史研究的意义与策略等方面，对少数民族尤其是土家族口述历史则涉及不多。口述历史在国际学术界受到高度重视，就是因为它在复原历史文化方面有其他史料所无法替代的价值。一些历史文化由于各种原因没有留下记载，要了解事实真相，只有对当事人或知情人进行口述访谈，获取口述史料以供人们利用，否则将会随着岁月的流逝而消失。因此，我们很有必要从图书馆学、口述史学、民族学等方面，多角度地深入开展土家族口述史料的征编工作，建立科学、系统的研究机制，以提升图书馆在跨学科研究方面的能力。

二

土家族无文字，历史、文化传承一直依靠口传心授，关于该民族各种记载形式的缘起都是经口述整理而成，与土家族口传历史文化相关的所有文字史料、实物史料均属口述史料范畴。为此，传统土家族口述史料的征编与研究工作，从 20 世纪 50 年代土家族民族成分识别之时就已开始，各学者通过土家族人口传心授，以历史学、哲学、民族学、社会学等学科的理论与方法，对土家族的历史文化进行了挖掘与整理，产生了大量的研究成果。但是，利用口述历史研究方法对土家族口述史料进行征编起步较晚，研究力量也较为分散，其研究成果主要分为以下三个部分。

1. 相关研究论文

为了解国内学术界利用现代口述史对土家族口述史料进行相关研究的现状，笔者于 2018 年 3 月 19 日登录 CNKI 全文数据库，选取"篇名"为检索入口，以"土家族口述"为检索词，进行"学术期刊"模糊检索，共获相关学术论文 13 篇。

（1）从图书馆、文化与民族等学科角度撰写相关论文 6 篇：《西部口述历史文献资源的开发与永久性保存机制研究——以湖南湘西土家族苗族自治州为例》（彭燕，2010）、《武陵山区土家族口述历史文化资源的传承与抢救研究》（彭燕，2011）、《少数民族口述历史的挖掘与数字化保存模式研究——以武陵山区土家族为例》（彭燕、朱慧玲，2012）、《原生态文化视野下少数民族口述史料的保护研究——以土家族为例》（彭燕、卢云，

2017）、《针尖上的技艺：土家族挑花传承人余爱群口述访谈》（彭燕，2017）、《口述历史在土家族挑花研究中的应用——以吉首大学图书馆的实践为例》（彭燕、余弦、李良嘉，2017）。

（2）从音乐舞蹈学科角度撰写论文 3 篇：《民族音乐"口述史"实存分析——基于土家族土司音乐研究》（熊晓辉，2014）、《"口述史"在民族音乐发展中的历史与逻辑——基于土家族土司音乐研究》（熊晓辉，2014）、《从小会计到土家族民间音乐大师——田隆信口述访谈录》（叶颢、陈廷亮、陈奥琳，2015）。

（3）从中医、文学、美术与体育学科角度各撰文 1 篇：《湖北巴东土家族口述医药文献调查分析》（刘德红、曹佳等，2014）、《论土家族形象的审美建构——以湘西土家族口述作品为例》（陈素娥，2009）、《鄂西土家织锦文化遗产传承人口述档案建立探析》（李祎、龙则灵，2016）、《民间武术的传承与发展——基于土家余门拳传承人口述史研究》（丁永鹏，2017）。

2. 相关研究著作

为了解土家族现代口述史研究著作的出版情况，笔者于 2018 年 3 月 27 日登录读秀中文学术网，分别以"土家族口述"、"口传"、"口承"、"口碑"等为检索词进行图书书名搜索，只检索到相关中文图书 4 部，《土家族口承文化哲学研究》（萧洪恩，1999）、《民间口传文学的珍贵遗产——重庆土家族民歌》（黄洁等，2004）、《西兰卡普的传人 土家织锦大师和传承人口述史》（王文章主编、金萱整理，2010）、《从土家族走出的药物化学家——彭司勋口述自传》（周雷鸣访问整理，2013）。

3. 相关研究项目

2012 年，湖北民族学院美术与设计学院金晖主持了国家社科基金艺术学项目"武陵山土家族民间美术传承人口述史研究"；2012 年，三峡大学民族学院陈廷亮主持了国家社科基金一般项目"土家族口述史研究"；2015 年，彭燕主持了湖南省社会科学基金西部项目"明清以来土家族口述历史的挖掘、整理与数字化保护研究"；2016 年，彭燕主持了湖南省图书馆中青年人才库重点课题"原生态文化视角下土家族女红口述历史的挖掘与保护研究"。

以上相关研究与成果为本书将口述历史研究引入土家族濒危口述史料征编工作奠定了重要理论基础，但存在的局限也显而易见。

（1）土家族口述史料的征集工作虽取得了一定的成绩，但还处于初级的调查、访谈、记录与整理阶段，尚未进入系统整编、数字化和开发与利用的高级阶段，没有突出对土家族口述史料研究的意义与重点。

（2）目前，土家族口述史料研究主要集中在理论探讨、资源建设与口述访谈等方面，对散佚民间或亟待抢救保护的口述史料关注不够，缺乏深入系统的征集，使土家族很多濒临消失的口述史料未纳入研究视野。

（3）为实现优秀文化信息资源的共建共享，各地目前都在大力倡导"共享工程"，但社会各界对土家族口述史料的保存与研究仍各自为政，没有真正以一个中心来进行资源整合，远未达到土家族口述史料的共建共享。

（4）口述史料是承载土家族历史与文化的重要载体，但目前对土家族口述史料尚未进行系统的征集与整理，部分征集到的口述史料储藏分散，保管不力，流失损坏严重。因此，亟须建立一个系统的保护体系，对这些濒危史料展开有组织、有计划的征编研究，将土家族濒临失传的优秀口传文化抢救、保护与传承下来，这为本书研究留下了进一步拓展的空间。

三

土家族濒危口述史料征编研究的对象是土家族濒临消失的口述史料，这是毋庸置疑的，但笔者认为这样的表述还不够完全。众所周知，史料是人类社会的一种文化现象，人类对历史文化的认识和研究离不开史料。土家族无文字，口述史料是该民族史料的重要组成，也是土家族史料系统的一个重要子系统。

因此，土家族口述史料征编研究对象是土家族整个史料系统。研究土家族整个史料系统，不只是独立地去研究单个的土家族口述史料，还要研究由土家族文字史料和实物史料等组成的有机整体，即土家族史料系统。所谓土家族史料系统，指人们有目的、有计划、有意识、有组织地挖掘、征集、整理、编辑、保存、传播、利用与开发土家族史料信息的全部过程，以及围绕这些过程所进行的一切研究的总和。这种研究并不是独立展开的，而是要从土家族的社会形态、历史渊源和文化传承等方面去挖掘土家族濒临消失的史料，阐释与土家族社会变迁的关联，从而体现口述史料在土家族社会研究中的作用与地位。

土家族口述史料征编研究不是静止地去研究土家族史料系统，而是要将其看成一个逐步消失的动态进程。这种研究不仅包括现阶段用口述历史等方法挖掘土家族口述史料，还包括征集历史上人们利用口述，用文字、铭刻或实物等承载、记录、整理而形成的各类濒临消失的土家族史料。一份完整的土家族口述史料应包括该份史料的形成过程，因为只有尊重历史事实，厘清造成土家族口述史料濒危和影响土家族口传文化传承的诸多因素，才能总结历史的经验和教训，有利于更好地征编研究土家族濒危口述史料，为我国少数民族口述史料研究提供理论范式或实践经验，为其他国家少数民族口传文化的传承与发展探索出更富成效的方法。

土家族口述史料征编研究对象可以分为三个不同层次：（1）宏观研究，以整个土家族史料系统为研究对象，包括土家族文献史料的数量规模、传播速度、总体布局、宣传评价、组织管理、社会作用与发展规律等。（2）中观研究，以土家族不同类型史料为研究对象，如土家族的文字史料、实物史料和口述历史资料等，它们各具特色、任务、组织架构、管理模式和发展历程等，都亟需分类归纳研究。（3）微观研究，以某一土家族口述史料为对象，包括具体口述史料的征集、整理、编辑、保存、共享与传播等。如2017年我们以土家族挑花口述史料为征集对象，对挑花传承人进行了口述访谈，获取了珍贵的第一手土家族挑花口述史料，通过整理、诠释并撰写论文发表在学术期刊上，让更多人了解与关注土家族濒危的挑花技艺，使其口述史料得到有效利用与共享。

土家族口述史料以土家族濒于消失的文字史料、实物史料和口述历史资料为研究对象，重点研究土家族濒危口传文化的类型、特征、价值、起源、形成、变迁，土家族口述史料征编工作的基本方法、数字化保护、开发利用及口述历史研究方法的运用。具体研究内容如下。

（1）研究土家族口述史料的征编对象、内容、任务、路径、方法和学科体系，探究土家族濒危口述史料征编的现实意义、时代特征以及与土家族濒危口传文化传承发展之间的关联，使土家族口述史料征编有自己的理论研究体系，以促进少数民族口述历史学科的建设与发展规划。

（2）研究土家族口述史料的形成与发展历史，调查与解析土家族口述史料与其他民族的历史、政治、经济与文化等诸多方面的相互关系，从而了解土家族口述史料形成、发展与濒危的嬗变过程，厘清土家族口述史料的研究与收集现状，为积累征集、保存、开发与利用土家族口述史料提供指引途径与实践依据。

（3）研究土家族口述史料的性质与组成，不仅要探究土家族某一口述史料的实质与格局，还要从整体上研究土家族口述史料如何分类征集、整理、编目与数字化保护等，使人们能辨章学术、考镜源流，更好地研究和利用土家族口述史料，从而将土家族濒危的口传文化抢救、保护与传承下来。

（4）研究土家族的历史渊源与文化概况，探讨土家族口传文化的功能、变迁、保护与传承，揭示土家族口述史料与土家族濒危口传文化形成、发展和变迁的内在关联，阐述土家族口述史料的研究构想与征编措施，以期探索出系统的土家族口述历史研究的基本原则与方法，为其他少数民族相关工作提供理论或实践范式。

（5）研究土家族口述史料的征集、整理、编目、保存与利用，不仅要对前人搜集和整理的土家族史料进行征集，还要对其发展历史、研究方法与学科渗透状况加以考察与解析。总结前人研究与利用土家族口述史料的成功经验，揭示土家族口述史料的收藏与各学科研究现状，力求探索出一套新的研究路径与对策，为土家族口述史料数字化建设提供理论与实践依据。

四

我们开展土家族口述史料征编研究这项工作的目的和意义主要表现在三个方面。

1. 抢救与保护土家族濒危口传文化

通过对土家族口述史料的征编研究，不仅能从图书馆学、口述史学、民族学等学科建设的高度对土家族濒危口传文化的产生演变、本质属性、发展规律、类别特征、价值功能等进行深入探究，还可以利用口述历史研究方法对土家族濒危优秀口传文化的知情人、传承人等进行抢救性口述访谈，获取受访人的亲历、亲闻或对特定事件的观点与经验，并对访谈内容进行整理与诠释，以鲜活的口述史料还原土家族口传文化的历史原貌，进而全面揭示土家族濒危口述史料研究的重要性和利用价值，极大丰富与拓展各学科的研究领域和研究方法，以唤起社会各界对无文字少数民族口传文化的关注，从而加大各学科对少数民族口述史料的整体探索研究，以更好地抢救与传承土家族濒临消失的口传文化。

2. 实现少数民族口述史料研究的系统化

少数民族口述史作为史学研究的一个特殊领域，因我国口述史研究起步较晚，各地少数民族史料管理与研究机构对少数民族口述史料的征集、整理与保存等工作还处于探索阶段，如何借鉴先进经验，制定规范的研究制度，并采取有效的方法和措施来征集少数民族濒临消失的口述史料，是当前学术界在理论与实践上亟待解决的问题。为此，在研究少数民族口述史这个大框架中，本书将土家族作为一个特殊群体剥离出来进行个案研究，正是为了适应我国少数民族口述史料征集的迫切需要。土家族濒危口述史料研究将总结各少数民族口述史料收集整理的相关经验，借鉴少数民族文献学的研究方法，根据土家族口述史料的实际情况，探索出一套集民族口述史料征集整理、分类编目与永久性保存于一体的有效体系。这将极大促进土家族口述史料的征编工作，对实现我国少数民族口述史料研究的系统化、规范化等有着重要的现实意义。

3. 建设与完善民族地区图书馆特色资源

口述史料不仅是史料的一种重要表现形式，也是获取无文字民族信息资源的重要来源，其学术研究和利用价值已引起社会各界的广泛关注。如今各图书馆、机构和个人等收藏的口述史料形式各异、数量繁多，但很多未对其进行系统的分类整理，收集的口述史料以公开出版物为主，但对散佚民间的口述史料与信息资源缺乏系统征集，且部分征集到的口述史料也大多散存各处，以单位和个人各自为政收藏，没有真正实现信息资源共享，这些都极大地限制了社会各界对民族口述信息资源的开发与利用。本书不仅向人们展示土家族悠久的历史和丰富多彩的口传文化，阐述如何利用口述历史方法抢救与保存土家族濒临消失的口述资源，还从图书馆特色资源建设的视角系统探究土家族口述史料的征集整理、分类编目、数字化保护、资源共享和开发利用等问题，并创新提出研究方法与构想，旨在为土家族口传文化研究、区域经济建设和文化旅游发展等提供独特而丰厚的信息资源，为建设与完善民族地区图书馆特色资源探索出更富有成效的策略。

五

研究土家族濒危口述史料的征编问题，必须充分了解和考虑土家族历史文化的演变与现状。本书在进行征编研究时紧密围绕土家族濒危口传文化、口述史和口述史料等关键点，将口述史料征集、整理、编辑、保护与利用作为研究的核心。首先是建立土家族口述史料征编的理论研究体系，分析探讨研究的对象与内容、目的与意义、现状与方法、难点与创新等问题；其次，梳理土家族历史、文化与口述史料的起源及变迁，总结前人相关研究的理论与方法，对土家族濒危口传文化和散佚于民间的口述史料进行系统挖掘、征集、整理与编目研究；再次，对征集到的土家族口述史料进行数字化保护和研究；最后，深入探究土家族口述史料开发与利用的意义、原则与方法，旨在为土家族地区的经济文化建设提供丰厚的信息资源，助力民族地区图书馆特色资源建设。

在对土家族口述史料的征编研究过程中，我们主要采用了以下研究方法。

（1）文献研究法。通过图书馆、档案馆、中国知网等处查阅、鉴别、梳理与本项目相关的中外文献史料，并借鉴民族学、口述史学、人类学与图书馆学等相关学科的理论，对散佚于民间的土家族著作、研究报告、手稿、实物与口传信息资源等进行广泛征集与整编，力求在理论研究与实践方法上有新突破。

（2）田野调查法。"欲知山中事，去问打柴人"是对田野调查形象的概述。在研究过程中，笔者深入湖南、湖北、重庆等土家族聚居区尤其是土家山寨，对当地土家族口述史料收藏与研究情况和口传文化传承现状等进行田野调查，并根据研究的需要，采用采访、问卷、访谈、统计等手段，对土家族濒危口述史料与口传文化进行了抢救性征集与保护研究。

（3）口述历史研究法。采用结构式访谈和无结构式访谈相结合的方法，围绕土家族濒危口传文化的特征、溯源、演变与现状等内容，对其文化传承人、知情人等进行口述访谈。通过深入交谈、平等互动、用心倾听等方式，探究受访者的生活史与社会背景，力求对所研究的主题或内容进行全面了解、征集、诠释与再现，以弥补其他史料记载的不足，更好地保护与传承土家族濒危口传文化。

（4）因素分析法。因素分析法是现代统计学中一种定性而实用的分析方法，能使复杂的研究内容简单化，并保持其原有的信息量。用因素分析法探究土家族口述史料在社会发展中所表现的外部特征和与口传文化的内在联系，并进行由表及里、由此及彼、去粗取精、去伪存真的处理，从而针对濒临消失的口述史料进行理性与综合的思维分析，提出土家族口述史料征编研究的策略。

（5）数字化研究法。运用现代数字信息技术，全面介入土家族口述史料的征集与整编，对征编好的口述史料进行数字化转换与复原，再将形成的数字资源进行元数据标引著录与保存。利用虚拟现实与多媒体等技术，建立土家族口述史料数据库，为土家族口述史料提供便捷、智能和大容量的存储空间与共享平台，以满足研究者对其开发利用的需求。

图书馆作为文化信息资源收藏和传播的中心，对土家族濒危口述史料进行规范化征编是建设图书馆特色资源、拓宽信息服务和保护土家族濒危口传文化的重要途径，但笔者在征编研究过程中遇到了很多难题，概括起来主要有以下几个方面。

（1）征集难度大。土家族世代居住在湘、鄂、渝、黔毗连的武陵山片区，其经济、文化和教育发展极不平衡，属典型的老少边穷地区。在外来文化和现代技术的强势冲击下，土家族口传文化正遭受着严重的侵蚀与破坏，很多已经失传或濒临失传。而现存的一些濒危口传文化大多散佚于崇山峻岭、沟壑纵横、交通不便的偏远土家山寨，要征集土家族口述历史资料，必须深入实地进行田野调查与口述访谈，不仅工作量大、任务重，还会遇到很多意想不到的困难。

（2）史料分布广。武陵山片区地域广阔，辖71个县（市、区），全面征集土家族口述史料的任务十分艰巨。不仅要与武陵山片区各级相关单位

（机构）、土家族研究专家及学者联系、协调，争取他们的大力支持与史料捐赠，还需要深入土家族聚居区进行大量的田野调查、问卷调查与口述历史等相关研究，并对散佚于民间的土家族著作、族谱、手稿和实物等口述史料进行广泛征集与整编，这需要投入大量的人力、物力和时间。

（3）征编无借鉴。我国少数民族口述历史研究起步较晚，对其口述史料进行征编还是一个新兴领域，不仅在技术、人才、资金、设备等方面投入严重不足，而且相关的学术成果不多，缺乏科学、系统的理论研究和切合实际的工作实践来指导研究。因此，在进行土家族口述史料征集、整编、数字化保护与开发利用等实际工作时只能"摸着石头过河"。

另外，口述史料编目比普通史料编目更为复杂，目前尚未形成统一的编目规则和方法，在一定程度上影响了口述史料的检索与利用。如何通过标准化的编目向用户展示完整的口述史料、实现口述资源的共享，已成为国内外编目工作亟待解决的难题。基于此，笔者在深入研究和遵循《国际标准书目著录》《中国图书馆分类法》《非书资料著录规则》《特种类型出版物著录》等著录原则与格式的同时，根据土家族口述史料的特征，提出其编目的方法并进行统一、规范的著录。

六

本书对学术界所忽视的土家族口述史料进行规范化征编研究，并以口述史料为窗口透视土家族濒危口传文化的变迁，这对把土家族优秀的文化资源转化成发展优势和经济优势起到了一定的推动作用，其创新之处主要体现在以下几个方面。

（1）载体的创新。系统地将有关土家族历史文化的图书、期刊、手稿和实物等列为口述史料范畴进行征编；对土家族濒临失传的口传文化及信息资源进行抢救性挖掘与口述历史研究；对现存土家族濒危文化活动或表演中的图片、音视频、口述资料等进行全面征编研究，并对这些濒危口述史料进行整合、分析与共享，使本书研究体系更客观、更完整。

（2）内容的创新。以土家族口述史料征编为例，学习和借鉴国内外相关口述历史特别是口述史料征编工作的理论方法与成功经验，结合吉首大学图书馆对土家族口述历史研究工作的前期探索和取得的阶段性成果，首次在理论上系统提出了土家族口述史料征集、整理、编目、保护、开发与利用的策略及方法，首次全面对土家族濒危口传文化展开了口述历史实践研究，并建立了首个土家族口述史料数据库，对土家族口述史料进行保存、共享与传播，使本书在民族口述史料征编与口述历史研究方面取得了重大突破。

（3）方法的创新。运用口述史学、图书馆学、人类学、民族学与生态学等相关学科的理论，通过口述史料征编与田野调查互证，考古与历史分析及文化生态保护相结合，采用系统的、多学科、多层次的方法，创新构建了土家族口述史料征集、编目与数字化保护体系，以及口述史料和口传文化在当代及未来开发与利用的策略和方法，为土家族口述史料征编和图书馆特色资源建设与共享增添了新的亮点，为土家族濒危口传文化保护、传承与发展探索出一条新的路径，使本书研究成果的科学性与合理性得到提升。

土家族口述史料征编工作不仅是一项开创性研究，更是一项持续性研究，相关的研究思路、研究体系、研究流程和研究方法将在实践中逐步成熟与完善。

第一章

土家族历史与口传文化

第一节 土家族历史溯源

土家族是中国南方一个历史悠久、单一的少数民族，主要分布在湘、鄂、渝、黔毗连的武陵山片区。2010 年第六次全国人口普查统计数据显示，土家族人口数量约为 835 万人，是仅次于汉族、壮族、回族、满族、维吾尔族、苗族与彝族的中国第八大民族。土家语和汉语是土家人社交的主要语言。

土家族自称"毕兹卡"（土家语：$pi^{35} zi^{55} ka^{21}$）、"毕机卡"（$pi^{35} ji^{55} ka^{21}$）、"密兹卡"（$mi^{35} zi^{55} ka^{21}$）等①，意为"土生土长的本地人"。"土家族是巴人的后裔"这一结论是著名学者潘光旦先生在 20 世纪 50 年代对土家族民族识别过程中提出的，并得到很多人的认可。巴是一个古老的族类，在先秦的一些史料中，"巴"作为地名与族名时有出现，如《山海经》载："西南有巴国。大暤生咸鸟，咸鸟生乘釐，乘釐生后照，后照是始为巴人。"可见巴人在我国历史舞台上早有活动，但公元前 316 年，巴国被秦国所灭。

秦灭巴后，巴人地区成为秦国的一个组成部分。秦国称巴人为南夷，把巴、巫和楚郡并入黔中郡和南郡，然后营建新的政治经济中心。2002年，湖南龙山里耶出土了 2 万余枚秦简，该简牍内容涉及战国至秦代土家族地区政治、经济、军事及文化等诸多方面，全面揭示了秦对这一地区的统治情况。

公元前 207 年，秦朝灭亡。之后西汉对土家族地区进行了新的建制，将黔中郡改为武陵郡，并在该郡内设沅陵县、迁陵县、零阳县等。对巴人的称呼有以地名称谓的"武溪蛮""武陵蛮""零阳蛮"等，以族属称谓的"巴郡蛮""南郡蛮""廪君蛮"等。

---

① 本书土家语注释均由龙山县州级土家语传承人彭英子翻译。

三国至隋时期，战争较为频繁，各王朝均在原巴人区域设置郡县，在土家族地区采取了"又打又拉"的两面政策，出现了"羁縻制度"早期的开端。羁縻制度是历代封建王朝对社会发展不平衡的少数民族地区所采取的一种民族政策，主要是对表示归顺的各首领委以官职，使之世领其地。

从唐代开始，土家族地区正式实行羁縻制度，建立了100多个羁縻府州，取代了秦汉以来的土流并治的"郡"制，但"以蛮制蛮"的色彩更浓。939年，为反抗楚王的压迫与奴役，"溪州蛮"首领彭士愁率领土家人民进攻楚国的辰、澧州，著名的"溪州之战"爆发。这次大战使彭氏在政治上获得了合法地位和领地，为其在湘西统治800余年的基业奠定了基础，对土家族的形成起到了重要作用。

宋承唐制，许归顺的土官世代承袭，并于宋末在土家族地区逐渐建立了土司制度，设置石柱、巴东安抚司及散毛宣抚司，使土家族的共同体意识逐渐形成。

元明至清雍正年间，中央王朝在土家族地区建立了土司制度，在湘西设永顺、保靖二宣慰司，在鄂西设容美、施南、忠健、散毛四宣抚司等。规定"蛮不出境，汉不入峒"，使居住在武陵山区的"土人"基本上稳定下来，加速了土家族民族共同体的形成。

图1-1　依山傍水的永顺老司城遗址①

————————

① 本书图片未标明拍摄者的，均为彭燕摄。

清雍正初年，土家族地区实行了"改土归流"，打破了"蛮不出境，汉不入峒"的土司禁令，大量汉人进入，推动了地方经济迅速发展，加快了土家族民族共同体的形成，出现了"土家"与"客家"之分，如《永顺府志》载："前朝入籍者为土，在本朝入籍者为客。"

新中国成立后，在永顺土家族姑娘田心桃等人的呼吁下，1953～1956年，中央派调查组多次赴土家族地区进行民族识别工作。潘光旦先生对土家族的族源进行了深入全面的研究，论证了土家不是苗，也不是僚，而是古代巴人的后裔，为土家族的确认做出了重大贡献。1957年1月3日，中央正式行文，确定土家族为单一民族。①

1981年，人民出版社出版了《中国少数民族》一书，在论述土家族时，提出了"土家族是古代乌蛮"的观点。王承尧的《古代乌蛮与今天的土家族》、罗维庆撰写的《土家族源于乌蛮考》也是这一观点的主要代表作。②

谭其骧先生在他的《近代湖南人中之蛮族血统》一文中提出"土著先民说"，认为永顺、保靖的彭姓土司是土生土长的"蛮人"。之后，不断有人写文章支持"土著先民说"这一观点。

田荆贵先生认为，现今分布在湘鄂渝黔四省市边境30多个县市区的土家族，都是同一源，都是賨人（板楯蛮）的后裔，賨人（板楯蛮）是整个土家族共同的先民。③

游俊认为，土家族是以史前时期就定居在湘鄂西一带的土著居民为主体，经历了商周到隋唐的千余年，逐渐融合了迁入该地区的巴人、濮人、楚人、乌蛮等古代少数民族的一部分，在唐宋年间形成了一个以武陵山区为共同地域、以土家语为主体并吸收了其他民族词汇最后形成的土家族语言为共同语言，同时在互相交往的过程中形成了共同的经济生活和风俗习惯的民族共同体。④

2017年12月，当笔者采访土家族民俗研究专家罗仕松时，他说：

---

① 田荆贵：《土家纵横谈》，未来出版社，2007，第54页。
② 黄柏权：《土家族族源研究综论》，《贵州民族研究》1999年第2期。
③ 田荆贵：《土家纵横谈》，未来出版社，2007，第81页。
④ 游俊等：《土家文化的圣殿——永顺老司城历史文化研究》，民族出版社，2014，第10页。

"关于土家族族源问题，一直有土著说、巴人说、江西说、乌蛮说……不一而足。"就目前土家族的成分来看，单一说失之偏颇，绝大多数专家学者认为土著是其根，而其他是其流的多元之说或许更符合事实。巴人说，一度是主导之说，其代表人物是潘光旦先生，其代表作是《湘西北的"土家"与古代的巴人》一书。潘光旦先生的贡献是巨大的，正因为他的努力，土家族才得以被正式确认，但潘先生忽略了生于斯长于斯的土著民族，过分强调了巴人的历史。笔者同意部分专家的说法，巴人不过是外来的加入者，由于其强大的文化加入，掩盖了弱小的本土文化，但绝不可因为巴人强大的文化优势而看不见土著民族的文化之光。[①] 根据永顺县不二门洞穴遗址和近年湘西先后发掘的战国遗址及汉墓葬等方面的考古资料综合考证，可以认定：溪州土著先民是土家族的根和源，而后来融入其间的巴人、江西人、乌蛮人是流，是支派。

图 1-2　笔者访问土家族民俗研究专家罗仕松（朱慧玲　摄）

时至今日，土家族族源产生了众说纷纭的现象，可谓是仁者见仁，智者见智。因文献及考古依据的缺乏，土家族族源的研究难免会带上臆测的成分，还有待于今后史料发掘后再进行勘正。

---

① 田清旺：《从溪州铜柱到德政碑》，民族出版社，2014，第8页。

第二节 土家族口传文化

一 土家族口传文化概况

"口传文化"是相对于书面文化而言，各民族在长期生产生活中以口头叙述、口头创作、口传心授为特征而世代相传下来的精神文化，是一个民族重要的文化基因，也是无文字民族历史文化传承的主要方式。土家族有本民族语言，但无自己的文字，在漫长的历史发展中，土家族人依靠口传心授将他们的历史与文化传承下来。因无本民族文字记载，土家族缺少书面记载，致使该民族的传统文化均为口传文化，其体裁主要如下。

（一）民族语言

土家族语言属于汉藏语系藏缅语族，是接近于彝语支的一种独立语言。土家语分北部与南部方言，北部主要以湘西龙山县、保靖县、永顺县、古丈县为代表，南部方言以湘西泸溪县为代表，主要由语音、词汇和语法三部分组成。"改土归流"前，土家语是当时日常交际的主要工具；"改土归流"后，汉语逐渐成为土家族人的第一语言。1983 年，吉首大学彭秀模与叶德书两位教授以龙山县猫儿滩星火村为音点，创制了《土家语拼音方案》。随后，叶德书编写了《土家语课本》，目前土家语双语教学仍在使用此教材。

（二）宗教信仰

历史上，土家族常将希望和精神寄托在神仙和菩萨身上，把生活中和大自然中无法理解的疑团都归结到鬼神头上，有着独特的信仰和崇拜。①祖先崇拜。土家族人除敬家先、祭远祖，还崇拜土王，家家户户供奉祖先牌位，四季祭祀。②自然崇拜。土家先民信奉山神、猎神、灶神、土地神、五谷神等，每户人家住房侧旁都有用石头垒成的"土地庙"，庙内供奉着土地公公与土地婆婆。③图腾崇拜。土家族的图腾为青龙和白虎，鄂西土家族人崇拜白虎，湘西土家族人则忌白虎。④神灵崇拜。土家族重巫信鬼，盛行巫术活动。土家村寨凡举行典礼、祭祀、还愿、婚丧生

图 1-3　2020 年笔者访问百岁老人彭秀模时合影（朱慧玲　摄）

育等活动，都会请梯玛主持。

（三）风俗习惯

建筑：土家族地区沟壑纵横、山多地少，在这种自然环境中，土家人按风水格局，依山就势建造了具有本民族特色的干栏式建筑，最为突出的是民居、庙宇、摆手堂与凉亭。土家族建筑多为木料构成，建造过程中不用一钉一铆，如永顺县老司城祖师殿，就将这种奇妙的技艺表现到极致。

服饰：土司时期，土家族服饰不分男女，喜五色斑衣。"改土归流"后，土家族服饰逐步向"尚简朴"演变。男人头包青丝帕，上穿琵琶襟，胸前缀布扣，下穿宽裆、上腰裤。妇女头包青丝帕，上穿无领满衣，袖大

图 1-4　土家族转角楼民居

图 1-5　土家族传统服饰
（朱慧玲　摄）

而短，裤子为大裆、大脚裤，衣袖、领边与裤腿都镶有一至二道花边。

饮食：土家族人世代居住在深山野林，主要种植苞谷、稻米、红薯与马铃薯等，农闲时去打猎、捕鱼、采野菜。土家人喜辣爱糯，逢年过节必煮甜酒、炒米、打糍粑、熏腊肉等，每到秋季还做酸米辣子与酸糯米辣子。

图1-6　土家族腊肉

婚姻生育：土家姑娘出嫁前要唱三天《哭嫁歌》。怀孕被称为"有喜"，为防动胎气，家里不能钉钉子、移动家具等。分娩后，孩子父亲会根据孩子性别抱一只鸡（男抱公鸡、女抱母鸡）去岳父母家报喜；孩子满一个月后，外婆会接女儿和孩子回家住一段，俗称"出月"；孩子满一岁，外婆与亲朋好友会前来祝贺，称"挖周"。

待人及丧葬习俗：土家人好客，客人到家后，主人会把客人迎进火坑屋上座，通常男主人开始攀谈，女主人则煮饭做菜。土家人还有"一家有事大家帮"的习俗，谁家修房、嫁女迎亲、开荒创业，大家都来帮白工。土家族丧事讲究很多，家中无论贫富，都要为亡人超度，请道士做道场，做三天以下的称小坐夜，三天以上的叫大坐夜。

（四）民族节日

土家族的传统节日很多，但最具本民族特色的有：①过赶年。汉族过年都在腊月三十（或二十九），土家人要提前一天；土家人过年有扫尘、打糍粑、炒炒米、煮猪头、送亮等习俗。②舍把节。早年土家人常被朝廷征去打仗，于是从每年农历正月初三起，全寨的人都会在土司下面的"舍

图 1-7　土家族道场

把"带领下，齐聚一起，奏起咚咚喹、跳起摆手舞等，祈祷家人早日团聚，人们便将这种活动的日子称为"舍把节"或"舍巴日"。③六月六：湘西土家族人特有的节日，土家人在这一天有晒物的习俗，据传在这一天晒过的衣服器物不会生虫、变色腐烂。

（五）工艺美术

女红：土家妇女个个心灵手巧，挑花绣朵样样皆能。如土家织锦（土家语：西兰卡普），以棉、麻、丝为原材料，在木制腰机上采用"通经断纬"的方法挑织而成。土家挑花（土家语：布拉丝卡普）俗称挑纱（卡普突）或数纱（卡普嘿）等，主要是在直纹棉布上，按照布纹的经纬十字交点，用对比度较高的棉线挑绣成各种不同的图案。

图 1-8　土家织锦

图 1-9　土家挑花

雕刻：土家族木雕历史悠久，传统的门窗、桌椅、柜子及滴水牙床等木质家具无不闪烁着木雕的光辉。如滴水牙床曾是土家姑娘出嫁必备的嫁妆，每层滴水、圆门与两端都镂空雕刻，工艺精细，是木雕中的经典。土家族石雕可追溯到明代，原材料以青石为主，多刻于桥梁、基石、牌坊与墓碑上，用镂空、透雕、浮雕、线雕等传统技法雕刻。

编织：土家族编织工艺大致可分为藤编、草编、竹编三大类。土家族地区藤类植物多，土家族人常采青藤编织成藤箱、藤椅等。从远古开始，土家人就与草结下了不解之缘，住草棚，编草衣（蓑衣）、草帽、草鞋等。土家族竹编主要编背篓、摇篮、睡席、簸箕等生活用品，其中背篓款式最多，用途最广，男女老少出门都用。

图 1-10 土家族滴水牙床

图 1-11 土家族背篓

（六）民间文学

土家族民间文学主要分故事、史诗、叙事、传说、谜语、歌谣、说唱、谚语、曲艺等。民间故事是土家族民间文学很吸引人的一部分，流传至今的有《过赶年》《西兰卡普》以及有关人物、地名、动物、民俗等来源的1000多个故事。民间文学中以《竹枝词》、民歌、《梯玛神歌》等最为著名。土家族的竹枝词灵活自由、音韵和谐、富于形象联想，较著名的文人有彭秋潭、田泰斗与彭勇行等。

（七）民族体育

土家族的传统体育是以土家人生产生活过程为背景而发展起来的一种

民族体育文化①，主要有打飞棒、舞龙、武术、硬气功、高脚马、扳手劲、打陀螺及各种棋类等。其中张家界的硬气功（又称"鬼谷神功"）堪称武林奇葩，以"腹卧钢叉""银枪刺喉""徒手断石"等项目最为惊险绝妙，拳术有"天门无形拳"、"鸡形拳"、"梳子拳"、"烟袋杆子拳"等。

（八）音乐舞蹈

民族音乐：土家族民间音乐由歌曲与器乐组成。歌曲分山歌、薅草锣鼓、劳动号子与风俗歌等，风俗歌又分梯玛歌、摆手歌、哭嫁歌与孝歌四种。土家族民间器乐主要有吹奏乐与打击乐两种。吹奏乐主要有咚咚喹、木叶与土号等，咚咚喹是土家族特有的吹管乐器；打击乐有打溜子、三棒鼓、渔鼓与花锣鼓等，打溜子是土家族特有的一种艺术形式。

图 1-12　土家族咚咚喹国家级传承人严三秀

民族舞蹈：土家舞蹈产生于土家人民的生产劳动和斗争中，并在世代相传中不断完善②，主要有茅古斯、摆手舞和八宝铜铃舞等。茅古斯是土家族的一种古老剧种，所有对话和唱词全用土家语，被誉为中国戏剧和舞蹈的"活化石"。摆手舞是土家族区别于其他民族文化的重要标志之一，分大摆手和小摆手两种，以其纯朴、豪迈之美被誉为"东方迪斯科"。

图 1-13　土家族茅古斯

图 1-14　土家族大摆手舞

---

① 崔乐泉：《中国少数民族传统体育》，贵州民族出版社，2011，第235页。
② 彭官章：《土家族文化》，吉林教育出版社，1991，第76页。

二 土家族口传文化功能与变迁

(一) 土家族口传文化的功能

土家族作为一个有自己语言但没有文字的民族，口传文化是土家族意识形态的重要产物，与土家人的生活密切相关，在土家族文化传承中有着非同寻常的地位。

1. 实用功能

土家族口传文化的实用功能可理解为广义和狭义两种：广义的称为社会功能，指口传文化在社会中的实际应用功能；狭义的实用功能，指口传文化在土家人日常生活中的某些实际应用功能。[①] 如土家人最初创建民居是为了防止山林野兽的伤害，让自己及家人有一个遮风挡雨的地方，故土家族民居最初具有保护性的狭义实用功能。但随着社会、经济的发展和土家人审美、习俗等观念的形成，土家人对其居住的要求越来越高，民居的功能也逐渐向广义的社会功能发展。

2. 传承功能

土家族口传文化承载着土家人大量的社会活动和生产生活信息，可以探寻土家族丰富的历史文化生活。为此，土家族的口传文化历来为众多学者所重视，如研究土家族歌舞的学者绝不会放弃对土家族山歌、摆手舞与茅古斯等方面口述信息的挖掘。这些歌、舞通过土家人千百年来口传心授的传承，带着不同阶段土家族社会发展的烙印，讲述着土家族的社会生活、自然环境及人们的思想与情感等，是对土家族文字史料、实物史料的有力补充，对土家族历史也起着重要的补充作用。

3. 教育功能

土家先民在长期的生产生活中，通过艰苦奋斗，透过自然现象，掌握了一些自然规律，总结积累了许多经验。为传承给后人，他们依靠口传心授，通过故事、歌舞、技艺、谚语等传授生活经验与人生哲理，指导土家人的思想与行动，这些口传文化承载了不同的教育功能。口传心授是土家

---

① 王群：《非物质文化的功能特征及其意义》，《民族艺术研究》2012 年第 1 期。

族口传文化传承的普及性教育形式，如土家族部分谚语专门为农业生产而创作，称为"农谚"，用来指导人们进行农事活动，在科技不发达时期起到了"寓教于乐"的作用。

（二）土家族口传文化的变迁

为了解土家族口传文化在原生地的生存现状，笔者与课题组成员于2016～2018年先后6次前往湘西龙山靛房镇进行田野调查，对该区域土家族口传文化的传承与变迁进行探究。选择靛房镇作为田野调查点，主要是因为靛房镇的土家族文化底蕴深厚，是目前土家语保存最完整的地区，对靛房镇土家文化传承现状进行调研能客观反映土家族口传文化变迁的总体情况。

土家族口传文化形式多样，从宏观理论的角度对其变迁进行研究，实际运用价值难以把握。为此，我们以靛房镇土家族语言、宗教信仰、传统民居的变迁为代表性案例进行了实地调研。

1. 土家族语言的变迁

据徐世璇统计，土家语在1900年有40万人使用，1950年降至20万人，2003年更降至6.5万人。① 如今湖北、重庆、贵州等省（市）境内的土家族人已基本不会说土家语了，只有湖南龙山、永顺、泸溪等境内的10多个土家村寨里不足3万人可以说或懂得土家语。

土家族语言目前仅以靛房镇使用人口最多、词汇保留较为完整。为了解靛房镇土家族语言的传承现状，笔者与课题组成员于2016年12月对该镇联星村、万龙村家长最初教孩子语言的情况进行了调查。

通过调查发现，在对待土家族语言的传承方面，教孩子土家族语言的家长与年龄的大小成正比，年龄大的家长普遍使用土家语并教孩子土家语；家长年龄越小，会土家语的越少，相应的教孩子土家语的就越少。

2. 土家族宗教信仰的变迁

宗教信仰作为文化的一种基本特质与社会力量，是探究人类文化深层

---

① 徐世璇：《论语言的接触性衰变——以毕苏语的跟踪调查分析为例》，《语言科学》2003年第5期。

结构的重要途径。随着经济全球化的快速发展，土家人与外界的交流日益增多，一些传统仪式逐渐被淡化或扬弃，具体表现在以下几个方面。

一是自然崇拜基本消失。在外来文化的强势冲击下，土家族的文化生态环境发生了改变，原来在土家人心中占据重要地位的自然崇拜现象已不多见，现在靛房镇已很难看见土地神庙，人们也不再祭拜雨神、梅山等神了。

二是祖先崇拜淡化。靛房镇多数土家人尤其是中青年对依窝阿巴、彭公爵主、向老官人等祖先很漠然，祭祀的对象仅限于家庭近祖，很多家庭不再设置供台，原来供奉祖先的地方已被家具或电视机所取代。

三是图腾与神灵崇拜的革除。革除的首要表现是"梯玛""道士"等宗教职业者在祭祀活动中很少出现了。靛房镇"梯玛"曾经有很多，现仅在联星村和石堤村各有一位梯玛，一些祭祀活动常由地方德高望重的老人主持。

3. 土家族传统民居的变迁

土家族传统民居的建筑主体为全木，由青石台基与屋顶小青瓦构成，主要分为正屋、吊脚楼及部分附属房间。正屋通常面阔三间，中间为"堂屋"，高门槛，无大门，正面设神龛。堂屋后面的房间为"抢兜房"，常用作储藏室。堂屋左右两边的房间称为"饶间房"，作为做饭与居住之用，前屋设火坑、后屋为卧室。火坑常嵌于靠窗的位置，四周封以石条，中间放置上圆下三角形的"撑架"，以搁放鼎罐、铜壶等炊具，上面悬挂木架以熏制腊肉、腊豆腐等。土家族吊脚楼多依山而建，为底层立柱、架空楼板且出挑转廊的半干栏式建筑形制。附属房间即为构造简单的厕所和牲畜棚。

图1-15 土家族民居中的火坑
（彭英子 摄）

图1-16 土家族依山而建的吊脚楼

在对龙房镇的调研中我们发现，土家人新建的一些砖混结构房虽遵循"半干栏式"的吊脚楼建筑模式，但从空间布局与营建技艺等方面都与传统民居有很大不同。新建房内外部墙体均为砖墙，面阔三间的较少，一般为两室一厅或三室一厅设计；堂屋与火塘曾是土家人交流、祭祀与生活的核心区域，但现在已被客厅、火炉所取代；很多人对土家传统民居的外观与内部结构也进行了改造，如将堂屋装上了大门与木地板，木窗换成了玻璃窗、火塘迁移至厨房等。伴随着土家族传统民居的改造与砖混结构房的兴建，承载其上的传统营建技艺与仪式被逐渐摒弃，正濒临失传。

三 土家族口传文化的保护与传承

土家族口传文化是历史赋予我们的宝贵财富，也是中华民族的瑰宝。在现今多元文化背景下，出现了文化形态断层的现象。如何对土家族口传文化进行保护与传承，已成为当前亟待解决的问题。在此，笔者提出几点策略与建议。

（一） 做好传承人的培养、保护与传承

关于怎样保护传承人，国家已出台了一系列保护措施与扶持政策，但实际执行情况不容乐观。①很多地方由于各种原因，一些传承人没能得到或及时得到资金扶持。②部分传承人虽获传承人称号，但没有履行传承人的责任与义务。③"重申报轻保护"现象严重，一些个人和机构一旦得到荣誉和资助，就把非遗保护工作放置一旁。

为此，要做好土家族口传文化传承人的培养、保护与传承工作，必须建立一个长效稳定的保障机制。①制定传承人长期保障制度，让他们的传承事业有所保障，有稳定的收入与社会医疗保障，从而专心从事传承工作。②给予传承人更多的人文关怀，肯定他们在文化传承中的重要地位，培养他们的"文化自觉性"，激发他们开展保护与传承工作的热情。③尽快对口传文化传承人进行口述访谈，挖掘、整编与保存民族濒临消失的口述史料，建立数据库等平台共享土家族口传文化。④鼓励传承人对传统文化进行创新性研究与传承，以增强土家族口传文化适应时代变迁

的能力。

（二）以文化旅游为生态环境进行传承

近年来，武陵山片区自然旅游业的快速发展带动了该片区民族文化的传承与发展，使土家族口传文化逐渐成为旅游开发的重要资源，为土家族口传文化的保护与传承提供了必要的生态环境。将土家族丰富多彩的口传文化与旖旎的自然风光相结合，不仅能开发出新的文化旅游项目，也能推动土家族口传文化传承、旅游资源开发与文化生态保护的融合发展。

生活是土家族口传文化创作的灵感，实践是推动其发展的主要手段。随着土家族聚居区人们生活的日趋现代化，传统的口传文化行为已悄然改变，但通过以土家族文化为特色的旅游资源开发，可为土家族口传文化的保护与传承提供必要的生态环境。尤其在土家族文化生态保护区的建设中，将土家族口传文化作为特色旅游产品进行开发与宣传，不仅能带动该地区的经济发展，还能传承口传文化，从而实现文化生态保护与旅游资源开发的双赢。

（三）融入大众生活与校园文化中传承

土家族口传文化的创作源于当时土家人的生产生活，一旦脱离了时代的背景，就很容易失传或变成藏于图书馆、博物馆里的文化记忆。只有不断将土家族口传文化融入新的时代和生活环境，通过不断创新、与时俱进，才能使之得到很好的传承与发展。比如土家织锦与挑花体现了土家人独特的工艺与审美元素，如在现代服饰、包、围巾等大众生活用品中融入其元素，不仅能传承土家族的绵延文化，更能为濒危口传技艺找寻到新的发展空间；土家族的摆手舞等具有广泛的娱乐性，如在广场舞、健身操等大众健身活动中推广，不仅能使大众健身的内容多元化，更能推动其传承与发展。

教育部曾提出民族地区可根据当地文化教育资源开发和推行"校本课程"，土家族口传文化作为民族传统文化资源，可与校园文化相结合，融入当地学校课堂。开设土家族口传文化传授课不仅能激发学生们学习的积极性，还能使土家族口传文化得到有效传承。如把土家族语言、技艺、音乐、舞蹈等口述史料编辑成教材让学生阅读，再请相关传承人或研究专家到校园进行讲授，能使广大学生更直观、深入地了解和学习土家族口传文化，从而增强他们的文化自觉性，使他们更积极主动地传承与弘扬土家族口传文化。

第二章

口述史料与土家族口述史料

第一节　口述史与口述史料概述

一　口述史

人类在没有文字的时代和地区，口述是传播和推动历史、文化知识的主要方式。通过口述、访谈的方式搜集资料，一直是历史学家获取史料的重要来源，在国内外均有很长的历史，口述史料的价值也备受推崇。如国外的《吉尔伽美什》、《荷马史诗》与中国的《史记》《春秋》和《格萨尔王》等都是先通过口述，后利用文字编写而成的。

但从 19 世纪开始，随着德国兰克学派的兴起（1795～1886），文字书写的资料被看作最可信的历史记录；中国清朝的乾嘉学派也因政治压力被迫转向考据学，长期钻研文字史料，讲究"口说无凭"，使口述史料备受冷落。然而，随着人类文明的进步和录音设备的发明和使用，文字统一天下的局面被逐渐打破。[1] 20 世纪中叶，兰克学派的治史主张受到批判，史学家们认识到史料多样化的必要性，开始重新发掘口述史料。[2]

"口述史"这一术语最早出现于 1948 年的美国，源于当时史学家艾伦·内文斯（Allan Nevis）在哥伦比亚大学创立的口述史研究中心，他们运用口述历史研究方法，系统收集、记录美国精英人士的回忆。从此，口述史（也称口碑史学）作为学术界研究当代历史、文化的新方法、新领域正式出现，标志着现代口述史学术研究的正式成立，并逐步成为历史学中一支举足轻重的分支学科。什么是口述史？关于这一概念的界定，迄今仍是国内外学术界研究口述史时长期争论的问题，不同领域有着不同的回答。

---

[1]　尹培丽：《图书馆口述资料收藏研究》，国家图书馆出版社，2017，第 1 页。
[2]　王景高：《口述历史与口述档案》，《档案学研究》2008 年第 2 期。

作为口述史创始人，美国哥伦比亚大学口述史研究中心主任艾伦·内文斯的同事和学术继承人路易斯·斯塔尔说："口述史学是通过有准备、以录音机为工具的采访，记述人们口述所得的具有保存价值和迄今尚未得到的原始资料。"①

著名的口述历史学家唐纳德·里奇曾任美国口述历史协会会长，在其专著《大家来做口述历史：实务指南》中有这样一段话："简单的说，口述历史就是通过录音访谈的方式来搜集口传记忆以及具有历史意义的个人观点。"② 他认为口述史是历史声音的再现，现代口述史学是因为录音机的发明而产生。

英国《口述史》杂志的创编人，埃塞克斯大学社会学教授保尔·汤普逊曾在1978年撰写了口述史专著《过去的声音——口述史》。该书中，他把口述史分为口头传统、口述历史与生命故事三种形式，论述了口述史是关于人们生活的询问和调查，包含着对他们口头故事的记录。③

可以看出，因研究视角不同，学者对口述史的观点和定义不尽相同，但存在一定的共识：①口述史是利用录音、录像等现代设备对受访者进行口述访谈的结果。②口述史是已经完成的口述访谈记录，针对已完成了的口述史料，不包含口述访谈的过程。当中国学术界引入国外口述史概念后，因文化背景的不同，口述史定义在中国也同样延续了这种分歧。

华裔口述史的主要开创者唐德刚先生认为："口述活动古而有之，在文字出现之前，人类早期历史都是口述的……口述史是活的史料，其他史料是死无对证的，口述历史可以慢慢谈，慢慢问，可以加以补充改正，而其他历史就不能如此。"④

中国《口述史研究》主编、温州大学口述历史研究所所长杨祥银认为："口述历史就是指口头的、有声音的历史，它是对人们的特殊回忆和生活经历的一种记录；口述史学是运用一切手段（包括现代科学技术手

---

① 李向平、魏扬波：《口述史研究方法》，上海人民出版社，2010，第2页。
② 唐纳德·里奇：《大家来做口述历史：实务指南》，王芝芝、姚力译，当代中国出版社，2006，第2页。
③ 保尔·汤普逊：《过去的声音——口述史》，覃方明等译，辽宁教育出版社，2000，第3页。
④ 唐德刚：《传记文学》第45卷，传记文学出版社，1984，第24页。

段）收集、保存和传播即将逝去的声音，然后整理成文字稿，并对这些口述史料进行研究的历史学分支学科。"①

北京市社会科学院历史研究所研究员钟少华从 20 世纪 80 年代开始一直致力于中国口述史学的研究，他对口述史作如下定义："口述史是受访者与历史工作者合作的产物，利用人类特有的语言，利用科技设备，双方合作谈话的录音都是口述史料，将录音整理成文字稿，再经研究加工，可以写成各种口述史专著。"②

很明显，上述中外学者给口述史下的定义都是正确的，之所以产生一定的分歧，是因为各学者研究背景与侧重点不同。笔者觉得这些分歧并不特别重要，给口述史下怎样的定义也无关紧要，关键要把握住口述史最明显的特征和作用：①保存即将逝去的声音，弥补文字和实物史料记载的不足；②复苏口述史料的价值，为多领域、跨学科研究开辟新方法。

（一）中外口述史研究历程

1. 国外口述史研究历程

在文字发明之前，口头传述是人类历史、文化传承的主要方式。文字与印刷术发明后，人们开始用纸质文献记录历史，但随着录音、录影设备的出现，现代意义的口述史在美国诞生了。

19 世纪 70 年代，美国班克罗夫特图书馆开拓性地对口述史开展了研究性工作，成为口述史料采集与收藏的先行者。③ 1948 年，美国史学家艾伦·内文斯在哥伦比亚大学图书馆创建了历史上第一个口述史研究室，标志着现代口述史学的诞生。随后，美国其他口述史研究机构相继应运而生。1967 年，美国成立口述史协会，协会会员遍布全美。

在美国影响下，英国于 1973 年成立口述历史学会并建立口述史博物馆，1978 年英国著名口述史学家保尔·汤普逊撰写的经典著作《过去的声音——口述史》，被称为打开口述史学大门的"金钥匙"。随着 20 世纪 70

① 杨祥银：《试论口述史学的功用和困难》，《史学理论研究》2000 年第 3 期。
② 钟少华：《中国口述史学漫谈》，《学术研究》1997 年第 5 期。
③ 王子舟、尹培丽：《口述资料采集与收藏的先行者——美国班克罗夫特图书馆》，《中国图书馆学报》2013 年第 1 期。

年代"新社会史"的日趋盛行,英国史学界掀起了"自下而上"的撰史运动,使口述史界开始关注弱势和边缘群体。1979年,英国成立了国际口述史协会,并定期出版《口述历史》刊物。

加拿大口述史学起源于20世纪70年代,因从事口述史的先驱者多为民俗学家,加拿大的口述史研究从一开始就是记录"下层平民"历史、生活的主要方法。加拿大很多口述史项目均由各级档案馆承办,口述史在加拿大常作为档案史料。自20世纪80年代以来,口述史学相继在新西兰、德国、西班牙、澳大利亚、日本及非洲等国家蓬勃发展,涌现了一大批口述史学家和专业研究团体,已成为世界各地史学研究的重要组成部分。

近年来,随着数字化的不断发展,移动应用程序成为呈现与传播口述历史信息的重要手段。如美国的克利夫兰州立大学开发的移动应用程序ClevelandHistorical,即通过以地图定位为基础的多媒体信息(包括文字、图像与口述历史为主的音视频记录)展示,让用户探索与浏览到克利夫兰州的历史与精彩故事,并能在手机等移动设备上免费下载该程序。① 口述史学的发展得益于多媒体的发展与应用,现代数字化技术给口述史学带来了前所未有的机遇与挑战,也使口述史学成为一种操作与实践性很强的研究方法。

2. 中国口述史研究历程

在我国,以口述的方式传承、收集与记录历史古而有之。我们很容易在古人留下的格言和故事中发现大量口头传述,如《诗经·小雅》与"大禹治水"等,都是通过口头传述而流传下来。在中国古代,人们也常用口述或口头传述的故事、传说、谚语、歌谣等编写史籍,如司马迁的《史记》、孔子的《论语》与《春秋》等。令人遗憾的是,随着文字史料的日益丰富,后代人逐渐形成了"口说无凭"的观念,口述被视为不可征信的野史而被中国大多史学家们忽视。

新中国成立后,在周恩来总理的倡导下,全国各级政协相继成立了文史工作机构,开始大规模征集晚清以来的重大政治、军事、外交和社会等方面资料,但随着"文化大革命"的爆发,中国大陆口述史研究工作被迫

---

① 杨祥银:《数字化革命与美国口述史学》,《社会科学战线》2016年第3期。

停止。

但在 20 世纪 50 年代的中国台湾，"中央研究院"近代史研究所开始做国民党重要人物的口述历史工作，至今整理出版口述访谈记录百多种，并创办了《口述历史》刊物。唐德刚是最早从事口述史研究的华人学者，先后完成了《胡适口述自传》《李宗仁回忆录》等多部口述史著作。

20 世纪 80 年代后，随着改革开放，国内史学界与国外口述历史学界的交流日益增多，口述史学开始被国内学者了解和接受，并进入了一个全新的发展阶段。一些具有中国特色的口述史研究论著问世，在实践与理论方面推动了中国现代口述史学术领域的形成，使中国口述史学研究开始与国际口述史学接轨。此时，中国港台地区的一些研究机构、高校及社会团体也开展了一系列的口述历史研究项目，如香港中文大学的"口述历史：香港文学与文化"研究计划，台湾史学界对老兵、妇女等进行的口述历史研究，真实地记录了即将消失的"声音"。

20 世纪 90 年代后，中国大陆口述史学研究从介绍、借鉴国外口述史学理论和方法转变为结合国内实际状况，推出适合自身发展的口述史研究成果。"让女人自己说话"，1992 年由李小江主持的"20 世纪中国妇女口述史"项目获得立项。1997 年，贵州大学张晓撰写了《西江苗族妇女口述史研究》，为我国少数民族口述史研究提供了鲜活的样本。

随着国内口述史研究的不断发展，与国际口述史学界的交流日益增多，口述史学越来越为国内学界所接受。1996 年，北京大学历史系的杨立文和刘一皋教授分别开设了"口述史学研究"和"口述史学的理论和实践"等课程，并与牛大勇和董振华教授在 1999 年美国口述历史协会上举办了中国口述史学专题讨论会[①]，标志着我国口述史学研究正式迈进了国际口述史学界。

进入 21 世纪，我国口述史理论和实践研究日趋规范。2004 年，杨祥银所著的《与历史对话——口述史学的理论与实践》出版，是国内第一部口述史学著作，先后被美国国会、哈佛大学等世界各大图书馆收藏，并成为很多大学相关史学课程的参考教材。另外，周新国主编的《中国口述史

---

① 陈子丹：《少数民族口述历史档案研究》，云南大学出版社，2015，第 18 页。

的理论与实践》（2005）、陈旭清的《口述史研究的理论与实践》（2010）与李向平、魏扬波的《口述史研究方法》（2010）等著作，均具有很高的学术参考价值。

2004 年 12 月 12 日，"中华口述历史研究会"在扬州成立，标志着我国口述史研究进入了学科建设和团队协作的新阶段。

为抢救与保存历史记忆，国家图书馆于 2012 年启动了"中国记忆"项目，以现当代重大事件、各领域重要人物为专题，利用口述历史方法搜集口述史料，为国家保存记忆资源。2014 年 10 月，湖南图书馆主办"图书馆与口述历史及地方文化"国际学术研讨会，旨在推动口述历史事业的发展，提升图书馆在文化传承、社会教育等方面的创新能力。为收集妇女口述史料，中华女子学院图书馆对中国妇女口述历史展开了研究，并从 2013 年开始，每年都会举办不同主题的"妇女口述历史"研讨会，推动了中国妇女口述史的研究。

近年来，口述史在我国越来越受到重视，很多官方和非官方口述史研究机构相继成立。很多学者利用现代口述史方法搜集、整理各领域的口述史料，并以此发表大批学术著作和论文，口述史料的价值得到了广泛认可。

二　口述史料

（一）口述史料源起

史料是过去人类社会在物质、文化和社会发展等方面包括自然界本身所遗留的记载和遗迹。[①] 人类对历史的认识和研究离不开史料，文字史料、实物史料和口述史料都是史料的重要来源与表现形式。文字史料指以文字记载的各类历史记录、学术著作、文学作品、报纸杂志与日常文字遗留等，一般指历史发生当时或之后产生，可直接作为研究或讨论历史依据的资料。实物史料指各类遗物、遗址、建筑、碑刻、雕塑和绘画等，能真实、直观地反映历史，大部分靠考古发掘，是历史的见证和史料的可靠

---

① 周新国：《构建中国特色、中国风格和中国气派的中国口述史学——关于口述史料与口述史学的若干问题》，《当代中国史研究》2004 年第 4 期。

来源。

什么是口述史料？其概念在学术界目前尚未达成共识，甚至连称谓都各有不同，但它的出现早于文字史料与实物史料，三者之间有着相互印证与补充的关系。口述史料作为史料的源头，虽历史悠久，但在人类漫长的文明史中曾经历了边缘化的过程。口述史料作为弥补现存史料记录不足的优势而备受重视，始于1948年哥伦比亚大学口述史研究室的成立。

1960年，"口述史料"一词出现在哥伦比亚大学口述史研究室出版的《口述史料汇编》中，随后，鲍姆的《口述史料抄录与编写》与柯蒂斯的《口述历史指南》相继出版。这种以保存口述史料为首要目的的实践主导了早期口述史学的发展，美国口述史料收藏机构从1966年的90个发展到1975年的316个，遍布高校、图书馆、档案馆、政府及各学会等。[①]

在国内，"口述史料"一词最早出现于1990年陈国清撰写的《如何进行党史口述史料的整理工作》（《北京党史》1990年第1期）中，文章就如何进行党史口述史料的整理工作进行了阐述。1996年，刘国能在《中国档案》（1996年第4期）上发表了《值得重视的口述史料工作》一文，该文源自作者参观新加坡国家档案馆的启示，是国内首篇倡导要重视口述史料的收集与整理工作的学术论文。

（二）口述史料概念

口述史料作为多学科领域研究的衍生品，不同领域学者对其称谓各不一样：社会学界多称为"口承史料"或"口碑史料"，历史学者多称为"口传史料"或"口述历史资料"，档案学界称为"口述档案"、"口述传统档案"或"口述历史档案"，图书馆学界则称为"口述资料"、"口传资料"、"口碑文献"或"口头资料"等。在已有的一些文章或著作中，口述史料、口述资料、口述档案、口碑史料与口述历史资料等已出现混淆、互置和通用的现象，口述史料的概念存在众说纷纭的状况，目前尚无统一和规范的定义。

1997年，钟少华在《中国口述史学漫谈》一文中将"口述史料"的

---

① 刘国能：《值得重视的口述史料工作》，《中国档案》1996年第4期。

概念定为："口述史料是指通过口述所收集的史料，可以是录音形式，也可以是文字形式，但文字形式一定要有录音为依据，以口述史料为主编写成的历史为口述史。"① 扬州大学教授周新国则将口述史料定义为："主要指经过口传或为后人记录成为史料的民间传说、社会歌谣、历史人物讲话、录音录像以及访问调查的原始资料。"②

2006 年，左玉河在《方兴未艾的中国口述历史研究》一文中认为："口述史料指当事人自己以口述的语言风格写下的文字性东西，以及别人为当事人的口述所作的记录。"③ 随后，汕头大学医学院图书馆的郑松辉在《图书馆口述历史工作著作权保护初探》一文中说："口述史料是根据个人亲身经历或见闻而口传或笔记的材料。"④ 陈俊华也在《口述历史——图书馆史研究的新途径》一文中介绍了国外图书馆利用口述历史收集口述史料的方法，指出口述史料是图书馆构建馆史不可缺少的鲜活史料，能弥补文献史料的缺失。⑤

国内首次出现"口述资料"一词，是由南京大学沈固朝教授正式提出的。1995 年，他在《档案工作要重视口述资料的搜集》一文中指出："通过有计划地访问历史事件的当事人或知情人，录下他们的谈话从而获取的某一特定问题的口述凭证，称为口述资料或口碑资料。"⑥ 他认为口述资料是历史遗留下来的一种形式，应成为档案资料的重要来源，倡导成立相关研究机构，开展口述资料的搜集工作。

中国现代文学馆副研究员尹培丽于 2017 年在其专著《图书馆口述资料收藏研究》中认为："口述资料又称口头资料、口述史料或口碑资料，是与文字资料、实物资料并列的资料来源与表现形式。因内容通常是当事人的亲身经历或独到见解，所以能为我们提供较为立体的、真实的人物和

---

① 钟少华：《中国口述历史研究的探索》，《学术研究》1997 年第 5 期。
② 周新国：《构建中国特色、中国风格和中国气派的中国口述史学——关于口述史料与口述史学的若干问题》，《当代中国史研究》2004 年第 4 期。
③ 左玉河：《方兴未艾的中国口述历史研究》，《中国图书评论》2006 年第 5 期。
④ 郑松辉：《图书馆口述历史工作著作权保护初探》，《中国图书馆学报》2010 年第 1 期。
⑤ 陈俊华：《口述历史——国书馆史研究的新途径》，《大学图书馆学报》2007 年第 4 期。
⑥ 沈固朝：《档案工作要重视口述资料的搜集》，《档案学通讯》1995 年第 6 期。

事件资料。"①

中国口述史研究会前副秘书长荣维木将口述史料称为"口碑资料"，1994 年，他在《口碑史料与口述历史》一文中说："口碑史料是史料留存形式的一个种类，指参与或耳闻目睹历史事件过程者口述的传闻，口碑史料绝大多数以文字记录和录音的方式留存下来。"② 在该文中，他将口碑资料分为口传史料、录音史料、回忆录史料、访问记史料与专用口语史料五种类型。

泰山学院赵兴彬教授认为口碑史学在中国尚未真正建立起来，史学界对口碑史料的认识相当模糊。为使口碑史料与其他类型的史料彻底区分，2004 年，他在《口碑史料厘定》一文中指出："所谓口碑史料，指由历史研究者亲自采访得来的、仅供自己使用的口耳相传的史料。"③

"口述档案"的概念在国内最早出现于 1986 年，由辽宁大学吕明军教授在《口述档案及其兴起》中提出："口述档案就是系统搜集、加工、整理和保存口头材料，使口头材料保存在一定载体内供社会利用。"④

敦煌市图书馆的范金霞在《非物质文化遗产中的口述档案保护与图书馆》一文中这样表述："口述档案是档案的一个分支，是为保护历史和记忆而进行的查访资料收集结果，通常表现为录音磁带和对录音的逐字记录两种形式，现代条件下可能表现为计算机数据，如数据光盘、电子文档等。"⑤

云南大学陈子丹教授在《少数民族口述历史档案研究》一书中指出："口述档案指将存储在口述人记忆中的各个历史时期的各种人物和事件以及自己或他人的主要经历记录下来，直接形成的各种文字、录音、录像等具有保存价值的原始文献资料。"⑥

综合上述学者的定义，笔者认为，口述史料又称口头资料、口碑史料、口述档案或口述历史资料等，是史料的重要来源和表现形式，是通过

① 尹培丽：《图书馆口述资料收藏研究》，国家图书馆出版社，2017，第 1 页。
② 荣维木：《口碑史料与口述历史》，《苏州大学学报》1994 年第 1 期。
③ 赵兴彬：《口碑史料厘定》，《史学史研究》2004 年第 2 期。
④ 吕明军：《口述档案及其兴起》，《档案》1986 年第 6 期。
⑤ 范金霞：《非物质文化遗产中的口述档案保护与图书馆》，《图书馆学刊》2008 年第 5 期。
⑥ 陈子丹：《少数民族口述历史档案研究》，云南大学出版社，2015，第 25 页。

有计划地访问当事人或知情人，根据他们口述亲历亲闻，而挖掘、整理出来的文字、图片、录音及视频等具有保存价值的原始史料。口述史料作为一种独特的史料来源，弥补了文字及实物史料的不足，承载了一个人、一个民族乃至一个国家的历史记忆，能为人们研究各地域、各民族历史文化提供丰富的诠释空间。为此，口述史料的学术价值在 20 世纪中叶后引起了国内外图书馆学、历史学、民族学以及档案学等专家学者的广泛关注，呈现出多领域、跨学科的研究热潮，产生了大量的口述历史研究项目。

（三）中外口述史料研究现状

1. 国外口述史料研究综述

口述史学兴起的最初动力是挖掘史料和弥补文字记录的不足，从口述史的研究历程来看，口述史的发展与图书馆、档案馆有着密切的关联。美国早期的口述历史机构大都设立在图书馆内，如 1948 年成立的哥伦比亚大学口述史研究室和 1954 年成立的加州大学伯克利分校地区口述史办公室就分别设在巴特勒图书馆（Butler Library）和班克罗夫特图书馆（Bancroft Library）。[1]

美国班克罗夫特图书馆从 19 世纪 70 年代开始搜集口述史料，比 1948 年成立的哥伦比亚大学口述史研究室早了半个多世纪，目前拥有口述访谈资料约 2000 份、书籍 60 余万册、手稿 6000 余万本、照片/图片 800 余万张、胶片 4 万多份、地图 2 万多幅等[2]，已成为加州的口述历史中心与美国最大的口述资料特藏馆之一，在口述史料数字化实践方面也走到了世界前列。

哥伦比亚大学口述史研究室的成立，不仅开创了基于精英人物的口述访谈模式，也使美国口述史学得到了迅速发展。如杜鲁门总统图书馆从 1961 年开始做杜鲁门总统口述历史项目，口述访谈对象涉及海军部长、财政部长及与总统来往密切的各州州长等，目前已将所获的口述史

---

① 杨祥银：《当代美国口述史学的主流趋势》，《社会科学战线》2011 年第 2 期。
② 王子舟、尹培丽：《口述资料采集与收藏的先行者——美国班克罗夫特图书馆》，《中国图书馆学报》2013 年第 1 期。

料按受访者名字的字母或访谈主题顺序实现了互联网查询①，以供读者进行检索和利用。

1967 年，美国成立了口述历史协会，并相继出版了《口述历史协会通讯》（1967）与《口述历史评论》（1973）等官方刊物，为同行的学术交流提供了平台。这一时期出版的有关口述史学理论与实践的论文和著作数量也大幅上升，如美国著名作家斯塔兹·特克尔（Studs Terkel）撰写了一系列口述历史著作：《狄维逊街》《艰难时代：经济大危机口述历史》《工作》《美国梦寻》等。②

20 世纪 90 年代以来的数字化革命给口述史学的发展带来了前所未有的机遇与挑战，口述史料数字化的理论与实践成为各学术界重要的思考议题。通过努力，美国口述史学界于 2010 年启动并在 2012 年上线了"数字化时代的口述历史"网站等。③ 如今，美国大部分学校都开设了口述史学课程，设立了口述历史研究机构和项目；收藏口述史料的图书馆随处可见，图书馆员也熟悉了口述历史在访谈、整理和编目上的理论与方法，并将视之为分内工作。

英国图书馆国家声音档案馆是世界上最大的声音档案馆之一，于 1983 年开始收藏口述史料，现已成为英国口述历史收藏中心。1996 年，英国国家图书馆实施了"国家生活故事"（The National Life Stories）口述历史项目，采访对象涉及英国的各行各业人士。英国国家图书馆口述历史馆前馆长罗伯特·珀克斯说："我们自己采访收集资料，我们也欢迎别人提供的资料，我们一直也在寻找创新的方式来收集口述史料，我们的目标是建立一份永久性档案，兼具深度和广度。"④

澳大利亚国家图书馆从 20 世纪 50 年代开始搜集地方歌曲、音乐舞蹈、诗歌、民间故事等方面的口述史料，还对该国政治家、艺术家及一些重要组织的成员进行了口述访谈，在全国口述史料的收藏中占有主导地位。

---

① 杨祥银：《美国总统图书馆的口述历史收藏》，《图书馆杂志》2000 年第 8 期。
② 杨祥银：《当代美国口述史学的主流趋势》，《社会科学战线》2011 年第 2 期。
③ 杨祥银：《数字化革命与美国口述史学》，《社会科学战线》2016 年第 3 期。
④ 《英国口述历史馆馆长：英国口述史——开始就关注草根》，https://cul.qq.com/a/20141104/050157.htm，最后访问日期：2017 年 11 月 20 日。

1979 年，澳大利亚北部地区档案馆开始按政府要求搜集口述史料，截止到 1996 年，已收藏了 1000 多个口述历史访谈记录转录的抄本。[①] 目前，澳大利亚至少有 26 个大学档案馆设有口述历史部。此外，澳大利亚的各级纪念馆、图书馆与美术馆等都开展了口述史料的收藏工作。

为建立全面的档案资料，弥补口述档案的缺失，新加坡国家档案馆于 1979 年成立了口述历史中心，并拟定了全国性的口述历史项目。通过多年来的口述历史研究，新加坡口述历史中心（已于 2012 年 11 月由新加坡国家档案馆改属国家图书馆管理局）迄今已采访各界人士 4000 多位，录制口述访谈记录 20000 多小时。该中心加快利用信息技术，上传收集到的口述史料，让新加坡以外的研究者能随时聆听与阅读。[②]

在加拿大，口述史学一直被视为"档案实践"，很多大型的口述历史项目基本上由各档案馆主办，从事口述历史研究的也大多是档案学学者。据加拿大口述历史协会 1993 年的统计，加拿大口述历史项目完成约 1000 项、研究机构约 800 家。[③] 墨西哥的革命声音档案馆从 20 世纪 50 年代开始收集口述史料，现已出版《记忆档案》和《历史与故事》等多部口述史著作。

口述史学在非洲也取得了很大的成就，1965 年的国际非洲史学家大会通过决议，承认口述史料"是研究非洲历史的主要史料之一"。肯尼亚著名学者沃恩乔希曾指出，非洲人自己出版、整理的书、刊和口述史料，已成为肯尼亚人们反对帝国主义统治、争取自由权利的鼓舞力量和情报来源。[④] 1979 年，赞比亚大学图书馆特藏部开始口述历史项目研究，搜集了大量的口述史料，取得了丰硕的研究成果。为推动南非开普敦口述历史研究，1984 年，开普敦大学开展了"开普敦口述历史项目"，目前已经完成 400 多个口述历史访谈，访谈的对象包括各界人士，其录音带和访谈抄本等口述史料都保留在开普敦大学。[⑤]

[①]　王景高：《口述历史与口述档案》，《档案学研究》2008 年第 2 期。
[②]　蔡志远：《新加坡口述历史中心》，《图书馆》2015 年第 12 期。
[③]　陈子丹：《少数民族口述历史档案研究》，云南大学出版社，2015，第 26 页。
[④]　杨祥银：《试论口述史学的功用和困难》，《史学理论研究》2000 年第 3 期。
[⑤]　王景高：《口述历史与口述档案》，《档案学研究》2008 年第 2 期。

2. 中国口述史料研究综述

（1）中国台港澳地区口述史料研究综述

① 中国台湾地区口述史料相关研究。1959 年，"中研院"近史所在郭廷以的推动下，拟订"民国口述史访问大纲"，对党、政、军重要人士进行口述访谈。1984 年，"中研院"成立了口述历史组，进一步加强口述史料的征集，受访者不再局限于军政要人，而扩大到社会各界，开始为弱者发声，相继出版了《都市计画前辈人物访问纪录》与《民营唐荣公司相关人物访问记录》等口述历史著作 100 多部，并于 1989 年创办了《口述历史》期刊，刊登不同专题、人物或事件的访谈稿及探讨口述史理论与方法的相关文章。①

除"中研院"外，台湾大学历史系及民间团体等也开展了口述历史研究工作。2009 年出版的《台湾口述历史书目汇编》收集了台湾 1953 年至 2009 年上半年的口述历史成果："将汇集多篇个别访谈记录的专书，以单篇为单位逐条摘录，再以专书论文体例制作书目，共取得有效条目 5005 条，其中以口述政治事件为多。"②

② 中国港澳地区口述史料研究。相对于台湾，香港口述历史研究起步较晚。1980 年，香港中文大学东亚研究中心才有口述历史计划，但在随后的一年半时间里，他们访问了 200 多个西贡区居民，详细记录了西贡乡村 1920～1950 年的民生动态，为香港史研究增添了文献档案所欠缺的口述资料。1987～1995 年，香港历史博物馆以"香港故事"为研究背景，开展了"香港人及其生活"的口述历史项目，先后访问了 277 位香港居民、加拿大军人和退伍英军等人士，记录了他们的家居、工作及香港在抗日和日治下的生活面貌，弥补了香港沦陷历史文献记载的不足。③ 2001～2004 年，香港大学图书馆建立了"口述历史档案库"，以记录与保存香港民间历史和不同阶层居民的口述史料。通过多年努力，香港各高校、图书馆、博物馆、社会团体等实践机构收集的口述史料丰富多彩。

---

① 许雪姬：《台湾口述历史的发展》，《郑州大学学报》（哲学社会科学版）2010 年第 4 期。
② 许雪姬：《台湾口述历史的发展》，《郑州大学学报》（哲学社会科学版）2010 年第 4 期。
③ 王惠玲：《补白、发声、批判、传承：香港口述历史的实践》，《郑州大学学报》（哲学社会科学版）2010 年第 4 期。

澳门从 21 世纪初开始关注口述历史研究。2006 年，澳门大学教育学院制定了"澳门教育人物志口述历史计划"，旨在用口述历史方法搜集澳门资深教育工作者的口述史料，并出版了《澳门教育史研究丛书》；2005～2010 年，蔡佩玲在澳门口述史料发掘方面取得了丰硕的成果，先后出版了《口述历史——抗日战争时期的澳门》与《口述历史——神功戏与澳门小区》等著作。① 如今，澳门一些对口述历史感兴趣的社团和个人已开始自发地搜集口述史料，为保存即将逝去的声音不断努力。

（2）中国大陆地区口述史料研究综述

① 中国大陆地区口述史料相关研究回顾。中国大陆地区口述史料收集历史悠久。据东汉班固《汉书·艺文志》载，中国古代史官自西周时期就开始了"左史记行，右史记言"的工作模式，这里的"言"即指口述史料的收集。"古有采诗之官，王者所以观风俗、知得失，自考正也。"采诗之官即指周王朝派到民间搜集诗词、歌谣与民俗的各级官吏，他们将搜集到的各种口传风土民俗材料提供给朝廷，以供皇帝施政参考。但随着文字史料的日益丰富，后代人逐渐形成了"口说无凭，立字为据"的信条，口述史料被视为不可征信的野史而被史学界及官方冷落。

进入 20 世纪，梁启超在《中国历史研究法·说史料》中提倡"新史学"，主张搜集文字以外的口述史料，指出对"现在日日发生之事实"，"躬亲其役或目睹其事的人"进行"采访而得其口说"。② 但囿于历史原因，中国现代口述历史研究一直处于停滞状态。新中国成立后，大陆学者虽开始了一些具有现代意义的口述访谈与口述史调查，但随着"文化大革命"的爆发，研究工作被迫停止。

20 世纪 80 年代后，国外口述史学开始闯入国人视野，口述史料的学术价值引起了国内学术界的广泛关注。为全面了解国内口述史料研究的进展与特点，笔者于 2017 年 12 月登录 CNKI 全文数据库，选取"篇名"或"题名"为检索入口，分别以"口述史料"、"口传史料"、"口述资料"、"口述档案"、"口碑史料"、"口碑资料"、"口述历史资料"、"口述历史史

---

① 林发钦：《澳门口述历史研究的回顾与思考》，《郑州大学学报》（哲学社会科学版）2010 年第 4 期。

② 王景高：《口述历史与口述档案》，《档案学研究》2008 年第 2 期。

料"为检索词,进行期刊、博硕士、会议、报纸和外文文献跨库模糊检索,共获相关文献532篇。通过分析,国内口述史料相关研究发文数量主要集中在"口述史料"、"口述资料"与"口述档案"三大领域。

通过CNKI数据分析"口述史料""口述资料""口述档案"的发文年代与数量,笔者发现2002年以前发文数量普遍较低,2003~2009年逐步上升,2010年后呈井喷式上升,2015~2016年发文数量达到了最高值,2017年有所回落但仍呈上升趋势。国内最早发表与口述史料相关的论文是吕明军的《口述档案及其兴起》(1986)[①]和陈国清的《如何进行党史口述史料的整理工作》(1990)[②]。以1960年哥伦比亚大学口述史研究室出版的《口述史料汇编》为标志,国内口述史料研究比国外晚了近30年。

为了解国内口述史料相关研究的学科分布情况,笔者对"口述史料"、"口述资料"与"口述档案"期刊发文前五位的学科进行了排列:博物馆与档案馆学科发表的论文最多,其次是图书情报与图书馆,再次是高等教育与中国近现代史及史学理论学科等。尤其是云南大学为了配合"世界记忆工程"与"中国档案文献遗产工程"的实施,2004年开始少数民族口述档案研究工作,申报的课题先后获国家社科基金"民族记忆传承视域下的西部国家综合档案馆民族档案文献遗产资源共建研究"与教育部人文社科"西部和边疆地区研究"等项目的立项资助,涌现一批优秀的口述史学者。

② 中国大陆现代口述史料研究概况。在CNKI数据库里,笔者以"口述史料"为篇名进行检索梳理发现,1990~2017年,国内学术期刊共发文61篇。文献数量虽不多,但研究日趋成熟,已从最初对"口述史料"概念的介绍逐步转向对相关理论与实践工作的探讨。国内学术界关于现代口述史料的研究大致经历了以下几个阶段。

第一阶段:1990~2003年,我国现代口述史料研究的起步阶段,发表的学术论文较少,仅有4篇,主要介绍口述史料的相关概念及国外研究综述。如1990年,陈国清在《北京党史》杂志上发文,介绍如何进行党史

---

① 吕明军:《口述档案及其兴起》,《档案》1986年第6期。
② 陈国清:《如何进行党史口述史料的整理工作》,《北京党史》1990年第1期。

口述史料的整理工作。虽然这是国内学术界首次对口述史料进行论述，但并没有引起学术界太多关注。随着国内史学研究的深入，1994年，荣维木在《苏州大学学报》上发表文章，对口碑史料与口述历史的关系、概念及搜集、整理进行了详细阐释。1995年8月，刘国能访问了新加坡国家档案馆，该馆利用口述历史方法搜集与保存新加坡过去的口述史料，给他留下了深刻的印象。相对于国内口述史料研究工作的薄弱，1996年刘国能在《中国档案》上发文，呼吁国内学术界应重视口述史料工作，以减少史料损失，但在当时学术界并未引起反响。2002年，沈志华利用中俄双方的口述史料与档案文献，对20世纪50年代苏联专家来华工作的作用、影响以及这一过程的发展变化进行了历史考察①，拉开了国内学术界利用口述史进行史学研究的序幕。

此阶段的口述史料研究虽以口述史料概念、国内外口述理论与实践综述为主，但为第二阶段口述史料研究的发展打下了基础。以上四位学者的许多观点后来被学术界所采纳，对促进国内口述史料的深入研究起到了关键性作用。

第二阶段：2004～2011年，我国口述史料研究的发展阶段，共发表学术论文18篇。此阶段每年都有与口述史料相关的研究论文发表，尤其是2008年发表了4篇。研究口述史料的论文虽多了起来，但研究层次以基础性与行业性指导为主，主题多局限于口述史料介绍与中国近代史研究。2004年，《当代中国史研究》与《中国图书评论》分别刊登了与口述史料相关的文章，一篇是周新国的《构建中国特色、中国风格和中国气派的中国口述史学——关于口述史料与口述史学的若干问题》，另一篇是龚云普、陈方竞撰写的《对话与重构："史料研究"应有的姿态——〈舒芜口述自传〉读后》。这两篇文章虽侧重点不同，但都是对国内口述史研究领域问题的介绍。在《构建中国特色、中国风格和中国气派的中国口述史学——关于口述史料与口述史学的若干问题》一文中，周新国不仅介绍了口述史料的概念、回顾了国内外口述史学研究的进展，还分析了国内口述史研究

---

① 沈志华：《对在华苏联专家问题的历史考察：作用和影响——根据中俄双方的档案文献和口述史料》，《中共党史研究》2002年第2期。

发展缓慢的原因，为推动国内口述史学发展，作者还提出了成立相关组织、召开研讨会、构建相关制度等措施①，对后来国内学术界开展的口述史研究具有重要指导意义。2004 年 8 月，中国近现代史史料学国际学术讨论会在山东烟台召开，沈怀玉在会议上结合台湾口述历史研究的实践，围绕"口述史料的价值与应用"进行了深入探讨，列举了美、日，以及中国台湾等地有关中国现代口述史料的研究成果，并提出口述史料是现代史学研究的重要素材。②

　　2005 年后，抗战与党史口述史料的研究取得了一定进展。冯晓华在《兴化抗战期间口述史料选》一文中根据兴化市征集到的抗战期间的口述史料，揭示了侵华日军在兴化所犯罪行，填补了兴化文献史志的空白，是国内期刊发表的首篇抗战口述史料论文。③ 小浜正子与葛涛在《利用口述史料研究中国近现代史的可能性——以山西省盂县日军性暴力研究为例》一文中，揭露了日军当年在山西省盂县实施性暴力的事实，探讨了利用口述史料研究中国近现代史的意义与可能性。④ 随后，国内学术期刊又相继刊登相关论文 8 篇，如朱清如的《日本细菌战罪行研究与口述史料》⑤、汤红兵的《口述史学在中国革命史研究中的功用——以井冈山斗争史口述史料的整理与运用为例》⑥、薛庆超的《借鉴国外口述史料征集利用经验　搞好中共党史资料征集研究宣传》⑦ 等文章。2011 年，在江西南昌举办的中国近现代史史料学会第二十一次学术年会上，高晓燕以黑龙江地区为案例，对挖掘抢救东北沦陷时期口述史料的意义进行了阐述。

---

① 周新国：《构建中国特色、中国风格和中国气派的中国口述史学——关于口述史料与口述史学的若干问题》，《当代中国史研究》2004 年第 4 期。

② 沈怀玉：《口述史料的价值与应用》，《中国近现代史史料学国际学术讨论会》2004 年第 8 期。

③ 冯晓华：《兴化抗战期间口述史料选》，《档案与建设》2005 年第 8 期。

④ 小浜正子、葛涛：《利用口述史料研究中国近现代史的可能性——以山西省盂县日军性暴力研究为例》，《史林》2006 年第 3 期。

⑤ 朱清如：《日本细菌战罪行研究与口述史料》，《湖南文理学院学报》（社会科学版）2008 年第 1 期。

⑥ 汤红兵：《口述史学在中国革命史研究中的功用——以井冈山斗争史口述史料的整理与运用为例》，《中国井冈山干部学院学报》2009 年第 4 期。

⑦ 薛庆超：《借鉴国外口述史料征集利用经验　搞好中共党史资料征集研究宣传》，《党史文苑》2011 年第 6 期。

随着口述史料研究的不断发展，口述史料的文献价值引起了国内图书馆界的关注。如：左皓劼与张涛在《值得填补的空白——谈图书馆的口述史料资源》中，针对国内图书馆口述史料资源的普遍缺失，详细介绍了图书馆收藏口述史料的意义与国外图书馆的研究现状，提出了国内开展口述史料资源建设工作的措施[①]；陈俊华在《"创造史料"的图书馆——口述历史在地方文献工作中的应用》中，提出图书馆地方文献工作若开辟口述史料研究，既是对即将逝去口传文化的抢救，也是图书馆特色馆藏形成的重要方式[②]。这两篇论文开创了国内图书馆口述史料研究的先河，引起国内图书馆学界对口述历史的关注。

第三阶段：2012年至今，口述史料相关理论与实践研究日趋成熟，参与的学者、机构越来越多，研究类别涉及多学科领域。这些研究概括起来具有以下特点：①从主题分布看，口述史料研究主题不再单一，呈多元化发展趋势，能客观反映各学科研究的特点。其中国内近代抗战口述史料研究的文章16篇，图书馆、档案馆口述史料采集、开发与保护等方法论述的7篇，《史记》、《魏书》等口述史料价值探析及研究的4篇。此外，还有一些涉及戏剧、文学、传记、民族与党史等学科的研究。②从期刊发文情况看，国内共有32种学术期刊刊载了口述史料的研究论文。③从研究机构看，38篇口述史料论文涉及37家研究单位，仅有渭南师范学院发文2篇，说明国内目前开展口述史料研究工作的机构比较分散，还没有形成较强实力或特色的学术研究团队。④从作者发文情况看，没有出现发文2篇以上的作者，显然国内口述史料学术研究的领军人与队伍尚未形成。

与此同时，国内部分学者开始了口述史料的实践工作，优秀著作陆续出版，研究成果颇为丰硕。2013年，高永中主编的《中国共产党口述史料丛书》（1~6卷）由中共党史出版社出版，该丛书以中国共产党重大历史事件亲历者的口述史料为素材，以政治、经济、文化、军事、外交、人物6个专题收录了中共党史、国史上的许多重大事件的口述史料，为史学研究者提

---

① 左皓劼、张涛：《值得填补的空白——谈图书馆的口述史料资源》，《图书馆理论与实践》2007年第6期。

② 陈俊华：《"创造史料"的图书馆——口述历史在地方文献工作中的应用》，《图书情报工作》2007年第5期。

供了一部生动鲜活的党史读本。2016 年，汪新主编的《烽火忆抗战：抗日战争口述史料合集》由华文出版社出版。该书是一部典型的抗战口述史料著作，汇集了诸多亲历者的口述回忆，真实再现了我国全民抗战的主要历程，对研究中国抗战史具有很高的参考价值。另外，还有李涛的《中国口述科技思想史料学》（科学出版社，2010）、王丽娟的《口述史料档案化管理研究》（黑龙江大学硕士学位论文，2016）、刘婷婷的《口述史料在中学历史教学中的应用研究》（山东师范大学硕士学位论文，2017）等论著。

除上述口述史料研究的几个明显性阶段外，国内许多统揽口述史料相关研究的机构、项目、学者、著作等也推动了口述史料理论和实践工作的开展。如中国国家图书馆的"中国记忆"项目、温州大学口述历史研究所与云南大学的口述档案研究等；还有很多学者利用口述历史方法搜集、整理妇女、党史、非物质文化遗产等方面的口述史料，笔者在此不再复述，本章中国口述史研究历程中均有提及。

③国内少数民族口述史料研究概况。我国 55 个少数民族在漫长的历史发展中创造了各自灿烂的民族文化，为中华民族的形成与发展做出了不可磨灭的贡献。然而，大部分少数民族有自己的语言，却没有文字，其历史文化只能依靠口耳相传的形式世代承袭。在口述历史研究如火如荼的同时，口述史料在保护与传承少数民族口传文化方面的独特优势引起了国内学术界的关注。笔者于 2018 年 1 月 25 日登录 CNKI 全文数据库，选取"篇名"为检索入口，以"民族口述"为检索词进行期刊模糊检索，共获相关论文 90 篇。

研究机构中以云南大学发文量最多，其次是吉首大学。云南大学在少数民族口述档案研究方面取得了显著的成绩。云南大学申报的"民口口述档案"相关课题获国家级立项。吉首大学在少数民族口述历史研究方面也取得了一定的成绩，发表多篇学术论文。

综上所述，国内口述史料的研究工作虽取得了一定成绩，但研究成果主要集中在概念阐述、国外研究综述、国内研究意义与措施等基础性探讨方面，没有制定整体的理论征编规划；实证研究分布不均，研究学科集中在档案、图情、高等教育与中国近代史等方面，研究主题以资源建设、重要人物与重大事件为主，少数民族虽有涉及，但多属一些学科性浅层次探讨，对散佚于民间的民族口述史料尚未进行系统的挖掘与整理；各学科虽大力倡导口述资源的共建、共享，但仍各自为政，使口述史料储藏分散，保存不一，流失损坏严重。

为防止国内尤其是少数民族口述史料悄无声息的消失，亟须建立一个统一规范的保护体系，对这些濒危口述史料展开有组织、有计划的征编研究。为此，本书以土家族为研究个案，征集土家族民间口述史料并进行整编、数字化保护与利用研究，希望能为我国少数民族口述史料研究提供理论范式或实践经验，为少数民族口传文化的传承与发展探索出更富成效的策略。

第二节　土家族口述史料

一　土家族口述史料刍议

（一）土家族文字、实物口述史料的研究概况

史料是过去人类社会在物质、文化和社会发展等方面所遗留的记载和遗迹[1]，包括文字史料、实物史料和口述史料。口述史料是根据人们口述的亲历亲闻而整理出来的具有保存价值的原始史料，其载体可以是录音形式，也可以是文字等形式。现代口述史料最典型的标志是"有录音或录像"，是"口头的、有声音的历史资料"[2]，但传统口述史料不一定以声音、视频为依据，而是根据人们口述，用文字记录或实物展现的资料。

土家族没有本民族文字，但这并不代表土家先民不会保存本民族的历史与文化。没有文字，他们就用口传，如土家族语言、歌舞与民间文学等；难登官方正史的大雅之堂，就用心抒写在西兰卡普、挑花、服饰或转脚楼上。事实证明，在漫长的历史发展中，土家人不仅用口传心授传承着本民族的历史文化，而且通过实物、图形等将民族记忆展现得淋漓尽致。

---

[1]　周新国：《构建中国特色、中国风格和中国气派的中国口述史学——关于口述史料与口述史学的若干问题》，《当代中国史研究》2004 年第 4 期。

[2]　杨祥银：《与历史对话——口述史学的理论与实践》，中国社会科学出版社，2004，第 6 页。

这种以土家人口传心授方式创造，并通过口述、文字与实物等所有史料形式相承的史实，都是土家族口述史料。

土家族口述史料浩如烟海、包罗万象，土家族的历史渊源、语言、宗教信仰、风俗、工艺美术、歌舞、民间文学与传统体育等口传文化组成了土家族口述史料的完整体系。对土家族而言，这些口述体系保存了该民族的族系源流、生活习俗、伦理道德、民俗民风、生产方式等诸多方面，有着深刻文化内涵和研究价值，充分反映了土家族人民的智慧和创造力。

在古代，土家人用口传心授的方式创造和传承本民族的史实。到了近代，随着汉族文化的不断融入，人们除了土家语还采用汉语、汉字等形式进行土家文化的传承与记载。但囿于历史与地域原因，新中国成立前，土家族的历史文化仍以口传心授为主，只有极少史书上略有提及。新中国成立后，在中国共产党民族平等政策的光辉照耀下，土家族从过去被压迫、强迫同化和长期埋没的状态中走了出来，一些学者开始了本民族的研究工作。土家族的研究历程大致分为 5 个时期：①民族识别时期（1950 年至 1957 年"反右派斗争"开始），②曲折发展时期（1957 年至 1966 年"文化大革命"之前），③重创停滞时期（1966 年后"文化大革命"期间至 1978 年），④复兴发展时期（1978 年十一届三中全会召开至 1987 年），⑤开放推进时期（1987 年土家族实现区域自治至现在）。[3]

土家族研究工作从新中国成立后土家族民族成分识别之时正式开始。多年来，土家族研究如火如荼，各学者通过土家人口传心授，以历史学、哲学、民族学、社会学等学科的理论与方法，对土家族历史文化进行了挖掘与整理，将他们口传心授的内容通过文字记录在纸上或实物上，创造了很多具有文学、艺术等物质形式表现出来的土家族史料。1957 年 1 月土家族被国务院正式确定为单一的少数民族，随后，土家族历史文化的表述逐渐以汉字记载为主。笔者认为，土家族无文字，历史文化传承一直依靠口传心授，关于该民族各种记载形式的缘起都是经口传心授整理而成，因此，与土家族口传历史文化相关的所有文字史料、实物史料均属口述史料范畴。

为了解国内土家族学术研究期刊的发文现状，笔者于 2018 年 1 月 31 日登录 CNKI 全文数据库，选取"篇名"为检索入口，以"土家族"为检索词进行学术期刊精确检索，共获土家族研究学术论文 4526 篇。通过"分组浏览"可以看出：①1958 ~ 1963 年，国内学术期刊发表土家族研究论文 8 篇，最早为王忠的《驳向达、潘光旦关于土家族历史的谬说》①。②1964 ~ 1979 年，土家族学术研究处于停滞状态，1980 年后开始复苏，相关论文陆续发表。③研究机构排名前五位的依次为湖北民族学院（413 篇）、吉首大学（404 篇）、中南民族大学（163 篇）、三峡大学（144 篇）、长江师范学院（115 篇）。④研究学科以音乐舞蹈（654 篇）、旅游（517 篇）、民族学（515 篇）等为主。笔者再以"土家族"为检索词进行"博硕士"精确检索，共获相关学位论文 530 篇，其中博士论文 31 篇，硕士论文 499 篇。

为了解国内出版发行与土家族相关的图书现状，笔者于 2018 年 1 月 31 日登录读秀中文学术网，以"土家族"为检索词进行图书书名搜索，找到土家族相关中文图书 632 种。土家族图书出版发行所经历的过程与期刊发文、土家族研究历程大致一样，但也具有自身的特征：①土家族相关图书出版从 1959 年开始，当时出版的图书有《土家族文学艺术史》（修订稿上、下）（1959）、《土家族歌谣选》（1959）、《土家族彩织图案集》（1959）、《哭嫁歌 土家族抒情长诗》（1959）、《土家传说故事选》（1959）与《婆婆树 土家族民间故事》（1959）6 种。②1965 ~ 1973 年无任何相关图书出版，土家族研究处于停滞状态，1979 年后开始复苏。③研究学科以历史、地理（255 种）、文学（70 种）、艺术（54 种）为主。④出版图书较多的作者为张子为（10 种）、徐开芳（8 种）、林继宽（6 种）、彭继宽（5 种）、萧洪恩（5 种）与黄柏权（5 种）等。

铭刻是刻在石头、金属或木头等器物上的文字与图画，是将历史记录、工艺美术与民族文化有机结合在一起的实物史料。土家族目前发现的铭刻类史料以石刻数量最多、分布最广，也是土家族口述史料的重要组成部分。土家族无文字，明清后通用汉文，土家人为表述情感与记载历史，也常借用汉字铭刻，因此土家族石刻上的文字均为汉字。土家族石刻的种类主要有石碑、墓志、牌坊、摩崖和塔铭等，其形制主要是记事称颂、表彰功德、哀诔纪念与记述文学等，内容涉及土家族口传文化的方方面面。

以张公谨主编的《中国少数民族古籍总目提要·土家族卷》（以下简

---

① 王忠：《驳向达、潘光旦关于土家族历史的谬说》，《历史研究》1958 年第 11 期。

称《总目提要》）① 中铭刻古籍为例，该书土家族铭刻古籍的收录时间原则上与汉文古籍一样，下限时间止于 1911 年，但基于土家族的历史特征与古籍存世等方面的差异，下限时间延至 1949 年。《总目提要》中收录的土家族古石碑共 278 通，墓碑、墓志 145 合，摩崖石刻 22 件②，如位于湖南省沅陵县明溪口村的《明溪新寨题名记》（又名《红字碑》，1058）、位于湖南张家界永定区双溪桥的《文昌塔记》（1341）、位于湖北利川鱼木寨的《南阳柴夫子训子格言碑》（1920）与湖南省永顺县松柏乡的《重修玉皇阁碑叙》（1919）等。这些石刻史料形式多样、内容丰富，反映和记录了土家族的历史、政治、经济与文化，对了解土家族先民的生存样态与民俗事像等有着重要价值，与文字史料不分伯仲。土家族铭刻史料除《总目提要》已收录的，还有大量藏匿于民间，亟待人们去挖掘研究。

从以上研究现状可以看出，土家族口述史料包罗万象。土家族民间文学表达了土家人不同历史时期的生产、生活、习俗、艺术与情感等方面的内容，一直是学术界搜集与土家人传承的热点。目前，已搜集、整理出来的土家族口述文学史料主要有民间歌谣、故事、史诗、戏剧、谚语与谜语等，仅以土家族民间歌谣而言，就由古歌、劳动歌、诉苦歌、仪式歌、情歌等多种形式。这些歌谣千百年来在土家人中世代传唱，真实地再现了土家人的生产、生活与土家族聚居地区的自然景象与风土民情等，具有一定的文学价值，是土家族口述史料的重要组成部分。

如果把依靠口传心授整理与记录下来的有关土家族历史渊源、习俗、工艺美术与民间文学等书写史料只视为文字或实物史料，而不承认是口述史料范畴的话，那么土家族与其他无文字民族的历史文化就成了空白，中华民族的历史与文化也将改写。实际上，很多有文字记录的民族，口述也是他们历史文化传承的重要方式。有文字民族的史料中很多事物的记载都不是书写者所创造，而是他们根据当时口头传承的内容，通过文字书写在纸面或用铭刻保存下来。③ 如汉族的《史记》、《论语》，藏族的《格萨尔王》等，最初都是作者到民间搜集口头流传的史料，然后通过对知情人

---

① 张公谨主编《中国少数民族古籍总目提要·土家族卷》，中国大百科全书出版社，2010。
② 王文兵：《土家族碑刻文化资源建设与利用研究》，《图书馆学刊》2017 年第 5 期。
③ 陈子丹：《少数民族口述历史档案研究》，云南大学出版社，2015，第 34 页。

"口述"的考证，最后用文字记录成书。图书馆作为文化信息资源收藏的重要载体，保存人类文化记忆是其永恒的历史使命。将口述史料纳入图书馆文化信息资源收藏的范畴，及时征集、整理各民族没有文字记载、濒于消失的口述史料，是图书馆员义不容辞的职责。

（二）图书馆研究土家族口述史料的必要性

少数民族口述史料反映了各民族政治、经济、科学与文化等方面的信息，是中华民族史料的重要组成部分。我们在研究少数民族口述史这个大框架中将土家族口述史料作为重要个案进行研究是很有必要的。

1. 口述史料是土家族文化记忆的重要来源

我国很多少数民族有自己的语言，但没有本民族文字，大部分民族的历史文化没有文字书写或缺少史料记载，很多流传于民间。新中国成立前，我国 36 个无文字少数民族的历史文化长期依靠口传心授世代相传，19 个有文字少数民族的历史文化也大多没有正式的文字记录，民族文化仍以口传心授为主。1949 年 10 月，中国文字改革协会成立，先后为壮、苗、布依等民族创制了拉丁字母形式的文字，还为景颇族、傣族、彝族等有文字民族进行了文字整理和规范。① 为促进土家族聚居区政治、经济、文化与教育等方面的建设，吉首大学彭秀模与叶德书两位教授也于 1983 年 5 月完成了《土家语拼音方案》（草案）。该方案以湘西北部方言为基础、以龙山县猫儿滩镇为标准音点，贯彻汉语拼音和考虑教学价值为原则；其内容由字母表、声母表、韵母表和声调表四个表格及后附说明组成。② 但因各种原因，至今各少数民族几乎不使用这些文字，很多民族的文化仍保留在人们口传心授的记忆中。为保存与传承各民族流传于民间的文化记忆，亟需对其口述史料进行抢救性研究。

少数民族口传文化具有鲜明的地域性和民族差异性，从宏观理论的角度进行研究，实际运用价值难以保证，这就需要选取具有代表性的地域与民族来进行研究。土家族是武陵山片区人口最多的世居民族，其口述史料承载着土家族人的智慧与记忆，是土家族聚居地区乃至武陵山片区历史文

---

① 王爱云：《中共与少数民族文字的创制和改革》，《中共党史研究》2013 年第 7 期。
② 彭秀模、叶德书：《制订〈土家语拼音方案〉（草案）的缘起和经过》，《吉首大学学报》（社会科学版）1985 年第 1 期。

化变迁的见证，将土家族作为个案研究具有一定的代表性。而笔者所在图书馆自 20 世纪 50 年代建馆以来，一直致力于武陵山片区民族文献的收藏与整理工作，已形成了以区域民族、口述史等为特色的馆藏体系，对土家族口述史料进行征编研究具有得天独厚的优势，理应责无旁贷地担负起保护与传承土家族文化记忆的历史使命。

2. 保护与传承土家口传文化的迫切需要

口述历史在图书馆界最早是用来搜集、保存人类口述的资料，而口述史料以其独特的地域性与原生性迅速成为不同区域图书馆的特色馆藏资源。土家族有自己的语言，但没有文字，其历史文化一直依靠口传心授传承，致土家族口传文化形式多样，内容丰富。如土家族挑花颇有特色。20 世纪 80 年代民族学家彭武一曾这样描述：土家族工艺美术有两朵花，一为打花（也称织锦或西兰卡普），一为挑花；打花线粗质厚，挑花线细质薄；色彩搭配方面，打花取色浓重，色彩对比强烈、豪放；挑花取色恬静，色彩颇显柔和、淡雅。[①] 可见在长期的历史发展中，土家挑花与打花异曲同工，相辅相存，为同根异株的两朵民族工艺奇葩。但土家织锦早在 2006 年就被列入国家首批非物质文化遗产名录，因受国家重视，其技艺目前已得到了很好的传承与发展，而土家族挑花因缺乏重视（2016 年才被列入湖南省非物质文化遗产名录），其技艺目前仅掌握在少数高龄人的记忆中。

图 2-1　土家挑花省级传承人余爱群　　　图 2-2　土家织锦国家级传承人
　　　　　（朱慧玲　摄）　　　　　　　　　　　刘代娥

---

① 彭武一：《土家族心理特质初探》，《吉首大学学报》（社会科学版）1988 年第 2 期。

为了解土家挑花的研究现状，笔者于 2017 年 3 月登录 CNKI 全文数据库，选取"篇名"为检索入口，以"土家挑花"为检索词进行期刊模糊检索，结果为无对应的分组数据。通过互联网搜索"土家挑花"，仅找到几张图片和湘西土家族学者田明撰写的一篇相关短文，暂无其他记载与研究。土家挑花不仅是我国非物质文化遗产，也是土家族口传文化的优秀代表，但在经济全球化的冲击下，其技艺濒临失传，如再不对传承人掌握的口述信息进行挖掘、整理，土家挑花技艺必将面临"人亡艺绝"的宿命。由此可见，在当前民族文化保护、传承与发展的视域下，对土家族濒危口传文化进行抢救性研究已刻不容缓。

3. 建设与完善图书馆特色资源的必要举措

图书馆作为文化信息资源的收藏单位，以往的工作重点大都放在文字史料的收藏中，对口述史料的搜集、整理与研究则关注不多。自口述历史研究在国外图书馆界日益受到重视后，国内图书馆部分学者在 21 世纪后把目光逐步投向了这一领域，但这种起步较晚的状态造成了我国图书馆口述史料收藏的诸多缺失。近年来，国内不少图书馆已介入口述历史研究领域，但就实践研究成果而言，仍颇显不足。很多人对口述历史的理解还停留在简单的录音整理阶段，这种误解将极大弱化口述历史成果的价值。①目前，我国图书馆口述历史研究体系主要由资源建设与重大历史事件组成，如国家图书馆以现当代重大事件、各领域重要人物为专题的"中国记忆"项目和湖南图书馆对抗战老兵进行的口述历史研究等，而对少数民族尤其是土家族口述历史，却涉及不多。用口述历史记录民族的历史，特别是用来抢救那些濒于失传的民族文化口述史料，已成为国外很多机构口述历史研究的重要工作。如苏格兰国家博物馆"苏格兰：不断发展的民族"展厅，通过口述历史方法的合理运用，生动且全面地展现了本土近现代民族史。

土家族口述史料是再现土家族历史渊源、传承土家族文化精髓、研究土家族口传文化的重要基础。近年来，土家族口述史料的搜集与整理取得了一定的成绩，如王文章、金萱等通过对土家族西兰卡普传人的口述调

---

① 王兰伟：《理论与实践——图书馆口述历史工作探索》，《图书馆》2015 年第 12 期。

查，出版了著作《西兰卡普的传人 土家织锦大师和传承人口述史》[①]；刘德红、曹佳等在《湖北巴东土家族口述医药文献调查分析》中指出土家族口述医药史料有利于土家族医药的发展[②]；彭燕、卢瑞生通过对土家族挑花技艺的调查，撰写了《濒临失传的土家族传统挑花技艺探究》[③] 等。但土家族还有很多散佚于民间的口传文化没有纳入史料搜集的范围，没有机会展现其独特的魅力，其传承还处在口传心授的原始阶段，现状堪忧，亟待我们对其口述史料进行抢救性保护研究。

二 亟待抢救的土家族口述史料

土家族的历史渊源与民间文化一直依靠梯玛、族长、土司、民间艺人与手艺人等的口传心授传承，土家族口述史料是根据他们口述亲历亲闻而挖掘、整理出来的文字、实物及音视频等具有保存价值的原始资料。随着社会变迁和现代化进程的不断加快，土家族很多口传文化已陷入"后继无人"的危险境地，也给土家族口述史料的挖掘带来了严峻的挑战。

（一）土家族口述史料的研究价值

1. 推动土家族濒危口传文化的传承与发展

土家族的口传文化主要保存在土家人的记忆中，通过口传心授这一特殊方式得以世代流传，但人的记忆内容会随着环境的改变和时间的流逝而逐渐遗忘、消失。因此，要想保护与传承土家族散佚于民间的濒危口传文化，就要通过田野调查，挖掘土家人的民族记忆，获取具有保存价值的文字记录、实物与音视频等口述史料。土家族口述史料具有现场性和即时性特点，通过音视频呈现给人们的信息较为全面而生动，可将访谈时发生的一切场景原汁原味地记录下来，如口述者的语言、声音、表情、动作和访

---

① 王文章主编、叶水云等口述、金萱整理《西兰卡普的传人 土家织锦大师和传承人口述史》，中央编译出版社，2010。

② 刘德红、曹佳等：《湖北巴东土家族口述医药文献调查分析》，《中国民族民间医药》2014年第18期。

③ 彭燕、卢瑞生：《濒临失传的土家族传统挑选技艺探究》，《三峡大学学报》（人文社会科学版）2017年第6期。

谈现场与环境等。通过口述访谈挖掘土家族口述史料，唤醒土家人的民族记忆，让沉睡已久的土家族口传文化重新焕发生机，达到其传承与发展的目的，具有重要的价值。

2. 弥补文字和实物史料记载方面的缺失

文字发明前，人类的历史大都通过口传的方式世代流传下来。随着文字的出现，各种史料迭出，但有形的史料与历史相比毕竟匮乏，人类很多记忆没有被文字所记载。土家族无自己的文字，在漫长的历史发展中，土家人创造了很多具有本民族特色的口传文化。土家族历史文化的研究从新中国成立后民族成分识别时才正式开始，多年来虽取得了一定的研究成果，也创造了很多以汉字为载体的文字和实物史料，但土家族还有很多民族记忆没有被文字所记载，研究土家族依靠现有的史料是不够的，还需对熟悉土家文化的当事人、知情人进行口述访谈，将他们掌握的民族记忆转化为口述史料进行印证与补充，以弥补文字和实物史料记载的缺失。口述史料将文字史料和实物史料所不能完全呈现的场景，如访谈现场与背景及当事人的表情等，通过录音、摄像等数字技术进行补充与记录，从而弥补了文字、图片、铭刻、实物等史料记载上的缺失，完整地还原了土家族口传文化的原貌。

3. 为土家族历史文化研究提供第一手资料

土家族现代意义的口述史料是利用口述历史研究方法，以录音、摄像等设备为工具，对熟悉土家族历史文化的梯玛、族长、学者、传承人或民间艺人等进行口述访谈，挖掘他们口述内容中具有保存价值、迄今尚未得到的第一手资料。现代意义的口述史料具有一定的即时性，一般为现场笔记、录音、拍照或摄像，与文字、实物史料相比，更能直观、生动、形象地再现访谈场景、人物言行及访谈内容的全过程。因此，要想准确、客观地了解土家族历史与文化，就必须挖掘其口述史料。如：1952年以田心桃为代表的土家族人向各级单位反映，要求确认土家族为单一民族。随后，中央派以严学窘、潘光旦等为代表的调查组，对土家族的民族成分进行了识别。他们通过对湘西永顺、龙山等地土家人的口述调查，写出了《关于湘西北土家语的初步意见》（严学窘，1952）的调查报告与《访问湘西北"土家"报告》（潘光旦，1956）等珍贵的口述史料。调查组用鲜活、确凿的第一手口述史料证明了土家族是一个历史悠久的民族，终于使国务院于1957年1月正式发文，确定土家族为单一的少数民族。由此可见，口述史料可以完整、清晰地还原事实的真相，为土家族历史文化研究提供珍贵的第一手资料。

（二）土家族口述史料的流失概况

土家族口述史料的缔造者主要是梯玛、族长、传承人、民间艺人与普通土家人，他们不仅熟悉、掌握土家族的历史发展和文化记忆，还是土家族口传文化的传承者与传播者。随着社会的进步与岁月的流逝，土家族年轻一代不愿意学习本民族文化，而熟悉与掌握本民族历史文化的人大多年事已高且越来越少。如"梯玛"，是土家族从事宗教的职业人士，土家人常称为"土老司"和"土司子"等，他们所唱的《梯玛神歌》集诗、歌、乐、舞于一体，具有重要的文化和社会价值，对土家人民的生活影响深远。但《梯玛神歌》必须用土家语演唱，随着土家语的深度濒危，能完整释读和传唱《梯玛神歌》的老梯玛已屈指可数。老梯玛的去世不仅带走了丰富的口传历史和文化信息，使土家族大量珍贵的梯玛口述史料流失，还使《梯玛神歌》不可避免地陷入传承困境。

土家族研究者搜集的很多口述史料没有公开发表或出版，未得到永久性保存，流失较为严重。如民族学家彭武一先生，1927年出生于湘西永顺县万坪乡的一个土家族知识分子家庭，他热爱本民族文化，一生致力于土家族族源、语言与民间文学等方面的研究，1955年撰写的《湘西土家人民古代历史纲要初稿》和《湘西土家语言句法初探》，为中央调查组识别土家族民族成分提供了珍贵的口述史料，仅1982～1991年公开发表的土家族研究论文就有15篇，但彭武一先生于1991年与世长辞，临终前他说："我近年来文思特别敏捷，越写越顺手。"可惜现在他不能写了，研究的很多东西还没来得及写，有的写了也未发表。对他的遗著进行收藏、整理与出版，将是一笔巨大的社会财富，也是对其亡灵最好的安慰。① 但令人遗憾的是，彭先生早年根据土家人口述所做的笔记、整理的各种口述史料，至

---

① 张二牧：《悼念彭武一先生》，《民族论坛》1991年第2期。

今尚未有人去整理，只能任之流失。

土家族无文字，历史上有关土家族口头流传的部分内容均由汉字落之于笔墨，用书籍、铭刻与口传等形式载入史籍，为后人留下了珍贵的土家族古籍。如至今能读到且全面记载土家族历史文化的古籍，较早的有明弘治《岳州府志·慈利县》与明正德《永顺宣慰司志》等孤本。清代后，土家族人才辈出：渝东南陈汝燮留有《答猿诗草》8 卷，存诗 700 余首；陈景星的《叠岫楼诗草》留诗不下千首；还有湖北长阳彭秋潭、湖南彭勇行、彭施铎等一大批土家族文人也留下了一些较著名的诗词。① 清末及民国时期，土家族地区开始编纂地方志与家族谱。2002 年，为将土家族古籍清点入册，土家族地区的民族单位对土家族古籍进行了一次大规模的搜集与整理，并于 2010 年出版了《中国少数民族古籍总目提要·土家族卷》。该书共登录条目 2900 条，其中书籍类 397 条，铭刻类 473 条，文书类 176 条，讲唱类（口传资料）1854 条。② 土家族古籍的搜集工作虽取得了一定成绩，但对这些古籍的研究还处于初级阶段，而且收藏机构分散，各自为政，部分古籍因保存不当，损毁严重。

除了《中国少数民族古籍总目提要·土家族卷》入册的古籍，土家族还有大量铭刻古籍散存于民间，受人为和自然等因素的影响，部分已经损毁、剥蚀或遗失。如生于道光年间的张家界永定区土家族人刘明灯，是清朝土家军主帅，先后任台湾总兵与甘南各军提督等职。作为当地显赫一时的名门旺族，其家族墓地规模宏大，修建历时 17 年，为土家族铭刻史上少有。但墓区现仅存石碑坊 2 座，石雕群 3 处，神道碑 4 座，石像 24 尊，石柩 4 根，其他碑刻 2 处，很多碑刻古籍已湮灭无存。

时光荏苒、世事变迁，随着土家人与外界交流的日渐增多和土家族地区现代化进程的不断加快，土家族口述史料流失情况严重，口传文化面临消失。作为土家族聚居地区的高校图书馆人，保护与研究土家族濒临消失的口述史料责无旁贷。

---

① 张公谨主编《中国少数民族古籍总目提要·土家族卷》，中国大百科全书出版社，2010，第 65 页。
② 王平：《论土家族古籍的文献价值》，《重庆三峡学院学报》2011 年第 4 期。

（三）土家族口述史料的抢救措施

1. 提高土家族口述史料的保护意识

土家族聚居地区的图书馆和各级研究机构单位要充分利用土家族的传统节日，如"舍把节"、"六月六"等，运用广播、报纸、电视、互联网、微信等平台对土家族口传文化进行宣传，让更多土家人了解本民族传统文化。破除"保护民族口传文化就是保护落后、愚昧"的旧思想，树立"征集口述史料就是传承土家族口传文化"的新观念，唤起土家人的民族自豪感和自信心。提高土家人保护与传承本民族口传文化的意识，引导更多人参与到土家族口述史料的保护工作中，把土家族口述史料的征编与土家族口传文化的保护工作紧密结合在一起。

2. 做好土家族口述史料的征编工作

首先，图书馆应建立土家族口述史料的征集、整理与编目机制，与土家族聚居地区的各级档案馆、文化馆、非遗中心、民委等单位及土家族研究者取得联系，征集正式出版和非正式出版及收藏的土家族口述史料。对部分无法征集的史料进行拍照与扫描，如各单位及研究者个人珍藏的手稿、笔记、调研报告及图书等。其次，深入土家山寨进行田野调查，利用口述历史研究方法对土家族濒危口传文化的知情人与传承人进行口述访谈，以获取珍贵的第一手口述史料。然后参照《中国图书馆分类法》与美国的《口述历史编目手册》等，对征集到的土家族口述史料进行整理与编目，研发出以土家族口传文化、口述史料为代表的少数民族口述历史资源建设、收藏与服务体系，并制定出较为统一的编辑、著录和检索标准。

3. 加强土家族口述史料的整合与数字化建设

互联网的数字化技术因在信息转换、存储与传播等方面享有的优势，越来越为社会各领域所应用。数字化技术极大地改善了口述史料收藏的利用率，使口述历史的文本与影像等记录的全球性传播成为可能。土家族口述史料来源广泛、种类繁多，为使征编到的土家族口述史料发挥价值并得到广泛的传播与利用，图书馆应加强口述史料资源的整合与数字化建设。将征集到的图片、实物、音视频等口述历史资料和馆藏原有口述史料进行整合，对其进行数字化分类体系提炼与总结，再运用网站、数据库等平台进行数字化保存，以实现土家族口述史料的共建、共享，促进土家族口传文化的传播、开发与利用。

4. 加大土家族口述史料的理论与实践研究

近年来，国内不少图书馆已进入口述历史研究领域，但很多人对口述历史的理解还停留在简单的录音整理阶段，这种误解将极大弱化口述历史成果的价值。口述历史的研究方法，最基本的是运用访谈获取口述史料，而最主要的则是依据口述史料做出相应的理论诠释。[①] 为此，我们对土家族口述史料的理论诠释不能停留于口传文化与口述访谈资料的简单整理与概括上，而应深入口述体系的内部，在实证基础上作整体提炼、解析与探究。土家族濒危口述史料研究是当前学术界面临的新任务、新课题，我们要趁土家族部分口传文化知情人仍健在，用口述历史方法，对他们掌握的民族记忆进行深入挖掘，将他们的口述信息用现代化的技术手段进行整理、保存与共享，构建既有利于土家族口传文化保护，又符合数字时代图书馆特色资源建设的学术研究体系。

---

① 周雪松、杨勤：《民族文化传承与图书馆》，《兰台世界》2013 年第 29 期。

第三章

土家族口述史料的征集

第一节 土家族口述史料征集的原则

口述史料的征集是开展土家族口述史料研究的一项重要工作，对于丰富图书馆特色馆藏、挖掘散佚于民间的珍贵口述史料、保护土家族濒危口传文化资源具有重要的现实意义。对土家族口述史料进行征集是将土家族濒于消失的口传文化史料以固化的形式加以记载和永久性保存，但因口述的不确定性，史料的收集必须力求准确，故此，在土家族口述史料征集前要制定出一套标准、规范的征集原则，使其工作能顺利、有序地展开。

一　抢救性原则

随着现代化进程的不断加快，土家族很多珍贵的口传文化资源已经失传或濒于失传，若不及时进行抢救性保护，必将造成无可挽回的损失。为此，土家族口述史料的征集首先应以"抢救"为主，以保护土家族濒危口传文化，留住即将逝去的声音为己任，从以下几点开展征集工作。

（一）结合土家族史料不足，弥补馆藏口述史料空白

征集者应了解土家族口传文化传承与研究概况，熟悉口述史料保存现状，清楚应以什么样的主题、计划来征集和挖掘相应的口述史料，以弥补土家族史料记录与收藏的不足，切忌盲目征集土家族口述史料。笔者所在的吉首大学图书馆自1959年建馆以来，一直致力于武陵山片区土家族、苗族等地方史料的收藏工作，已形成了以区域民族尤其是土家族口述史料为特色的馆藏体系。随着本项目的立项，对土家族口述史料进行征集相对于其他图书馆、档案馆或研究部门具有无可比拟的优势。为此，征集者应充分了解国内外土家族史料研究、保存的现状，根据本图书馆馆藏的空白，

制定出相应的征集计划。征集计划必须具有重要性、抢救性、针对性和可行性，可以涉及土家族口传文化的方方面面。

目前，图书馆、档案馆等史料收藏机构保存的土家族史料以文字史料为主，而大量依靠口传心授传承的土家族各类口传文化的历史记忆没能完整地再现在文字史料中，造成了土家族口传记忆的缺失。土家族民居、滴水牙床、挑花等在文字史料中虽略有提及，但翔实的制作步骤、技艺表现、传承人的经历与观念等，在项目组对它们进行征集前鲜有记录，出现了令人遗憾的史料空白。而这种空白可以通过对土家族口传文化传承人、知情人的口述访谈，用他们对亲身经历的口述回忆和录音、视频等形式来加以再现与弥补，为后人提供鲜活而真实的口述史料。

（二）结合土家族口传文化特色，建图书馆特色馆藏

土家族口传文化是中华民族文化的重要组成，对其进行保护、传承、开发与利用将有利于我国民族文化的繁荣发展。作为文化信息资源收藏与服务中心的图书馆尤其是土家族地区的图书馆，应更好地承担起征集和保存土家族口传文化的信息资源，建立图书馆特色馆藏并提供口述史料信息服务的重要职责。近年来，在民族文化传承发展的背景下，土家族口传文化在较大程度上得到了挖掘和保护，地方各级政府和单位积极宣传、搜集、利用和鼓励土家人了解、学习、传承与弘扬本民族文化，如张家界2015年举办的土家族"六月六"民俗文化节、2016年土家族"农耕"文化节和2017年恩施举办的土家族"女儿会"文化节等。

但目前土家族地区图书馆馆藏史料特色不明显，土家族特色史料收藏不多，各图书馆收藏的都是反映"同一内容"不同版本的土家族文字史料，存在很多雷同，没有突出个性与特色。为此，土家族口述史料征集的重点应集中在民族、地域、优秀与濒危等方面。要结合土家族口传文化特色，征集更多以口述历史为视角的土家族特色口述史料，使图书馆的馆藏特色更加突出优化、内容更加丰富、功能日趋完善，从而更好地为土家族经济文化建设提供更精准的信息服务。如本项目组为突出地域、民族特色，对湘西龙山县土家族口述史料进行了重点征集。龙山位于武陵山脉腹地，历史上交通不便，使该地区土家族口传文化积淀深厚，目前留

存较为完好。通过对龙山土家族语言、织锦、挑花、雕刻等濒危口传文化知情人的口述访谈，获取了真实、鲜活而珍贵的口述史料，弥补了土家族文字史料记载的不足，促进了吉首大学图书馆土家族口述史料特色资源建设。

（三）结合开发利用需求，广泛征集土家族口述史料

吉首大学图书馆通过多年来对土家族口述历史的研究，已积累了一定的土家族口述史料的征集经验。在征集过程中，能具体了解土家族口述史料保存现状与读者需求，可以根据读者对土家族口传文化开发利用的需求，制定出相应的征集计划，从而开展有目的的征集。土家族无文字，其历史文化一直处于被汉字书写的地位，随着 1957 年土家族民族成分的确定，各学者根据土家人口传心授征集、创作了大量的文字史料和实物史料。因此，土家族传统口述史料形式多样、内容广泛，反映了土家人的族系源流、伦理道德、民俗民风、生产生活等诸多方面的内容。现代土家族口述史料是利用口述历史研究方法对土家人进行口述访谈，以文字、音视频等方式再现土家人口头的、有声音的口传文化资料。结合读者对土家族口传文化开发利用的需求，对土家族口述史料进行广泛征集，不仅能丰富图书馆特色馆藏，改善图书馆以文字史料收藏为主导的馆藏结构，更能抢救、再现与传承土家族口传文化。

二 广泛性原则

我们要征集的土家族口述史料主要是指濒临消失、严重损坏、急需抢救与征集的土家族口传与文字记载的历史、文化资料：①在土家族地区具有一定影响力且有重要价值；②优秀、稀少且濒临消失；③损坏较为严重，存在永久性消失的危险。《国家"十一五"时期文化发展规划纲要》中提出"加强重要文化遗产保护"，"抢救濒危文化遗产，采取有效措施，保护濒危的民族文化遗产"，这些规划纲要既为土家族濒危口传文化遗产保护提供了依据，也为土家族口述史料征集指明了方向。传统的土家族口述史料对该民族的历史渊源、伦理道德、民俗民风、生产生活等方面的记载较多，因此，在征集土家族口述史料时，不能一味地征集这方面的史

料，应特别关注散佚于土家族民间的优秀濒危口传文化遗产，搜集更多相关的口传、文字和实物史料，挖掘传承人或知情人的民族文化记忆，使征集到的口述史料更具个性化、更为真实。

我国少数民族口述史料征集还处于初级的起步阶段，对土家族口述史料征集的原则应借鉴国内外口述史料或口述档案征集的经验和措施，努力探索出适合土家族口述史料征集的有效途径，例如：①根据系统性原理，建立健全土家族口述史料征集机制，推行土家族口述史料征集的社会参与模式，强化对土家族口述史料征集过程的干预。②依托《国家"十一五"时期文化发展规划纲要》，明确政府和图书馆等机构在土家族口述史料征集中的地位和作用，争取政府有效的支持，对征集成本进行合理性补贴，加强土家族口述史料的征编与研究工作。

三 真实性原则

土家族口述史料是土家人以口传心授方式创造，并通过口述以文字与实物等所有史料形式相承的史实，见证了土家族历史发展的轨迹，反映了土家族丰富多彩的口传文化，具有其独特的研究与保存价值。散佚于民间的土家族口述史料是土家族口述史料的重要组成部分，难征、易失的特性决定其紧迫和抢救性征集的重要程度。因此，只有保证所征集口述史料的真实性，才能够充分体现土家族口述史料的价值，有效保护和传承土家族濒临消失的口传文化遗产。反之，则容易歪曲事实，混淆视听，对土家族优秀濒危口传文化传承与发展造成一定的影响。

土家族濒危口传文化知情人的口述史是口述史料中最具说服力、较为权威性的资料，必须进行大量的口述访谈，以获取珍贵的口述史料，但并不是每份口述访谈内容都与事实完全一致，因为人的记忆有时会随着时间的流逝而模糊，难免会言实不符。因此，当访谈内容出现特定名词或涉及人物、事件时，一定要求证口述人、知情人或查询文献史料核实，以保证征集口述史料的真实性。如 2016 年本项目组对土家族挑花口述史料征集过程中，当时土家织锦国家级传承人刘代娥说："拉花是湘西土家族独有的一种挑花技艺。"为证实此话的真实性，我们走访了多位土家挑花知情人和土家族民俗研究专家，通过多方印证了刘代娥的说法正确。笔者通过多年来的民族口述历史研究，深刻体会到要征集到有价值的土家族口述史料，必须坚持真实性原则，在多方印证、去伪存真等方面下功夫，以填补史料空白和记忆断层，为传承土家族口传文化提供珍贵的史料依据。

图 3 - 1　刘代娥口述土家挑花　　　图 3 - 2　民间采访土家挑花知情人
（何艳群　摄）　　　　　　　　（朱慧玲　摄）

第二节　土家族口述史料征集的内容

土家族口述史料大量散佚于民间，涉及土家族口传文化的方方面面，只有准确、有效地征集这些口述史料，才能弥补土家族现有史料的不足，抢救土家族濒临消失的口传文化。所以，征集土家族口述史料应在充分了解土家族口传文化传承与研究现状的情况下，根据现存土家族史料的特点来确定征集主题。

一　语言史料

土家语为汉藏语系藏缅语族的一种独立语言，曾广泛分布在土家族聚居区。1999 年，土家族语言专家叶德书在《土家语言研究的回顾与展望》一文中将土家语的使用现状分为三种类型：①沿用型，即土家族内部与外人接触都沿用土家语作交际工具的，目前仅约 20 万人使用。②兼用型，既用土家语又用汉语作交际工具的，现有 22 万人使用。③转用型，指受外来文化的影响，很多土家人都转用汉语作为交际工具，但仍使用部分土家语单词和大量的土家语底层语言的类型。① 2015 年，彭司礼在《湘西州土家族辞典》中对土家族语言使用现状再次（截止到 2013 年）进行了统计：土家语沿用型全国不到 5000 人，兼用型全国仅 6 万人左右，转用型占土家人口的绝大多数。② 可见，土家族语言已处于极度濒危状况。为此，我们应深入土家族地区尤其是湘西龙山进行实地调研，对会说土家语的人们尤其是土家语传承人进行口述访谈，对以下口述内容进行广泛征集：

土家族北部方言内容包括：①土家语语音，如声母分类、韵母分类、声调分类、语音流变、连续变调、音节结构等。②土家语词汇，如单音节词、双音节词、多音节词等。③土家语词的构成，如单纯词、异音词、叠韵词、拟声词、合成词等。④土家语词义，如单义词、多义词、同义词、反义词等。⑤土家语语法，如土家语词类、形容词、词组、连动词组、句子与句子成分等。

土家语北、南部方言常用词汇内容包括：①北部方言常用词汇，如亲属称呼、职业称呼、天象地貌名称、动植物名称、生产生活用品称呼等。②南部方言常用词汇，如土家族南部方言语境、语言特点、动植物名称、颜色名称、人体名称，以及方言名词、形容词、数词等。

图 3-3　访谈土家语州级传承人彭英子（朱慧玲　摄）

---

① 叶德书：《土家语言研究的回顾与展望》，《湖北民族学院学报》（哲学社会科学版）1999 年第 4 期。
② 彭司礼主编《湘西州土家族辞典》，湖南人民出版社，2015，第 185 页。

二 风俗习惯史料

风俗作为物质文化和精神文化的展现，自有人类社会就长期存在，是各族人民在漫长的历史发展中形成的一种传统信仰、习俗和意识等。土家族的风俗习惯以口传心授的形式世代相传，长期因循，逐渐成为土家人生产、生活、人生礼仪、民间禁忌等约定俗成的行为标准，反映了土家人对自然、族群及社会关系的一些共同观点和看法。但随着时代的变迁，土家族很多风俗习惯已经消失或濒临消失，文字史料对其记载也不全面。为此，我们应趁部分知情人还健在，对以下史料内容进行征集。

（一）土家族生产习俗

土家族生产习俗是土家人在各种劳动生产中产生和遵循的风俗习惯，伴随着物质生产而进行，从多方面反映了土家人的习俗观念，在历史上对保证土家族劳动生产的顺利进行起到了一定的推动作用。土家族的劳动生产主要指农耕生产、渔猎生产、工匠习俗、林牧生产和商业习俗等方面的内容，具体如下。

农耕生产方面包括：①各种祭祀仪式，如祭土地、求雨、送春、秋报、开工酒与圆工酒等仪式。②农耕生产习俗，如招募垦荒、办秧田、开秧门、挖土锣鼓、晒龙谷、守秋防盗等习俗。③传统农耕工具，如刀别子、龙骨车、格筛、戽盆、撮箕等。

渔猎生产方面包括：①渔俗，如聚鱼术、钓鱼、砸鱼、翻巴岩鱼、搂虾米、翻螃蟹、鹭鸶捕鱼、抠黄鳝、逮泥鳅、钓青蛙与捕鱼兆头与各种渔具等。②狩猎习俗，如猎神祭祀、梅山会赶仗、打猎仪式、围猎、打猎秘诀、网兽、毒兽、钓蜂子、夜捕秧鸡与狩猎工具等。

工匠习俗方面包括：①匠人类别，如劁猪匠、扎花匠、铜匠、弹匠、鞋匠、染匠、漆匠、篾匠、皮匠、木匠、桶匠、木雕匠、

图 3 - 4 身背刀别子的土家人

石雕匠与打虎匠等。②匠人习俗,如祭鲁班、鲁班经、选徒、拜师学艺、尊重匠人、出师仪式、师门规矩、行规、肉口传艺与看彩头等。

图 3-5 土家族渔具

图 3-6 土家族木雕匠

林牧生产方面包括:神树崇拜、见血封山、禁山术、松脂采割、果树种植、熬樟木油、烧毛毛炭、伐木、山中运木、牢钩、扎排、放排、排工祭河神、牛羊放养、醒抱鸡娘与鸭客等。

商业习俗方面包括:坐贾行商、商业信誉、生意经、进货经、售货经、待客经、商业手势语、油杆子、水客、钱柜与钱盘等。

(二) 土家族生活习俗

土家族的生活习俗最初以满足土家人衣、食、住、行需要为目的,在特定的历史条件下形成,随着社会的发展和环境的改变而不断变化,集中体现了土家人的生活质量、风尚与习俗,具有独特的民族风情和文化内涵,是土家民俗的重要组成,主要包括服饰习俗、饮食习俗、居住习俗与交通习俗等方面的内容。

服饰习俗方面包括:①服饰材料,如葛布、麻布、丝布与家机布等。②服饰年代,如远古土家先民服饰、"改土归流"前和"改土归流"后的土家服饰。③服饰类型,如土司服饰、男子服饰、女子服饰、老年服饰、壮年服饰、青年服饰与儿童服饰等。④服饰样式,如斑斓之衣、刺花头帕、高髻螺鬟、对襟衣、满襟、露水衣、八幅罗裙、狗儿帽、虎头帽与各类首饰等。

图 3-7　土家族八幅罗裙　　　　　　　图 3-8　土家族狗儿帽

饮食习俗方面包括：①饮食习惯，如粮食的种植、蔬菜品种、食用油、主食、副食、菜肴、淡食和酸食等。②饮食礼仪，如日常礼仪、待客礼仪、婚丧礼仪、生育礼仪等。③祭祀饮食，如节日祭祀、婚丧祭祀、开工祭祀等。④饮食制作，如拯碗、苞谷饭、社饭、粉粑粑、糖徽、葛粉、合菜、酸菜、腊肉、盖碗肉等。

居住习俗方面包括：①居住环境，如村寨环境、老司城环境、土司宫殿、司城街道、司城寺庙等。②房屋种类，如茅屋、瓦屋、竹篱夹屋、吊脚楼、转角楼、冲天楼等。③居住用品，如神龛、火床、厢房、门槛、礁墩岩、匾额、鸡笼等。④家居用品，如滴水床、洗脸架、八仙桌、木墩、米柜、平柜、座桶、簸箕、摇窝等。⑤建房习俗，如选梁、偷梁、画梁、上梁、热火坑等。

图 3-9　龙山捞车河冲天楼　　　　　　图 3-10　土家族礁墩岩

交通习俗方面包括：①出行保佑，如出行平安符、护身符、压码子、吓龙刀等。②交通工具，如拉拉渡、凉亭、栈道、骡马、滑竿、背篓、咱笼、扦担、肩褡、挑篮、箩筐等。③船工习俗，如造船仪式、行船祭神、行船三道宴、靠岸规矩、船工婚俗等。

图 3 – 11　土家族座桶

图 3 – 12　土家族刺绣肩褡（余弦　摄）

图 3 – 13　土家族挑篮

（三）土家族人生礼仪

人生礼仪又称生命礼仪，是一个人一生中在不同成长阶段所举行的与之相适应的生活仪式。土家族的人生礼仪习俗不仅存在于人际交往中，也贯穿整个族群、家庭和个人的人生经历中，每个土家人几乎都需经历的礼仪就是人生礼仪，主要指生育习俗、婚姻习俗、寿诞习俗与丧葬习俗等方面的内容。

生育习俗方面包括：①求子习俗，如鱼崇拜、梯玛求子、观音求子、搭孙子桥等。②生子习俗，如安胎、接生、告祖、报生、洗三朝、抓周等。③寄拜习俗，如寄拜异姓、寄拜仙娘、寄拜乞丐、寄拜古树与古井古碑等。④驱赶习俗，如画打虎匠、赶过堂白虎、渡关解煞、涂锅灰、退煞与取嚇等。

婚姻习俗方面包括：①通婚习俗，如血缘婚、姑表婚、同姓婚、指腹为婚、抢婚、扁担亲、歌舞相亲、媒妁等。②订婚习俗，如说媒、偷八字、定根、三茶六礼、猪尾巴信、喊礼等。③婚嫁习俗，如打嫁妆、哭嫁、上头、迎亲队伍、戴花酒、拦门礼、拜堂等。

三 哲学宗教史料

哲学和宗教同根同源，是人们对自然、社会及人类思维最一般规律的认识，它们可以从理性存在物本身出发，去寻找理性的本质以及自存与世界其他存在物的关系。由于地域、历史与社会等方面的原因，武陵山区成为中华民族口传文化的沉积带，也使土家族的口承哲学具有古朴、深沉的特色。[①] 土家族宗教是在"万物有灵"观念的基础上形成的多神信仰，崇巫信鬼是该民族一个根深蒂固的传统。[②] 部分文字史料对这些口传文化有过记载，但仍有很多哲学宗教口述史料散佚于民间，亟待抢救性征集，其内容如下。

土家族哲学内容包括：①哲学观念，如宇宙结构观、双向包容观、人类起源观、价值观、矛盾观念、时间观念、空间观念、神创说、五行说、阴阳说、刚柔说、形质论、因果论与活态思维等。②伦理精神，如善与恶、尊老爱幼、国家观念、村落观念、宗族观念、血缘观念、尊客礼仪、个人修养、羞耻观念、邻里观念、交心、责任与义务等。③宗教思想，如命运观、万物有灵、祠庙观、梯玛观、仪式观、生殖崇拜、多教合一、水神信仰、占卜、风水观念、五常观等。④社会观念，如民族观念、守旧、王法、婚姻观念、家庭观念、贞节观念、传统的变与恒、土司观念等。⑤艺术精神，如审美观念、建筑美、内在美、艺术与灵感、写实与虚构、艺术价值观、竹枝词、图案文化等。

原始宗教内容包括：①自然崇拜，如太阳神、月亮神、雷神、山神、灶神、土地神、山神土地、梅山神、水鬼等。②祖先崇拜，如卵玉娘娘、佘婆、西兰卡普女神、图腾崇拜、白虎崇拜、家仙神龛、彭祖等。③灵魂

---

① 萧洪恩：《土家族口承文化哲学研究》，中央民族大学出版社，1999，第16页。
② 彭司礼主编《湘西州土家族辞典》，湖南人民出版社，2015，第271页。

图 3-14 家仙神龛

图 3-15 八宝铜铃

图 3-16 土地庙、簸箕

崇拜，如灵魂、鬼魂、精怪、梅山神、化生子、叫魂等。④外来神灵，如菩萨、观音、阿弥陀佛、玉皇大帝、八仙、鬼谷子等。⑤神职人员，如巫师、梯玛、土老司、师公、掌坛师、算命先生、无常、占卜先生等。⑥道具法器，如凤冠、八幅罗裙、傩服、八宝铜铃、玉皇正印、梯玛法印、神像图等。⑦祭祀仪式，如舍把节、梯玛戒规、渡关、扛旱龙船、祭白虎神、跳马祭祀、菩萨开光、开山咒等。⑧民间神庙，如摆手堂、土地庙、老司城殿、老司城五谷庙、龙山城隍庙、古丈天王庙等。

此外，土家族民间还有很多优秀的传统文化，其内容大致分为四大类：①工艺美术，如土家织锦（西兰卡普）、挑花、刺绣、木雕、砖雕、竹雕、藤编、草编、竹编等。②音乐舞蹈，如桑植民歌、傩戏、阳戏、花灯戏、咚咚喹、打溜子、三盘鼓、茅古斯舞、摆手舞等。③民间文学，如民间故事、歌谣、谚语、谜语、诗词楹联等。④民族体育，如打飞棒、舞龙灯、武术、硬气功、高脚马、扳手劲与各种棋类等。

利用口述方法征集、记录土家族口述内容古而有之，但由于土家族历史与无文字等原因，过去只有极少汉史书上略有记载。自土家族1957年被确认为单一民族到20世纪90年代初，众多学者根据土家人口述，记录、整理并出版了大量关于土家族历史文化的史料，因缺乏口述史学科意识，

图 3-17 土家族刺绣

图 3-18 土家族砖雕

人们常将这些史料视为文字或实物史料。随着现代口述史学的蓬勃发展，20 世纪 90 年代后，部分学者开始利用口述历史征集土家族口述史料，取得了一定的研究成果。

我们认为，土家族口述史料的内容主要包含三个层面：①传统口述文字史料，即自古以来通过土家人口述，以文字记载、整理或出版的与土家族口传文化相关的各类文学作品、学术著作、报纸杂志与民间个人留存史料等。②传统口述实物史料，是根据土家族口传历史与文化内容，通过口传心授创造在实物上遗留下来具有明显土家族特征的有形史料，如各类铭刻、建筑、遗址等。③现代口述史料，即利用现代口述史学对土家族口传文化亲历亲闻者进行口述访谈，所获的文字、实物、图片、录音与视频等口述历史资料。土家族口述史料虽内容丰富、形式多样，但散佚于各处，如何系统、全面地对这些珍贵的口述史料进行征集，是摆在我们面前的一项艰巨而意义重大的任务。

第三节　土家族口述史料征集的路径

路径在不同的领域有不同的含义，如道路、到达目的地的路线和办事的门路、方法等。在此，路径则指征集土家族口述史料的方法与途径。方法，在古希腊语中，是"通向正确之道路"的意思。良好的方法能使我们征集到有价值的口述史料，而稚拙的征集方法则可能影响其价值的发挥。在对土家族口述史料进行征编的实施过程中，必须着力解决好土家族口述文字史料（以下简称"文字史料"）和口述历史史料（或资料）的征集工作。根据吉首大学图书馆多年来口述历史研究工作的实践，笔者认为土家族口述史料征集的路径主要如下。

一　查阅相关文字史料

口述史料征集工作能否顺利、圆满地进行，与事先相关文字史料准备得是否充分，背景了解得是否足够有很大关联。为此，要做好土家族口述史料的征集工作，首先要围绕征集内容，深入做好相关文字史料的查阅工作。

（一）准备阶段

准备阶段指查阅者在具体查阅文字史料以前，要根据征集的内容做一个基本定位。首先是设置查阅范围，设置时不要过宽，也不要过窄。过宽，让人感到无所适从；过窄，可能会错失一些有价值的信息。其次，根据征集内容确定查阅方式，如要征集土家族建筑口述史料，就要查阅土家族吊脚楼、转角楼与民居等方面的文字史料；如要征集土家挑花口述史料，就要查阅与之相关的著作、论文等。最后根据自身所处的研究条件，确定查阅途径，选择到图书馆、档案馆还是互联网查阅等。①

（二）查阅阶段

查阅阶段是查阅文字史料过程中最重要的一环。查阅文字史料并不是在史料收藏单位随便拿起一本书、一份史料就进行查阅的盲目活动，而是要掌握一些基本方法。一般说来，查阅文字史料的基本方法有两种：①人工查阅，即研究者自己动手，对各单位和个人收藏的正式或非正式出版图书、期刊、笔记及铭刻等史料进行查阅，特点是容易获取第一手史料，不足是查阅范围有限。②网络查阅，随着信息技术的不断发展，通过互联网进行史料查阅已成为一种便捷、有效的方法。研究者只需在电脑上登录相应的搜索引擎，输入关键词就可以查阅到自己所需要的史料。

---

① 周沫：《研究过程中的重要一环——查阅文献》，《吉林省教育学院学报（上旬）》2014 年第 8 期。

（三）加工整理阶段

当查阅到自己所需的文字史料时，要对这些史料进行复印、扫描、拍照或下载等，然后进行去伪存真、去粗存精的加工整理。此阶段主要包括三个步骤：①鉴别，即根据征集的内容，对查阅到的相关文字史料进行分析、比较、筛选与鉴别。②分类，指对查阅到的相关文字史料内容进行分类，如根据土家族语言、人生礼仪、宗教等来分类。③汇总，即把通过人工和网络查阅的文字史料进行统一的分类整理和统计，以获取反映征集内容的总体信息。①

（四）精读消化阶段

精读是区别于泛读的概念，指在加工整理的基础上，对文字史料中重要的章节与语句进行深入细致的研读，以透彻理解所表达的思想内容。精读消化时，不仅要读，而且要做大量的读书笔记②，方法大致有四种：①做标记，指阅读时对文字史料中的重点、疑点等用各种符号进行标记，以提高阅读时的注意力。②做摘抄，用笔记摘抄史料中的重要和精彩之处，为阅读者今后引用或写作备用。为便于日后核查，还需注明出处。③写提要，把已读文字史料的基本内容、主题观点、精彩与独到之处，用自己的语言加以总结与概括。④写综述，指阅读者经过对史料的整理、总结，内化为自己的组织结构，从而形成自己的观点，并用自己的话语进行表达。

查阅大量的文字史料，不仅可以从中获得启示、找到新论据、发现新视角、形成新认识，还可以了解前人在土家族口传文化领域已做了哪些研究，哪些地方值得借鉴，为土家族口述史料征编与研究找到准确定位，减少盲目性研究。当然，还能从前人的研究中发现不足，进而提出新的研究问题，最终形成自己创新的观点。

---

① 周沫：《研究过程中的重要一环——查阅文献》，《吉林省教育学院学报（上旬）》2014 年第 8 期。
② 周沫：《研究过程中的重要一环——查阅文献》，《吉林省教育学院学报（上旬）》2014 年第 8 期。

二 征集口述文字史料

文字史料是以文字记录已有知识的一切载体。人们根据不同需求，从不同角度对不同属性的文字史料进行了类型划分，形成了多种多样的史料类型划分方法，如按作者、出版社、载体形式、加工层次、刊行数量等角度进行划分。[①] 这些划分方法从不同角度对文字史料进行了分类，用于不同研究领域，对土家族传统文字史料的征集具有一定的指导作用。

(一) 土家族口述文字史料的分类

因没有本民族文字，在古代，土家族人用口传心授相承创造了该民族的历史和文化。但随着汉族文化影响的深入，人们开始用汉字书写土家族的口传史实，据宋本《溪蛮丛笑》记载，早在宋代，土家族的一些口述史就被文人运用汉字和汉文字反切音韵进行了记述。这种方法在部分土家族地区被当地人运用，从而形成了珍贵的土家族家传抄本，也为后人留下了很多珍贵的口述文字史料。为此，土家族口述文字史料内容丰富、形式多样，根据其收藏分散、重复、濒危等特点，我们认为从以下两个角度对其进行分类比较合理。

1. 载体形式

载体形式指传递信息或承载物质形态的类型。土家族传统文字史料根据其不同载体形式，可以分为四种类型：①书籍类，指装订成册的图书和文字，如各类史志、族谱、经卷、著作、论文、报纸等。②铭刻类，即刻在器物上的文字，如金篆、石刻、木刻、竹刻等。③文书类，指组织和个人在处理事务活动中产生的公文、书信、笔记与契约等。④口述类，以录音、摄像等设备为工具，对人们进行访谈所获的口述历史资料，如访谈文字稿等。

2. 加工层次

史料加工是将大量分散、零乱的资料进行征集、整理、提炼与诠释，

---

① 江乃武：《文献类型与文献的按情报加工层次分型》，《情报学刊》1981年第1期。

并按照一定的逻辑顺序和科学体系加以分类布局，使之系统化，便于存储、检索与利用。笔者认为，土家族文字史料的加工层次主要分为三类：①零次文字史料，指未正式公开发表和出版的一种非正规载体的口传文字记录，如手稿、书信、笔记、铭刻等，具有原始、分散和无规则等特征。②一次文字史料，指以零次史料和土家人口述为信息来源，进行整理加工而撰写的各类口述文字史料，如学术期刊、著作、报纸等，具有集中、详尽与学术性等特征。③二次文字史料，是在零次和一次史料的基础上，选用一些优秀内容进行分析、整理与汇编，形成系统化、条理化的文字史料，如目录、辞典、年鉴与手册等，具有很强的指导与参考价值。由此可以看出，土家族史料三种加工层次的形成经历了分散到集中再到系统化的过程。

（二）土家族文字史料的征集方法

面对土家族如此纷繁多样的文字史料，如何让读者迅速找到并进行有效利用，以实现信息资源共享，是当代图书馆工作者亟待解决的问题，也是本项目研究的一项重要任务。为此，我们要针对土家族文字史料的加工层次想方设法，进行全面、合理、系统、及时的征集，尽量把读者所需的土家族史料征集到馆。所谓全面，即尽可能把与土家族历史文化相关的所有史料征集齐全。合理，即征集本项目研究所需的史料时，虽然力图做到齐全，但也不能贪多求全，要避免盲目性与随意性征集。系统，即围绕土家族口传文化，征集一系列具有内在联系、能反映本项目研究的各个方面和全过程的史料。① 及时则包括两方面，即土家族文字史料流失损坏严重，亟待迅速征集和紧跟需求对已征集史料进行更新。

1. 零次文字史料的征集

（1）加强宣传，争取社会各界的支持

土家族零次文字史料是在土家族社会活动中产生的一种未经任何加工处理的文字记录，如手稿、信函、族谱、笔记、契约与铭刻等，是土家先

---

① 黄子房：《浅谈文献搜集的方法与整理》，《湖北师范学院学报》（自然科学版）2006 年第 2 期。

人为我们遗留的宝贵财富，隐藏着丰富的信息资源，但多散存于民间，遗失损坏现象严重。对土家族零次史料进行征集是对土家族乃至中华民族文字史料的有力补充，我们应充分认识到此项工作的重要性，依托图书馆开展各项宣传活动：①利用读者服务窗口、网络、媒体等面向社会广泛宣传，发布征集通告，激励全民参与，从多途径征集土家族零次史料。②在土家族聚居区举办土家族史料展、印发征集资料和召开读者座谈会等，让社会各界了解我们的征集意图，获取他们的理解与支持，并争取各种零次史料的捐赠。③土家族零次史料征集是一件琐碎而长期的工作，不仅费时、费力，还需要一定的经济做后盾。为此，我们要加强宣传力度，争取社会各界和政府在政策与经济上给予一定的支持，以利于我们的征集与研究工作能长期、顺利地开展。

（2）深入民间，征集土家族零次史料

民间是零次史料的集散地，深入土家族地区进行田野调查，了解和搜集土家族一些未公开发表和出版的文字史料，是征集土家族零次史料的主要途径。

首先，与武陵山片区从事民族研究的各级部门以及国内外土家族研究专家、学者联系，尽力征集他们所掌握的土家族零次史料。因为他们长期从事土家族研究，掌握有大量的第一手手稿、书信、契约、族谱与会议笔记等，通过他们可以征集到很多有价值的零次史料。如项目组在对永顺县文物局的调研中征集到清雍正十二年（1734）永顺府永顺县发给彭大吾的土地执照与民国永顺县政府开展民国二十年（1931）电赋的布告两份，征集到土家族民俗研究专家罗仕松撰写《永顺县土家族丧葬习俗》《湘西土家族民间工艺》等著作时的手稿多份。

其次，与地方各级民委、非遗办、史志办及乡镇等基层单位联系，了解该地区土家族民间艺人、梯玛与族长等人的信息，与他们真诚接触，取得理解和信任，以获取土家族零次史料。这些人作为地方民族文化的传承者，精通土家族历史文化的某一领域，掌握大量的第一手史料。如2011年6月，笔者通过永顺县民委介绍，与土家族溪州陶氏第四代木雕传承人陶代荣相识，通过多次交往，现已成无话不谈的忘年交。2017年8月，当笔者再次拜访陶师傅时，他拿出了根据自己记忆整理、编写并珍藏多年的

图 3 – 19　清雍正十二年永顺县　　　　　图 3 – 20　民国永顺县政府布告
　　　　　土地执照

土家族民居与木雕技艺手稿，使我们征集到了进行此类研究不可多得的珍贵零次史料。

图 3 – 21　2017 年笔者在陶代荣师傅家征集手稿（朱慧玲　摄）

（3）难征史料可采用拍照等方法获取

土家族零次史料有别于其他层次的史料，具有原始、濒危，不成系统、不能检索等特征，征集难度大。在征集过程中，对于一些拿不走（多指铭刻类，如各类碑刻、石刻等）、要不到（主要为实物，如单位或个人珍藏，不愿捐赠）的珍贵零次史料可以采取拍照、扫描、复制、复印、摄像等方法进行征集。例如：湘西永顺县不二门的摩崖石刻长廊集文学、书法与雕刻于一身，是土家工匠将历代名人学士游览不二门所题文字镌刻于石壁上的零次史料，具有较高的史料价值和研究价值，但它镌刻于石壁之上，无法征集到图书馆。为此，我们采用拍照、摄像的方法，对其进行了详尽、细致的征集。文物局、博物馆等单位收藏的零次史料多为文物，不能对实物征集，但我们通过拍照、扫描等方式进行了获取，在征集清雍正十二年永顺府永顺县发给彭大吾的土地执照时，我们便采用了此类方法；土家族研究专家们收藏有一定数量的零次史料，但这些都是他们多年潜心研究的成果，很多史料不舍捐赠，为此，我们也采用了拍照、扫描、复印、摄像等方式进行征集，获取了很多珍贵的零次史料。

图3-22　永顺县不二门石刻字

图3-23　项目组在罗仕松家征集
零次史料（朱慧玲　摄）

2. 一、二次文字史料的征集

土家族一、二次文字史料属公开出版或发表的一些具有正规载体的文献史料，具有数量多、形式杂、发行分散、收藏重复等特征，如著作、论文、目录、辞典、年鉴等。为避免重复征集，征集前首先要对现存馆藏土家族史料进行全面清查，了解馆藏特点与现状，然后针对馆藏资源的不足制定征集方法，使工作有计划、有目的地顺利进行。

（1）购买

购买是图书馆征集史料最重要也是最传统的方法。如吉首大学图书馆为建设特色馆藏，多年来通过多种途径购买土家族文献史料，主要有：①向出版社预订。全国每年都会出版发行各类文献数万种，在这些浩如烟海的文献中，与土家族相关的文献都会出现在新书目录或征订单上。②参加图书订货会直接选购。如北京图书订货会从 2010 年开始每年举办一次，在 2018 年的订货会上，采集馆配可供书目 15 万种，展示 2017 年以来的新书和精品图书近 50 万种。③旧书、旧货市场购买。定期到旧书市场、废品收购站等地搜集土家族史料，遇到有价值的史料时及时购买，并与工作人员保持联系，以便收到相关史料时及时通知我们。④网上购书。网上购书凭价格低、数量多、品种全、不受时空限制等优势已迅速成为一种抵挡不住的购书趋势。另外，部分旧书网上还可以发布征集信息，使我们不仅能获取征集线索，还可以按需选购。

（2）协作征集

土家族是武陵山片区的世居民族，其一、二次史料有着鲜明的地域特征。本项目组在短时间内如果要对武陵山片区 71 个县（市、区）出版的土家族文献史料进行全面、有效的征集，可能会力不从心。如果本着传承土家文化、资源共享、合作建设的原则，利用地域与人缘优势，与武陵山片区各级图书馆、档案馆、史志办、非遗办、民宗委等单位取得联系，进行土家族史料的协作征集，一定会达到事半功倍的效果。为此，项目组先后走访了湖北的恩施、巴东、来凤，湖南的吉首、永顺、龙山、保靖、张家界，重庆的酉阳、秀山、彭水等地区的上述单位。一方面积极宣传征集土家族史料的意义与方法，另一方面以认真执着的态度进行征集工作，给各单位留下了深刻的印象，对协作征集起到了示范和推动作用。由于得到了武陵山片区地方各级单位的大力支持，我们征集到了大量珍贵的土家族一、二次史料，如《湘西州土家族辞典》《永顺县民族志》《龙山县非物质文化遗产名录集锦》《桑植土家文化大观》《恩施市民族民间文化丛书》，弥补了吉首大学图书馆馆藏资源的不足。

（3）捐赠

笔者所在的图书馆作为武陵山片区的文献信息中心，接受地方单位或个人自愿捐赠的文献史料，是征集馆藏特色史料的重要途径之一。为了进一步做好土家族史料的捐赠工作，使土家族口述史料的征集工作能规范、有序地进行，吉首大学图书馆特制订了《土家族史料捐赠管理办法》，从三个方面进行了详尽规定：①捐赠范围，反映土家族民俗民风，具有一定收藏和利用价值的著作、丛书、论文集、族谱、碑文、图片、手稿、书信等。②收藏办法，凡符合本馆入藏标准的捐赠史料，将会作为正式文献保存，供读者阅览，捐赠的史料除有特殊约定外，均不退还。③捐赠办法，凡接受入藏的捐赠史料，本馆将向捐赠者颁发"收藏证书"，作为捐赠史料被本馆收藏的凭证，并在本馆网站公布捐赠者的姓名、捐赠史料的名称、数量及捐赠联系电话、地址等。

（4）数字资源整合

以上一、二次文字史料征集的方法较为传统，更多关注的是馆藏规模与征集效率，容易使图书馆陷入经费与资源优化配置的困境。随着互联网和数字信息技术的快速发展，人们创造、传播和征集信息资源的能力大大增强，逐步突破了图书馆史料征集的传统方法。土家族史料的收藏和出版单位也将大量的土家族信息资源转化为数字形态，通过互联网为用户提供数字资源服务。但资源管理单位各自为政、资源重复建设现象严重，很多史料仍散存各处，没有真正以一个中心来进行全面征集、整理与收藏，没有形成网络，没有真正实现资源共享与利用。[1] 土家族史料数量多、形式杂且分散收藏于各处，在目前经费投入不足的情况下，由某一单位或组织进行广泛征集是不可能的。但我们可以利用数字信息技术，将互联网上分散的土家族史料进行数字资源整合，把无序的信息资源变为有序，以实现土家族史料广泛、全面的征集、共享与利用。

如土家族语言史料形式多样、收藏分散，多由个人、单位及研究机构通过土家人口述、整理、诠释而形成，其产生曾经历了曲折而漫长的三个阶段：①历代至新中国成立前，为可贵的实录阶段。如雍正七年（1729），永顺第一任知县李瑾用汉字编写了《永顺县志》，记录了 145 个土家语词语。清光绪三十三年（1907），古丈厅同知董鸿勋编写的《古丈坪厅志》，也用汉字记录了土家语 170 多例等。②新中国成立初至 1957 年为土家族语言研究的黄金时期，很多专家、学者深入土家族聚居地区进行语言调查，

---

① 陈正慧：《对土家族文献资源收集整理开发的思考》，《湖北民族学院学报》（哲学社会科学版）2005 年第 3 期。

经他们整理、诠释并创造了很多珍贵的土家族语言史料，为土家族民族成分的确认提供了重要依据，如《关于湘西北土家语的初步意见》（严学宭，1952）、《访问湘西北"土家"报告》（潘光旦，1956）与《湘西北、鄂西南、川东南的一个兄弟民族——土家》（向达、潘光旦，1956）等。③党的十一届三中全会（1978年）至今，经过拨乱反正，在党的民族政策照耀下，土家族语言研究成果辉煌，土家族语言史料的种类和数量以几何倍激增。

受人力、财力、物力等条件的制约，本项目组暂不能对所有阶段产生的土家语言史料进行征集，但可以利用互联网进行数字资源整合征集。首先，利用现代信息技术建立"土家族口述史料数据库"，将土家族各类分散的数字信息整合在一起，形成大数据，共享数字资源。其次，将互联网上征集到的土家族语言数字资源存储于该数据库。最后，将馆藏现存的土家族一、二次语言史料进行数字化转换并录入数据库永久性保存，以实现土家族传统文字史料的资源共享与利用。

三　征集口述实物史料

土家族口述实物史料即传统实物史料，是根据土家族口传历史与文化内容，通过口传心授创造在实物上遗留下来、具有明显土家族特征的有形史料。此类史料作为一种珍贵的物质文化遗产多具有分散性，是土家族文字史料的重要补充，也是承载土家族历史和文化记忆的重要凭证。但在经济全球化和外来文化的强势冲击下，土家族口述实物史料正遭受着严重破坏，很多濒临消失甚至被摧毁，如何对这些口述实物史料进行抢救性征集，已成为当前亟待解决的现实问题。

土家族口述实物史料形式多样、内容丰富，要对其进行征集，首先应对土家族口述实物史料的类型、特征给予界定，分析征集范围，继而根据征集工作中存在的问题，制定一套科学、合理的征集方法，以促进土家族口述实物史料的保护与研究工作。

（一）土家族口述实物史料的类型

土家族口述实物史料既能较真实地反映土家族悠久的历史与文化，又具有形象直观性，按其留存形式可分为口述文物、口述建筑和口述遗址史料三大类型。

1. 口述文物史料

文物是人类宝贵的历史文化遗产。土家族口述文物史料是土家族人在漫长的历史进程中通过口传心授创造和发展起来、具有土家族特征并经过历史洗刷而遗留下来的各类遗迹、遗物等有形的史料，也是土家族物质文化和精神文化的总和，主要包括土家族各历史时期的各类服饰、配饰、生产工具、工艺美术品、日常生活用品、交通用具、雕刻和绘画等具有历史、艺术、科学和考古价值且难以再造的实物史料。土家族口述文物史料从不同角度，通过不同方式反映了该民族的社会和历史发展水平，也反映了该民族认识世界和改造世界的全过程。因没有本民族文字，土家族很多历史、文化记忆缺乏系统而真实的文字记载，而现有的一些文字记载很多是片面的反映。由此，对土家族口述文物史料进行征集，不仅可以弥补和校正文字史料记载的不足，更能抢救、保存与利用土家族文物史料，从而为土家族地区社会、经济、文化和生态等研究提供可靠的实物依据。

图 3 – 24 土家族水葫芦

图 3 – 25 土家族辰州傩面（金承乾 摄）

2. 口述建筑史料

建筑是建筑物与构筑物的总称，也是人类文化的重要组成部分。土家族口述建筑史料是土家族人在各历史时期为了满足社会生活的需要，利用所掌握的科学知识与技术手段，通过口传心授并运用一定的风水和美学理念而创造的各类人工建筑，如土家族石窟类建筑、楼阁类建筑、寺庙类建筑、宗祠类建筑、书院类建筑、教堂类建筑、古塔类建筑、古石桥类建筑、花桥类建筑、摆手堂类建筑、关寨类建筑、革命旧址类建筑、名人故居类建筑与民居类建筑等。土家族这些口述建筑史料分布广泛、形式多样、造型典雅，凝聚着土家族先民的智慧和结晶，承载着土家族丰厚的历史与人文信息。但随着现代生活方式的变迁和现代建筑技术及建筑材料的不断侵入，土家族传统建筑正面临着损坏、拆除、变异、消失与技艺濒临失传的危险境地。为此，对土家族口述建筑史料进行征集，挖掘其口传信息与技艺，是保护土家族濒危建筑的重要举措，征集工作任重而道远。

图 3-26 土家族花桥（2020 年 6 月被洪水冲毁）

3. 口述遗址史料

从历史、美学、人种学或人类学角度看，遗址是具有突出和普遍价值的人造工程或人与自然的共同杰作以及考古遗址地带。[①] 土家族口述遗址史料是古代土家族人通过口传心授，对大自然改造利用后遗留下来的痕迹或残存物，这些史料受自然和人为等因素影响，大多湮没埋藏在地下，少数在地面残余或沦为废墟，如永顺老司城遗址、湖北恩施唐崖土司城遗址、永顺不二门遗址、土司王观猎台、保靖四方城遗址、里耶古城遗址、桑植朱家台、酉阳领军及土家族各地的榨油坊与碾坊等遗址。尤其是永顺老司城遗址，是中国目前规模最大、保存最完整、历史最悠久的古代土司遗址，被喻为中国的"马丘比丘"，具有极为重要的历史研究价值和深远的现实意义。[②] 为此，对土家族口述遗址史料进行征集，是保护与弘扬土家族优秀口传文化、重现土家族历史、坚定土家族人民文化自信的重要途径。

---

① 马晓：《城市印迹——地域文化与城市景观》，同济大学出版社，2011，第 8 页。
② 石敏、赵局建：《土家族历史史档案保护研究》，《兰台世界》2017 年第 23 期，第 8 页；王朝晖：《从虎图腾到祭虎与忌虎》，《民族论坛》1994 年第 2 期。

图 3 - 27　永顺老司城遗址

图 3 - 28　唐崖土司城遗址

（二）土家族口述实物史料的特征

土家族口述实物史料包罗万象且内容丰富，不仅是土家族濒危优秀文化的一个重要表现形式与载体，更是中华优秀文化传承发展工程的有机组成部分，具有以下明显特征。

1. 鲜明的地域性

土家族地区层峦叠嶂，过去交通十分不便。土家族先民长期生活在封闭的大山中，因各自生活环境、语言和表达方式的不同，创造出不同特征的民族文化，使土家族区域文化出现了差异和趋同现象，导致同一形式的实物史料表现出不同的文化事象。如鄂西地区的土家族先民敬虎，认为"白虎当堂坐，无灾无有祸"，将虎称为"吞口"并作为图腾崇拜。为求祥瑞，常将民居设计成虎口形式（称为"吞口"屋），即正中大门内向凹进并雕刻各种面容狰狞的吞口作为门神辟邪。而湘西地区的土家族先民则驱虎，认为"白虎当堂坐，祸从天上落"，每年腊月和正月，各家都要请梯玛来赶虎、钉白虎等，常将民居正面设计成无大门的一字形，门窗雕刻龙、凤、狮子、金瓜等物，以示吉祥。土家族这些形式多样的建筑史料体现出一种"百里不同风、千里不同俗"文化事象，反映了土家族原生态文化在不同区域的发展状态，蕴藏着土家族口传文化最深的根源，使土家族口述实物史料呈现出鲜明的地域性特征。

2. 载体的多样性

土家族传统实物史料种类繁多，载体形式多样，即使同一类型的实物史料，其载体形式也各不相同，归纳起来主要有：①木、竹制类，如各种

图 3-29　恩施（吞口屋）金丝楠木民居

图 3-30　鄂西民居的吞口门神

图 3-31　湘西地区（一字形）民居

图 3-32　湘西民居窗户上雕刻的龙凤

木制建筑、家具、生活用品、生产工具、运输工具和竹制的生产、生活用品及乐器等。②石制、铭刻类，如各类石建筑、石雕、石碑和墓志、摩崖及遗址等。③玉质、金属类，如用玉、金、银、铜、铁等制作的各种首饰与生活、生产等实物。④纺织类，如土家族女红制作的各种服饰、挑花、织锦、刺绣、蜡染等有形实物。另外，随着数字技术的发展和国家对物质文化遗产保护的重视，越来越多的有识之士和相关单位在保护物质文化遗产过程中强化了征集工作，使实物史料载体形式向图片、视频、互联网等多种载体形式发展。如恩施州博物馆十分注重土家族实物史料的征集与展示工作，利用信息技术、多媒体和 VR 等技术，对土家族部分濒危实物史料进行了生动、形象的呈现并利用网络传播与共享。

　　3. 实物的分散性

　　土家族历史悠久，主要分布在湘、鄂、渝、黔毗连的武陵山区，其中湘

图 3 – 33   土家族木质、竹质类实物

所辖 14 个县市、鄂所辖 11 个县市、渝所辖 7 个县市、黔所辖 10 个区县。在漫长的历史发展中，生活在各区域的土家族先民创造并遗留了大量具有土家族特色的文物、建筑，广泛地分散在土家族各地区，分散性极强。如 2015 年，土家族的两个土司遗址作为"中国土司遗产"申报世界文化遗产名录获得成功，其中的老司城遗址位于湖南永顺县境内，唐崖土司城遗址位于湖北咸丰县境内；另据文物部门初步统计，土家族各类型古建筑仅湖北地区就留存数百处，其中已公布的国家级文物保护单位 8 处、省级 57 处、州级 45 处、县级 176 处和省级历史文化名城 1 座、中国历史文化名村 2 个等。① 此外，土家族还有大量的实物史料被各级博物馆、图书馆及个人收藏，但更多的散存于民间，亟待抢救性征集。

---

① 朱世学：《鄂西南土家族地区文物古建筑的遗存现状与保护措施探析》，《湖北民族学院学报》（哲学社会科学版）2012 年第 1 期。

图 3-34 土家族石质、铭刻类实物

图 3-35 土家族金属类实物

图 3－36　湖北来凤舍米湖摆手堂
（朱慧玲　摄）

图 3－37　湘西州博物馆展示的
土家族男夹衣

（三）土家族口述实物史料征集中存在的问题

图书馆作为文化信息资源收藏和传播的中心，对土家族口述实物史料进行征集是建设图书馆特色资源、拓宽信息服务和保护土家族濒危文化遗产的重要途径。近年来，土家族地区各级相关单位和吉首大学图书馆加大了对土家族口述实物史料的征集工作，取得了可喜的成绩，但总体来看，征集形势仍十分严峻，面临的问题与困难也很多，概括起来主要有以下几个方面。

1. 缺少资金

缺少大量的专项征集资金，是本项目组采用拍照和录像方式对土家族口述实物史料进行征集的重要原因。土家族很多口述实物史料被一些单位和民间人士所收藏，要想将实物征集入馆，需要付出高额的征集费用。如本项目组对土家族挑花、西兰卡普、滴水牙床、民居等口述史料进行征集时，很想将实物也一并征集，但因缺乏专项经费，只能望而却步。项目组成员在征得收藏者同意后，只能从不同角度对这些实物进行拍照或录像。另外，很多收藏土家族口述实物史料的单位也常因资金短缺，无力对馆藏实物进行管理与维护，使土家族一些珍贵的实物史料面临不同程度的损坏。如位于北京中华民族博物院的土家族博物馆建筑，是 2000 年由湘西永顺土家族工匠在当地建成半成品，再按 1∶1 比例复原，运至北京而建成。当笔者 2017 年前往参观时，该建筑因资金短缺等问题而年久失修，已成为危房禁止游人进入。

图 3 - 38 已成危房的土家族博物馆（朱慧玲 摄）

2. 缺乏宣传

图书馆过去主要注重古籍、史志、图书、期刊、报纸等传统文字史料的征集，对口述史料尤其是口述实物史料则关注不够。很多图书馆员意识不到实物史料征集工作的重要性，认为这是博物馆、档案馆等单位的分内事，未能对土家族口述实物史料的征集工作展开积极宣传，从而造成图书馆广大读者和社会各界不了解土家族口述实物史料征集的目的、意义、范围和方式等，使征集到的口述实物史料难以进入大众视野，影响其开发与利用。同时，土家族部分口述实物史料所有者不知道自己所保存的实物是否属于征集范围，如属征集范围，该如何向征集者出售或捐赠并享受哪些权利等，导致征集者与实物史料所有者之间难以取得联系，从而缺乏征集线索，严重影响土家族口述实物史料征集工作的顺利开展，征集成效不明显，征集到的口述史料也难以得到有效的开发与利用。

3. 无章可循

2018 年，由全国人大常委会颁发的《中华人民共和国公共图书馆法》赋予了各级图书馆通过采购、接受交存或者捐赠等合法方式收集文献信息的职责，并将文献信息界定为图书报刊、音像制品、缩微制品与数字资源等。但对于口述史料尤其是口述实物史料征集工作的原则、口述实物史料的鉴定标准、征集资金的来源、征集范围和方法等却没有做出相应的规定，使土家族口述史料征集工作无章可循。没有上级业务指导部门具体、规范、可实际操作的征集工作程序、方法及规章制度，缺乏可供参考的图书馆口述实物史料征集工作理论、研究成果和国内外相关征集工作经验等①，导致了土家族口述实物史料征集工作的随意性，削弱了征集工作的力度。

（四） 土家族口述实物史料征集的方法

1. 加强征集的宣传工作

必须加强对土家族口述实物史料征集工作的意义、内容、范围和方式等进行宣传，按征集内容、征集方式和联系方式等制定征集宣传单，并发放给本项目组成员和图书馆各部门；深入土家族地区各级图书馆、档案馆、博物馆等相关单位及乡村发放宣传单并开展征集活动；利用各土家族网站、图书馆网站及吉首大学校内宣传栏等广泛宣传土家族口述实物史料的征集工作，引起社会各界对土家族口述实物史料征集工作的关注与重视，从而积极支持、配合征集工作。在市场经济环境下，部分人受利益驱使，手中收藏有珍贵文物就以为奇货可居，等待高价出售并不准拍摄，给征集工作带来了很大困难。在此情形下，我们必须加强宣传工作，唤起他们的历史责任感，尽量说服他们并利用拍照或录像方式，将遗留在民间的土家族口述实物史料征集入馆，以便广大读者到图书馆查阅和利用土家族口述实物史料，使土家族口述史料更好地进入大众视野，有利于征编工作的开展。

2. 制定规范的征集制度

鉴于上级图书馆部门没有出台口述史料征集的相关制度，要制定规范的土家族口述实物史料征集制度，首先要成立征集小组，将熟悉土家族文化、有史料征集工作经验和相关专业知识的人才作为征集组成员。然后结合吉首大学图书馆多年来对土家族口述历史研究的实践和国内外相关史料

---

① 陈敏：《高校档案征集工作存在的问题及其对策研究》，《科技经济市场》2015 年第 4 期。

征集经验，制定对土家族口述实物史料征集工作具有规范指导作用的制度。如：①任何单位和个人不得以任何理由和手段，将征集到的口述实物史料占为己有，私自保存、损毁或出卖等。②制定规范的土家族口述实物史料整理、保存和管理等制度，明确规定征集范围、原则、方法和查阅制度等。③制定土家族口述实物史料征集标准，以规范的形式明确征集范围，在兼顾馆藏和保存要求的前提下，将征集到的口述实物史料全部纳入吉首大学图书馆馆藏。另外，征集制度既要规定土家族口述实物史料征集的范围、时间，又要规定征集组成员的职责和权利，以对口述实物史料征集提出具体要求。

3. 濒危史料的随时征集

征集人员要有高度的责任感和紧迫感，做生活中的有心人，多留心、多调研、多途径搜集濒危素材，对散落于民间的濒危有价值史料要随时征集，以全力推进土家族口述实物史料的征集工作。首先，主动联系土家族地区各级博物馆、文物局和文化局等文化文物单位，积极关注和参与他们举办的相关文化和展览活动，对所发现的有价值实物史料进行及时征集，以免随着活动结束而错过征集机会或使之流失。其次，长期关注土家族民俗研究专家和传统手工艺人，及时了解他们的研究动态和技艺工作的进展，对他们收藏和创作的濒危、有保存价值的实物进行及时征集。再次，征集人员要处理好与实物史料收藏者的关系，经常与他们联系沟通，了解他们的意愿，做到征集与管理并重，使口述史料征集工作深入人心。只有这样，土家族口述实物史料征集工作才能得到社会各界的支持与重视，从而保障征集工作的顺利开展。

四 征集口述历史资料

口述历史作为一种跨学科研究方法，以系统征集、记录与再现口述史料的特性，被广泛应用于人类学、民族学与图书馆学等领域。应用口述历史方法抢救民族濒危口传文化并征集其口述史料，过去图书馆对这方面工作涉及不多。吉首大学图书馆通过多年来对土家族口传文化的口述历史研究，已征集到一些具有珍贵价值的土家族口述历史资料。在此，笔者结合图书馆对土家族挑花口述历史研究的工作实践，阐述对土家族口述历史资料征集的几点要领。

（一）田野调查，确定征集线索

田野调查是人类学标志性的研究方法，通常指研究开展前，调查者深入某个代表性地域，以访谈、观察、座谈、问卷等方式取得第一手信息的过程，是获取口述史料征集线索的重要前置步骤。做好土家族口述史料的征集工作应从口述历史的视角，以土家族濒危口传文化为征集内容，组织人员深入土家族地区进行广泛调查，为确定口述史料征集线索和口述访谈对象做好前期准备工作。

1. 查找征集线索

首先，征询土家族研究专家建议。土家族研究专家长期致力于该民族历史文化与史料的搜集、整理与研究工作，熟悉土家族口传文化，与部分传承人或知情人有密切联系，对土家族濒危口传文化也如数家珍。对他们进行访谈与征询，可以为我们提供珍贵的征集线索。如 2015 年 6 月，为了解土家族口传文化传承现状，获取土家族口述史料征集线索，笔者与项目组成员专程到永顺县拜访了土家族文物研究专家向渊泉（78 岁）、土家族民俗研究专家罗仕松（73 岁）和土家族铭刻研究专家鲁卫东（45 岁）等。通过与他们的交谈，我们获取到一条重要线索："土家挑花工艺精美，曾与土家织锦（西兰卡普，国家首批非物质文化遗产）相辅相成，为两朵同根异株的民族工艺奇葩。但因各种原因没有受到重视，挑花作品现极为少见，其技艺可能已经失传。"根据土家族口述史料征集抢救濒危口传文化的原则，我们初步将土家族挑花列为重点征集线索。

其次，征询地方各级相关单位建议。土家族地区各级政府、民委、非遗办、图书馆、文物局等单位长期从事土家族口传文化的挖掘、保护、宣传与史料的搜集、编辑与收藏等工作，掌握大量的土家族口传文化信息资源。与这些单位的相关人员进行座谈交流，不仅可以征询到各地土家族濒危口传文化传承现状、保护政策与传承人、知情人等方面的信息，还能为我们提供一些珍贵的土家族史料。如 2015 年 7~9 月，为详细了解土家族挑花在原生地的生存与传承状况，征集土家族挑花史料和传承人、知情人线索，项目组先后对土家族集聚区的湘西州、恩施州、张家界市等地区的

图 3 - 39　采访三位土家族研究专家（朱慧玲　摄）

各级相关单位进行了实地走访，征集到 9 位会土家挑花的人的信息和土家族挑花简介 7 篇、图片 8 张、挑花实物拍照 29 张等，被访单位也对我们今后的工作提出了很多宝贵建议。

再次，查询文字史料，寻找价值线索。根据土家族口述史料征集的内容，从已有的土家族文字史料中寻找有价值的延伸线索。重点查询相关单位或个人出版、收藏的土家族各类著作、期刊、报纸、笔记、铭刻及文史资料等，利用互联网进行学术论文、图书等数字资源的查询，以获取有价值的扩展线索。如土家族挑花起源于何时，项目组查询了众多史料没有相关定论，但从《永顺县志》、清代土家诗人彭秋潭的《竹枝词》等史料中找到了一些线索，并由此推断，土家族挑花至今已有 1000 多年历史，曾在明清广为流传。为了解土家族挑花的研究现状，笔者于 2016 年 8 月在中国知网进行"土家挑花"篇名检索，结果为无对应的分组数据，通过互联网仅搜索到几张图片和土家学者田明在《土家织锦》中对土家族挑花略有提及的一篇短文；但通过互联网搜索到一条重要线索：土家织锦国家级传承人刘代娥制作的挑花服饰曾在 1998 年昆明举行的"中国民族服饰博览会"上获优秀奖。

2. 梳理征集线索

通过以上方法获得的征集线索要进行全面梳理与核实，以确定重点征集线索和重点访谈对象。首先，以抢救土家族濒危文化、弥补研究不足、构建特色馆藏为原则，对征集到的所有信息进行梳理和筛选。围绕反映土家族重要历史事件、杰出人物、优秀文化和濒危文化等方面，对照吉首大学图书馆馆藏史料，参考其他单位相关史料收藏情况，梳理已征集史料的价值，筛选出重点征集线索。其次，组织人员对重点征集线索进行初步核查，厘清重点征集线索传承、保护、研究的现状和相关史料收藏的概况，排查征集线索中的传承人信息，确定重点访谈对象。

3. 确定访谈对象

访谈对象在人类学的传统术语中被称为"报道人"，民俗学和社会学常称之为"陈述人"或"关键角色"[①]，是口述历史研究者（访谈者）了解土家族口传文化和传承人信息的重要桥梁。征集土家族口述历史资料，首先要对土家族濒危口传文化进行挖掘，确定访谈对象，即"传承人"。

（1）传承人（访谈对象）的分类

传承人指直接参与某项民间文化传承并愿将自己所知道的文化信息和技能传授给后人的某些个人或团体。根据目前学术界的研究及项目组对土家族濒危口传文化口述历史研究的实践，我们将土家族濒危口传文化传承人分为狭义和广义两种。

狭义的传承人指入选我国各级政府正式公布的民间文化传承人名录的少数特定个体。[②] 2005年启动的中国民间文化遗产抢救工程曾针对民间优秀文化进行评选，公布过"中国民间文化杰出传承人"名录，如土家山歌王田茂忠2007年被评为首批"中国民间文化杰出传承人"；在非遗保护与申报过程中，产生了国家、省、市、县级非物质文化遗产名录，如土家织女刘代娥2007年被认定为首批"国家级非物质文化遗产项目土家族织锦技艺代表性传承人"；另外，还有各级行政机关正式公布的"民间工艺大师"等名录，如土家三棒鼓传承人向前和2016年被恩施州政府认定为第六批民间艺术大师。这些传承人技艺精湛、传承有方，常被称为某项文化的"代表性传承人"。

而广义的传承人则指曾经或现在直接参与土家族民间文化传承、掌握

---

① 冯骥才主编《传承人口述史方法论研究》，华文出版社，2016，第246页。
② 冯骥才主编《传承人口述史方法论研究》，华文出版社，2016，第246页。

大量文化信息和突出技艺,但由于各种原因没有选入民间文化或非物质文化遗产"代表性传承人"名录的个人或团体。如土家族织锦技艺自2006年被列入首批"国家级非物质文化遗产"名录后,其传承受到各级政府及相关单位的高度重视与推广,在刘代娥、叶水云等代表性传承人的传授下,出现了很多掌握精湛织锦技艺的织女,但因名额有限,没能列入"代表性传承人"范畴;土家族挑花与土家族织锦虽相辅相成,但因政府不够重视和缺乏有效的保护措施,使原本很多拥有高超挑花技艺的土家人不再以此为业,而年轻一代也因挑花制作费时、不赚钱,不愿学此技艺,从而导致土家挑花制作后继乏人、传承人散落民间。

(2)确定口述访谈对象的方法

寻找土家族濒危口传文化传承人的相关线索,确定口述访谈对象的方法主要如下。

首先就征集内容的某一访谈主题进行广泛细致的线索搜集,在获得相关传承人基本信息的基础上进行再筛选。如为寻找土家族挑花传承人,项目组根据社会各界提供的9位土家族挑花传承人的信息进行了实地调查,访谈了30多位知情人,经他们引荐与核实,共找到5位还能进行挑花制作的传承人,其他人因视力与记忆力衰退,已不能进行挑花制作。

其次查询从民委、非遗办等单位征集到的土家族史料,从他们曾经调查过的传承人信息中获取相对可靠的线索。如从永顺县非遗办征集到的史料中查询到一条重要信息:湘西土家人余爱群挑花制作50余年,因技艺精湛,2012年被评为"湘西州土家族挑花传承人",2015年作为土家挑花主要传承人被永顺县非遗中心申报湖南省非物质文化遗产名录获得批准。

最后对通过实地核实所查询的传承人进行个案研究,通过口述访谈了解他们对土家族某项濒危口传文化的掌握程度,有所侧重地确定主要口述访谈对象。如表3-1为项目组对土家挑花5位传承人进行个案研究、口述访谈而整理形成,通过该表可以看出余爱群为土家族挑花代表性传承人,刘代娥虽是土家族织锦国家级代表性传承人,但挑花技艺同样精湛。为此,项目组确定余爱群、刘代娥为土家族挑花主要口述访谈对象。

表 3 - 1 　 土家族挑花传承人概况

姓名	籍贯	出生时间	所获荣誉	与土家挑花的渊源
余爱群	永顺	1956 年	2012 年被评为"湘西州土家族挑花传承人";2015 作为土家挑花主要传承人被永顺县非遗中心申报湖南省非物质文化遗产名录获批准;主要作品获奖情况:《土家迎亲图》获 2012 中国工艺美术博览会获银奖,《福禄双全》获博艺杯工艺美术精品展金奖等	从事土家挑花 50 余年,收藏挑花作品百余件,目前从事土家挑花的制作与传承工作
刘代娥	龙山	1955 年	2006 年被龙山县政府评为"优秀工艺大师";2007 年被授予土家织锦"中国非物质文化遗产传承人";制作的挑花服饰于 1998 年"中国民族服饰博览会"上获"优秀奖"	从小学织锦、挑花,认为土家挑花很有特色,很想将两者结合创新。现偶尔挑花,收藏挑花作品 30 余件
刘代英	龙山	1960 年	2002 年被评为"湘西州土家族织锦传承人";制作的挑花服饰于 1998 年"中国民族服饰博览会"上获"优秀奖"	会挑花、织锦,现偶尔挑花,收藏挑花作品 5 件
程远英	龙山	1966 年	2006 年被授予"中国优秀织锦工艺传承人"	会挑花、刺绣、织锦,收藏挑花作品 3 件,现偶尔挑花
张绣云	张家界	1966 年	2013 年被评为"湖南刺绣工艺大师"	会挑花、刺绣、织锦,收藏挑花作品 50 余件,现偶尔挑花

(二) 史料征集,实施口述访谈

1. 查阅史料,理论储备

口述访谈是口述史料搜集的基本方法,也是口述历史研究的基本前提。当口述访谈对象确定后,访谈人首先要查阅大量的文字史料以了解所要访谈的内容。如果前期不做好大量功课、理论储备不充分,就匆忙进行口述访谈,一定会遇到访谈无法深入进行的局面。其次要熟悉访谈对象的人生经历,通过采访访谈对象所在村寨的年长者、亲属等进行了解,然后再针对不同类型的访谈对象进行口述历史访谈准备。

从访谈技巧来说，如果口述访谈对象是土家族挑花传承人，就要首先了解挑花的专业背景，如土家族挑花的主要针法、题材、构图、色彩与传承现状等，基本熟悉土家族挑花的制作步骤，了解挑花传承人约定俗成的行话与术语，如"扯扯花""素挑""彩挑"等。对于一些意象式图案或题材，一定要先了解土家族的民俗、民风与审美习俗，如果没有大量储备这些基本的民族知识和行业术语，将很难对土家族挑花技艺进行深入挖掘，也无法与传承人进行深入交流。

2. 深入沟通，获取信任

获取访谈对象的信任与理解是做好史料征集和实施口述访谈工作至关重要的条件之一，只有通过深入沟通并与访谈对象（传承人）建立起较为密切的关系，才可能使访谈工作深入细致地开展。初次接触时，访谈对象一般都很在意访谈者（工作人员）的一言一行，常以此作为判断和认知访谈者的依据。也因彼此不熟悉，访谈对象一般都心存戒备，很多事情不愿谈，尤其是涉及重要技能或个人隐私的问题，常隐瞒或回避话题。因此，访谈之初，访谈者与访谈对象就应先建立起信任关系，不能给人以"居高临下"的感觉，而应以谦虚、求教、热情的态度与访谈对象对话，聊一些家常话，以情动人，减少彼此间的陌生感，并适当地介绍对土家族口述史料进行征集的目的和意义，以取得访谈对象的信任与理解。

如土家族挑花传承人余爱群自 2006 年起一直在中华民族园（北京）从事土家文化传承工作，笔者于 2016 年 5 月通过永顺县非遗办提供的手机号码，与她取得了首次联系。对于我们的突然打扰，余爱群既感到惊喜又有所怀疑：喜的是土家族挑花终于有学者开始关注了，其传承在望；疑的是土家族挑花技艺濒临失传，对其史料进行征集谈何容易（余在 2017 年的一次聊天中说）。为打消顾虑，取得余爱群的信任，笔者在电话中向她详细介绍了此项征集工作的目的、意义与前期研究成果，并从一些生活琐事入手与她进行了长达 2 小时的电话交流。随后，笔者几乎每天都与余爱群通过微信、QQ 等方式交流，渐渐地成为无话不谈的好朋友。终于在 2016 年 11 月 23 日，余爱群专程从北京回到吉首接受我们的口述访谈。

3. 实施口述史料的征集

口述史料的征集主要有捐赠、购买、拍照、摄像等方式,以拍照、摄像为主,很少用购买的方式征集,一般会尽力争取无偿捐赠。因购买会产生经费不足等系列问题,从而增加整个征集工作的难度,使其负面作用不易控制。对于一些必须征集的重要史料,可采取确保其权益,进行形式上的捐赠,以拍照、扫描、复制、复印、摄像等方式获取。

土家族地区的民族单位、研究专家、学者、传承人收藏有大量的调查手稿、照片、录像与实物等第一手土家族口述史料,但他们较多考虑其自身领域内工作开展的独特性与收藏性,一般不愿主动捐赠自己的成果和收藏,但仍要与他们进行深入沟通、加强宣传争取。对于确实不能捐赠的史料,在收藏者同意的情况下,可采取拍照、复印、摄像等方式实施征集。如传承人余爱群原收藏土家挑花实物百余件,得知她准备 2016 年 12 月将其中大部分实物捐赠给永顺县老司城世界遗址博物馆收藏时,项目组于 2016 年 11 月来到余爱群家中,用相机、摄像机对她收藏的所有挑花实物实施了多角度的拍照与摄像征集,然后将这些土家挑花照片、视频采用 JPG、BMP 与 MP4、AVI 等格式进行数字化存贮,并上传至本馆土家族口述史料数据库进行长期保存与共享。

对于愿意捐赠史料的人士,要加强宣传与鼓励,在适当的时候举办捐赠仪式、颁发"捐赠证书",并在本馆网站上公布捐赠者的姓名、捐赠史料的名称、数量等,以扩大影响、发挥带动作用。征集工作中还要充分调动土家族群体的积极性,在实地调查时最好能聘用熟悉土家族历史文化并在当地享有较高威望的人士担任顾问,充分发挥土家族群体的主动性,以帮助做好征集时的各项协调工作。

4. 实施口述历史的访谈

(1) 设计访谈提纲

访谈提纲其实就是一个进行口述访谈的问题清单,有时也被称为访谈进度表。[1] 合理的访谈提纲能使口述历史访谈工作顺利展开,在访谈中如何抓住重点,如何按受访者特点有针对性地设计问题,如何引导受访者说

---

① 李向平、魏扬波:《口述史研究方法》,上海人民出版社,2010,第 92 页。

出更多的细节等，都是访谈工作开始前就要有所设想的。设计访谈提纲需注意以下几点问题。

①突出访谈的主题和重点，问题要有针对性。当选择关注土家族口传文化中的某一项文化时，访谈的问题也就确定了。如选择访谈土家挑花传承人，就要针对制作步骤、传承经历等方面设计问题；如访谈对象是土家族梯玛，则要按照梯玛仪式的相关程序来进行，其问题也会随之而细化。

②设计所列问题要思考如何才能引出答案。一般从比较广泛的问题开始，让受访者按自己的经验进行回答，注意不要把访谈者自己的意愿或判断强加其中，这样将难以引出真实性回答。①

③问题前后的逻辑关系要清楚，问题转折时尽可能地互相呼应，问题排列也要注意相互间的关系，不要把几个复杂的问题堆放在一起，让受访者无所适从，不知该先回答哪一个。②

④尽量不要把访谈者研究的学术问题直接变成提纲中的问题。对于访谈者熟悉的、抽象的学术概念，有些受谈者并不理解，最好从受谈者的角度设计问题，将一些学术概念转化为受谈者熟悉的本土性概念，以求得较为合理、深入的解释。③

设计访谈提纲是一个全面学习土家族历史文化知识的过程，访谈者必须具有充分而有针对性的知识储备，并根据已掌握的信息和相关史料，为每一位受访者设计访谈提纲，其内容主要包括：①受访者的基本信息，主要记录受访者的姓名、曾用名、性别、民族、出生年月、职业、学历、特长、籍贯、家庭成员、居住地址、联系方式等；②受访者亲历亲闻土家族濒危文化的口述史料，具体包括传承细节以及在传承过程中印象最深的人、事、物等；③根据受访者的具体情况，询问受访者对访谈相关内容（即土家族某项濒危口传文化）传承、发展的看法、评价及未来的打算。以下为项目组对土家族挑花传承人余爱群进行口述访谈时的提纲内容：

---

① 冯骥才主编《传承人口述史方法论研究》，华文出版社，2016，第255页。
② 冯骥才主编《传承人口述史方法论研究》，华文出版社，2016，第255页。
③ 冯骥才主编《传承人口述史方法论研究》，华文出版社，2016，第255页。

土家族挑花代表性传承人余爱群访谈提纲

● 询问姓名、曾用名、民族、出生年月、居住地、职业、学历、联系方式、宗教信仰、家庭主要成员、身体情况等。

● 土家族挑花技艺特征的描述；该技艺与土家族女红、信仰和其他民族挑花的关联，以及在土家族文化中的地位。

● 个人制作土家族挑花作品有多少，代表作有哪些，哪些曾获奖，个人作品的风格与特色之处。

● 何时、何地开始学挑花，跟谁学，与传授者的关系，是否进行专业培训与进修，从艺的年限。

● 挑花传承的方式，为第几代传人，有无收徒，收徒的礼仪。

● 挑花传承有无性别、年龄禁忌，传承的方式，技艺娴熟的标志。

● 本人对土家族挑花技艺有什么创新，收藏有多少土家族挑花实物。

● 土家族挑花的制作程序。

● 介绍与演示土家族挑花的针法。

● 土家族挑花图案的题材与寓意。

● 土家族挑花的构图与制作流程。

● 土家族挑花的用色、搭配与禁忌。

● 在土家族挑花的传承与发展方面，目前最需要做的工作是什么？

● 是什么原因让您坚持挑花 50 余年？

● 在土家族挑花的保护与传承方面，做过哪些具体工作？

● 作为土家族挑花代表性传承人，未来有何打算？

通常情况下，土家族濒危口传文化口述历史访谈的重点是传承人的人生经历、家族传承史与传承事象的具体步骤、方法、文化蕴含及该事象的传承与保护。其中，传承事象的具体步骤、方法及文化蕴含等口述内容具有重要的保存与研究价值，属于亟待挖掘的口述史料。按以上方法和提纲，项目组对土家族挑花传承人进行了口述访谈，并对征集所获的土家族挑花口述史料进行整理与诠释，目前已撰写了《濒临失传的土家族传统挑花技艺探究》《口述历史在土家族挑花研究中的应用》《针尖上的技艺：土家族挑花传承人余爱群口述访谈》等学术论文。

（2）制定访谈计划

访谈实施前，访谈者要制定目的明确的访谈工作计划，其主要包括设备准备、访谈成员的确定、访谈时间与地点的约定等。

① 设备准备

笔、笔记本、录音设备、照相机与摄像机等是访谈工作时必不可少的工具。笔和笔记本虽不能像音像设备那样，把每句话或动作都记录下来，但能用速记方式简单记录口述访谈的大致内容，以便在口述史料整理时能迅速理清概括框架，不至于陷入琐碎的文字中。记笔记时，除了仔细聆听、记录，还要与受访者进行适当的目光交流，以表示对受访者的尊重与认可。

录音笔、录音棒、手机是现代口述历史工作者进行口述访谈的主要录音设备，不仅能将访谈内容、受访者说话的声音、语调等进行完整保存，还能对难以理解的口述内容进行反复播放、聆听，以便分析与诠释口述史料。录音设备使用前必须征得受访者的同意，录音时受访者因情绪或隐私问题要求暂停或删除某一段话，一定要尊重他们的决定，以赢得受访者的进一步信任。

照相机与摄像机自问世以来，便被人们作为各类史料征集的主要设备。它们最大的优点是能真实、鲜活地呈现访谈现场、受谈者形象和记录文化传承的全过程。尤其是摄像机能将那些文字、照片所不能记录的动态影像，以立体方式完整地保存下来。土家族濒危口传文化散存于传承人口传心授的记忆中，在征集其口述史料的过程中，我们利用照相机与摄像机记录了大量土家族濒危口传文化传承人的口述史、文化传承演示过程中静态和动态的珍贵影像。

② 确定访谈成员

口述访谈工作能否按预定计划取得良好效果，与实施访谈工作人员的专业素养有很大关联，选择和培养好合适的访谈成员是做好此项工作的重要前提。为此，从事土家族濒危口传文化口述访谈工作的成员应具备以下条件。第一，有高度的工作积极性，钻研精神强，对土家族口述史料征集和口述历史研究工作有浓厚的兴趣。第二，熟悉土家族地区，对土家族口传文化和口述历史访谈有一定的研究与实践经验。第三，负责口述访谈的访谈者必须具有一定的专业素养，责任心强，善于沟通、协作，具有较强的语言表达能力。

此外，口述访谈现场的工作人员不宜过多，要少而精，最多 4 人即可。人多，有时像在开座谈会，容易让受访者感觉不适，对口述访谈不利；人少，受访者容易说出心里话，访谈的效果一般较好。成员最好是男女搭配，以便于深入偏远的土家族山寨进行调研与访谈。为提高口述访谈工作的水平，还应加强访谈成员综合素质的培养，在熟悉土家族文化、掌握访谈技巧与史料征编等方面下功夫，不断提高他们的理论水平和专业技能。

③确定访谈地点

访谈地点主要由受访者决定，可以设在家中、民居、室外、办公室等地，一般只要有一个安静的空间，便于口述访谈工作进行即可。但因土家族口传文化受访者传承的事象常在日常生活中进行，如能在其熟悉的场所中进行，则更有利于受访者口述、回忆、演示传承事象的具体步骤、细节与内容等。如土家族挑花传承人（受访者）家里都收藏有一定的挑花实物，拥有针、线、布等挑花工具，为便于口述与演示，传承人一般会将访谈地点设定在其家中；对于土家族民居传承人而言，在其营造的传统民居前进行口述访谈尤为重要，在这一特殊的空间与文化事象中，传承人会回忆起很多营造时的场景与细节，更能激发其口述与演示的激情。

④安排访谈时间

访谈时间的确定应尊重受访人的意愿，负责访谈的人员要提前与受访者沟通、协商，根据受访者确定的访谈地点和时间，安排具体访谈工作时间。访谈工作时间的安排要具有一定的阶段性，以便访谈人员从整体上把握工作进度。每一个访谈阶段还要留有一定的多余时间，便于在实际工作中灵活调整和补充增加新发现的访谈内容。[①] 如对土家族挑花传承人刘代娥、余爱群进行口述访谈时，我们以访谈提纲、访谈进度等来安排具体口述访谈工作时间，每一阶段的正式口述访谈时间为 1~3 天。为保证口述访谈的效果，每次访谈时间不宜过长，一般控制在 2 小时内。

---

① 梁雪花：《少数民族口述历史档案采集方法研究》，《中国档案》2012 年第 11 期。

图 3 - 40 土家族吊脚楼营造国家级传承人彭善尧

⑤掌握访谈技巧

口述历史访谈是访谈者在做好充分准备的前提下，通过与受访者的谈话，获取相关信息的一种常用方法。在谈话中，访谈者常根据所获信息及时调整谈话策略，以深度挖掘访谈主题。因此，掌握各种访谈技巧，是口述访谈工作成功的关键之一。

我们在对土家族濒危口传文化进行口述历史访谈时就采用了多种访谈方法。①结构式访谈。访谈者按访谈计划逐次提出问题，请受访者依次回答，由此将访谈内容引向深入，以形成系统的访谈材料。一般用于工艺步骤、传承技巧等比较具体的口述访谈中，访谈材料具有较强的有效性和针对性。① ②引导式访谈。土家族濒危口传文化受访者受生活环境、文化水平等因素的影响，口述表达虽朴实、真诚，但很难用自己的语言全面、系统地讲述出来。因此，访谈者必须逐步引导受访者，给予巧妙提示，使访谈得以深入。③间接式访谈。在把握主题的情况下，访谈者要始终保持中立态度，尽量按访谈发展的方向提问，对于一些可能引起受访者敏感的话题，要采用委婉的方式提问，以引导受访者自主讲述。② ④示范式访谈。当访谈内容涉及土家族歌舞、手工技艺时，要让受访者边示范边讲解其中

① 冯骥才主编《传承人口述史方法论研究》，华文出版社，2016，第 398 页。
② 梁雪花：《少数民族口述历史档案采集方法研究》，《中国档案》2012 年第 11 期。

的技巧、方法，将每个动作和手法进行有步骤的解析，并对其生成缘由及其文化内涵等进行深入阐述。①

（3）执行口述访谈

提问、倾听、记录是执行口述访谈的重要步骤。提问的目的是获取有价值、有意义的口述史料；倾听在某种意义上决定了提问的内容和方向，只有仔细认真地听取，才能准确、巧妙地提问；记录是把口述访谈内容用笔记、音像等手段保存下来，为口述历史研究提供史料，让口述内容能真实、生动地再现。

①提问

提问是门艺术，是访谈者以提问题的形式挖掘受访者记忆的一种重要方法。土家族口述历史资料征集就是问一些被土家人遗忘的问题，挖掘一些再不进行征集就会消失的文化记忆。因此访谈者必须根据访谈主题，巧妙掌握各种提问技巧，向受访者提出问题，问出有价值的结果。

开放式问题和封闭式问题是提问的两大重要组成。开放式问题指对受访者的回答完全没有限制，允许受访者自由发表意见的问题。以开放性的问题引导访谈，可以让受访者在叙事和思考时享有充分的自主权，并有足够的时间把他们认为和主题相关的材料加进来。② 以下为 2016 年 8 月 1 日上午，我们访谈土家族织锦和挑花传承人刘代娥时的一段开放式访谈记录：

> 问：刘老师您好！可以就您这件获奖的挑花衣服说说它的制作步骤吗？
>
> 答：首先是做成衣服，然后在衣服上再挑花，不是在布上挑。衣服上要挑什么图案，在哪个地方该挑什么事先都要想好。然后数纱挑，从中间起头挑，再往两边挑，一般先把毛坯（轮廓）挑出来，最后再挑回来。从中间起头挑一个图案挑完始终是一个图形，比较周正。熟练的挑花人一般先把整个图案大致挑出来，然后回来再挑第二次，分两次完成。如第一次挑完，第二次就从这了挑完刹果（方言：

---

① 陈子丹：《少数民族口述历史档案研究》，云南大学出版社，2015，第 113 页。
② 李涛：《论口述档案的搜集》，《档案学研究》2008 年第 5 期。

完成）……

由此可见，用开放式问题提问时，访谈者的提问比较自然，有利于制造和谐的访谈氛围；受访者的回答也很随意，说出了一些宏观且具有价值的访谈主题。但问题范围大、主题不太集中，受访者的回答也比较概括、松散，实质性答案不够深入。

封闭式问题指对受访者的回答内容和方式有较为严格的限制的问题。[①]一般由访谈者提出一些指向性较强的问题，让受访者在较狭小的范围内做出明确的回答，常用的提问词汇有：您认为、是不是、有没有、可不可以、什么时候等。以下为我们以封闭式问题方式访谈刘代娥时的几段摘录：

> 问：刘老师，您是哪年出生的？
>
> 答：我 1955 年出生，今年 61 了。
>
> 问：您最初接触挑花与织锦是什么时候？
>
> 刘：这个我记不太清楚了，织锦崽崽（很小）时就学，大约十一二岁；挑花我好像都没学过么子就会了，可能是看多了，只要看到别人做就会了。
>
> 问：您收藏的这些挑花实物都是您自己做的吗？
>
> 答：好多是我收（收购）的，我做的不多。
>
> 问：土家挑花现在还有人搞没有？您想收挑花徒弟吗？
>
> 答：现在没有人搞了；我现在主要搞织锦，没想过收挑花徒弟。
>
> 问：您这个挑花作品以前用来做什么的，是什么布料，用什么线做的？
>
> 答：这个是原来罢单（床单）的一个角，是土布，用麻线做成。

通过以上对话可以看出，用封闭式问题提问时，访谈者的提问比较明确、主题集中，可以有效引导访谈的方向，勾起受访者的回忆，获取有价值的信息；但提问大多直截了当，有时会让受访者感觉像在被"审问"，

---

① 李涛：《论口述档案的搜集》，《档案学研究》2008 年第 5 期。

影响访谈氛围；有时也会因受访者的疏忽，遗漏一些问题，从而影响对某一问题的全面了解。

综上所述，开放式问题与封闭式问题各有利弊。因此，在对土家族濒危口传文化传承人进行口述访谈时，访谈者必须重视提问，熟练把握提问的原则，根据不同的访谈主题和对象选择不同的提问方法，以挖掘问题的实质。

提问时要把握的原则主要有以下几种。①要具体。提问如果过大、主题不集中，受访者会无所适从，不知从何说起，访谈者获取不到实质性的信息。②要简洁。提问要做到言简意赅，访谈前要将访谈大纲设计得简明扼要，否则，有可能访谈者问得越长，受访者回答得越短。③要自然。口述访谈是一种双向的交流工作，访谈者提问时要保持一种轻松的自然状态，谨防因紧张造成的条理不清。④要专业。土家族濒危口传文化传承人都是某一领域的行家，访谈者在访谈前要对他们的专业领域有一定了解，懂得部分专业知识。⑤有新意。口述访谈的目的是要征集新的史料，而新的史料则需要通过有新意的提问才能引导出来。⑥要渐进。口传文化的存在错综相连，受访者对问题的把握也难以一步到位，因此要遵循由浅入深、由表及里、由此及彼的逻辑顺序渐进。①

②倾听

倾听是在接纳的基础上积极地听、认真地听、有兴致地听，并适时用形体语言做出一些响应。倾听是口述历史访谈者争取受访者配合访谈的最好方法，因为只有受访者感受到访谈者对自己的言语感兴趣，才会有兴致将问题娓娓道来。

根据对土家族濒危口传文化传承人进行口述访谈的实践，我们认为在口述历史访谈中，倾听的作用主要有如下几点。①赢得朋友。在访谈中，访谈者与受访者聊一些彼此感兴趣的话题，可以使受访者说话时没有压力，营造一个轻松的访谈氛围。访谈时尽量把话语权留给受访者，让其尽情诉说自己的观点、成就和烦恼等，让他把访谈者当成可以倾诉、信任的朋友，这样就能自然顺利地展开访谈。②赢得尊重。访谈者在访谈中的一

---

① 李涛：《论口述档案的搜集》，《档案学研究》2008 年第 5 期。

个点头、一个眼神、一个微笑都会使受访者感到自我价值的认可和朋友的理解及知己的难求，对认真倾听的访谈者产生尊重之情，从而敞开心扉回答问题。③赢得互动。访谈者善于倾听，可以迅速拉近与受访者的心理距离，赢得访谈双方身体与心灵的互动，从而产生重要的非语言信息，如眼神、表情、动作等。这种信息的互动效果有时胜过访谈者滔滔不绝的叙述和言之凿凿的结论。①

要与受访者进行有效的沟通，访谈者首先要积极倾听受访者的话语，并在听的过程中适时做出一定的响应，让受访者感受到访谈者正在认真、有兴致地倾听。怎样倾听，在一定程度上决定了口述访谈的效果，怎样才能成为一位善于倾听的访谈者呢？

首先，充分运用点头、微笑、姿态、目光接触等形体语言进行适时回应，让受访者感受到访谈者在认真地倾听。研究证实，一个人说话时，听者接受的信息若以100%计，其中55%是形体语言，38%是声音，7%是话语。② 因此，访谈者倾听时应合理使用形体语言，选择亲切的姿势面对受访者。我们在2016年10月16日采访刘代娥时，当她取出珍藏多年的土家族挑花实物时，笔者俯下身仔细欣赏后情不自禁地赞叹其工艺的精美，也对该技艺的濒临失传感到无限惋惜。面对笔者的痛心，刘代娥也把多年来的想法毫无保留地说了出来："土家族挑花的确是濒临灭绝，需要抢救！我也觉得好可惜，以前做土家双面织锦时，就想如果在空白处做一个双面拉花（挑花）也应该很好看，与众不同，但一直没有下决心去做。你上次给我打电话，说要采访我土家挑花，我也才想起来这个事，不然早就忘到九霄云外去了。现在也很想把土家织锦与土家拉花结合起来，做那种围巾、披肩，

图3-41 笔者倾听刘代娥（左一）口述（何艳群 摄）

---

① 周琼：《谈电视采访中的倾听技巧》，《新闻爱好者》2009年第4期。
② 周琼：《谈电视采访中的倾听技巧》，《新闻爱好者》2009年第4期。

做点创新的产品，应该很畅销……"由此可见，正是笔者适时地运用了形体语言，唤起了刘代娥对记忆深处的回忆，达到了深入访谈的目的。

其次，访谈者在访谈时要站在中立的立场上虚心倾听受访者口述，不轻易插话、不强加个人观点、不随便否定和评价任何口述内容。因为口述访谈的目的就是要真实、生动地展现受访者的所有言行，获取有价值的口述史料，所以受访者口述的每一句话或任何一个观点都具有一定的参考和研究价值。如2016年8月3日采访刘代娥时，她说："拉花，是湘西土家族独有的一种挑花技艺。"笔者当时有些怀疑，于是笑着问了一句："湖北恩施及其他土家族地区没有吗？"为证实自己的观点，刘代娥拿出几件挑花实物比照，并对此观点进行了详细的叙述："我们土家族这些普通的挑花针法以前哪里都有，湖北恩施，湖南湘西、张家界这些地方都有，但现在会搞的人也没什么了。我到过很多地区的民族展会，也看到过其他地方的挑花，像我们湘西土家族的这种'拉花'硬是没得（没有），其他民族也没有见过。"倾听时不否定受访者的观点，但用一个看似轻描淡写的提问，便问出了心中的疑惑，同时可以获得具有重要价值的信息。

最后，访谈者倾听受访者说话时要适时做出话语回应，不能面无表情，要用一些赞赏和引导的话语来加强倾听态度，以鼓励受访者口述出更多的信息。如轻轻地回应"哦""是的""原来如此"等话语，或适时使用一些询问短句"可以详细介绍一下吗？""能演示一下具体步骤吗？""您的看法是？"等，让受访者感受到你对他/她的话语感兴趣，以增强其继续说话的信心。适时回应，还要善于引导受访者口述的内容，当受访者言语太偏离主题时，访谈者要适时地拉回话题。当受访者不清楚访谈者提问的意思时，访谈者要进行耐心的解释，或利用掌握的某些史料和实例进行启发，以获取真实、生动的口述信息。只有受访者感受到访谈者愿意倾听，才会敞开心扉，侃侃而谈，慢慢地说出"心里话"。因此，在对土家族濒危口传文化传承人进行口述访谈时一定要注意倾听，做一个善于倾听的访谈者，才能征集到有价值的口述历史资料，达到口述访谈的目的。

③记录

土家族口述历史资料征集工作一方面是搜集、整理、保存土家族濒危口传和史料信息，另一方面是要保存、挖掘口传背后的濒危文化信息。因此，对各类载体的口述历史资料进行记录十分必要，而且应放在口述史料征集工作的重要位置，因为口述访谈结束后，需要花大量时间对各类口述访谈记录进行整理。

口述访谈记录是把口述历史访谈过程中的所见所闻通过一定的记录方式永久性保存下来，并作为重要信息进行传播。根据记录工具的不同，我们将记录方式分为笔记、录音、照相、摄像四种。这几种记录方式各有利弊，为真实、完整地记录整个访谈过程，在口述访谈进行时，只要条件允许，我们一般会同时采用这四种记录方式。但有时也根据口述访谈的对象、主题、环境的不同而采取不同的记录方式，如 2012 年 6 月 13 日晚，笔者在湘西永顺县泽家镇沙斗湖村采访土家族吊脚楼营造国家级传承人彭善尧时，突遇停电，其口述访谈的记录方式只能采取录音进行。

口述访谈的记录一定要做到客观、公正，从头至尾地把受访者的口述内容记录下来，不能掺杂访谈者个人的主观意识，更不能为了达到某种目的而造假。记录时，访谈成员要分工合作，如对土家挑花传承人进行口述访谈时，笔者负责访谈、现场笔记及用录音笔记录现场的声音；余弦、何艳群负责照相，用相机对访谈对象与挑花实物进行多角度的拍照；李良嘉负责摄影，运用环境远景与人物访谈近景等对访谈现场进行综合摄像。

客观记录主要是针对访谈成员而言，至于受访者口述的内容是否客观、真实，访谈者是不能决定的。因此，口述访谈进行时，访谈者一定要运用各种访谈技巧，创造一些条件，引导受访者说出更多的真话、心里话。访谈结束后，要对整个访谈记录进行整体分析、诠释，当出现特定名词或涉及人物、事件时，一定要求证口述人、知情人或查询文献史料核实。

④结束访谈

如何结束访谈？访谈者除了考虑所有问题是否已问完，还要根据受访者的表情决定是否结束访谈。在访谈过程中，访谈者要随时观察受访者的表情，如出现烦躁、疲惫、回答问题过于简单或不断看时间等行为时，要尽快找一个合适的话题结束访谈。

正式口述访谈结束后，访谈者还需做好如下几项工作。其一，告知受访者，访谈中所形成的文字、照片、音视频等资料将会如何保存、利用，访谈文字将会在整理完成后请其审阅、签名认可。其二，争取受访者同意，访谈成员与受访者及其家人合影留念，互留通信地址及手机号码，以便日后联系。其三，向受访者接受访谈表示真诚的谢意，肯定他们在口述史料征集和民族文化抢救中做出的重要贡献，如还有访谈的需要，可以约定下次访谈的时间。

图 3 – 42　刘代娥审阅访谈文字稿

图 3 – 43　访谈结束后，笔者与刘代娥夫妇合影

第四章

土家族口述史料征集实例

土家族口述史料不仅是土家族口传文化的结晶，也是我国民族文化信息资源的重要组成部分。然而，在漫长的社会发展中，土家族口传文化一直处于自生自灭的状态。近些年来，国家十分重视民族文化的传承与发展，并不断加大对民族优秀文化的传承与保护力度。在此背景下，为抢救土家族优秀濒危口传文化，建设图书馆特色资源，吉首大学图书馆于2011年成立了"民族口述历史研究项目组"（主要研究土家族文化）。随着本项目于2016年成功立项，笔者再次组合原有成员成立了"土家族濒危口述史料征集组"（以下简称"征集组"），继续面向社会广泛征集土家族口述史料。由于征集组成员的不懈努力和社会各界的大力支持，征集到大量珍贵的土家族口述文字、口述实物和口述历史等史料。

第一节　土家族口述文字史料

土家族传统文字史料指用汉字记载有关土家族历史文化的一些传统载体，如著作、丛书、族谱、辞典、史志、手稿与书信等。截止到2019年7月1日，征集组共征集土家族传统文字史料如下。

（1）著作69部，共372本。如《湖南西部四种濒危语言调查：土家语、小章苗语、关峡平话、麻塘话》（杨再彪，2011）、《湘西土家族毛古斯舞》（张子伟编，2011）、《湘西土家族织锦技艺》（田明等，2011）、《张家界土家文化探秘》（覃大军，2011）、《中国土家源：龙山》（刘昌儒主编，2012）、《保靖县土家语实录》（向魁益等编著，2012）、《龙船调的故乡：中国·恩施土家族传统民歌钢琴小曲65首》（唐安琪编著，2012）、《湘西土家族医药调查与临床研究》（潘永华，2013）、《土家族梯玛探幽》（张伟权，2014）、《古溪州土家族民间传说故事》（向津清主编，2017）、《湘西土家族还土王愿》（张子伟，2012）等。

（2）丛书 10 套，共 96 本。如：①《土家族研究丛书》共 16 册，由《土家族生死观绝唱——撒尔嗬》（田万振，1999）、《土家族口承文化哲学研究》（萧洪恩，1999）等著作组成。②《土家族问题研究丛书》共 11 册，由《土家族文化史》（段超，2000）、《土家族民间信仰与文化》（向柏松，2001）等著作组成。③《永顺县民族文化系列丛书》共 8 册，由《中国土家族婚俗考》（彭剑秋，2015）、《永顺县土家族丧葬习俗》（罗仕松，2015）、《田心桃和土家族》（罗仕松主编，2015）、《土家语言纪实暨歌谣》（孟祥福，2015）、《永顺土司金石录》（鲁卫东，2015）等著作组成。④《湘西民族民俗文化丛书》共 11 分册，由《湘西土家族苗族自治州土家族古籍总目提要》（田仁利编，2009）、《土家族渔猎》（罗仕松著，2009）、《梯玛》（刘能朴，2009）等著作组成。

（3）族谱 15 部，共 28 本。如《湖南省龙山县猫儿滩镇叶家寨叶氏族谱》（叶德政等纂修）、《彭氏族谱：陇西堂》（慈利溪口彭氏族谱首修理事委员会编）、《湖南永顺地区罗氏族谱》（罗仕松主编）、《张家界市永定区李氏支系族谱》（李文波修编）、《张氏族谱 重庆市石柱土家族自治县》（孝有祠主编）、《田氏族谱·慈利集》（1~4 卷，武陵地域田氏族谱编纂委员会慈利理事会编印）、《湘西北谭氏族谱：弘农堂》（上下卷，武陵地域田氏族谱编纂委员会慈利理事会编印）、《陶氏族谱》[陶氏族谱（湘西）编纂组]等。

（4）辞典 1 部，名为《湘西州土家族辞典》，为国内少数民族综合性辞典的首创。它集成了湘西州土家族文化研究的最新成果，将湘西州土家族文化划分为自然、历史、文学等 14 个大类，每个大类独立成篇，各类下面又划分为数量不等的若干小类，使内容繁多的湘西州土家族文化能井然有序、条理分明地呈现。① 该辞典收录了与土家族相关的词条 8566 条，共 235 万字，知识面广，信息量大，对研究湘西州土家族生态环境、民族历史、政治经济、教育科技、宗教信仰、民俗风情等具有重要的史料价值，为研究土家族文化提供了较为系统的研究思路。②

---

① 彭司礼主编《湘西土家族辞典》，湖南人民出版社，2015，第 6 页。
② 滕佳：《湘西州土家族辞典》，正式出版发行，湘西网，（2015－12－23）http://m. xxnet. com. cn/ItemView_24102/index. aspx，最后访问日期：2018 年 10 月 2 日。

（5）史志 59 本，其中：①民族志，如《来凤县民族志》（向子钧等编）、《恩施土家族苗族自治州民族志重修本》（向国成主编）、《民族志》（湘西州民委）、《恩施市民族志》（《恩施市民族志》编写组编）、《古丈县民族志》（古丈县民委）、《永顺县民族志》（永顺县民族志编纂委员会）、《保靖县民族志》（保靖县民委）等。②县志，如《永顺县志》（1~8 辑，胡履新编）、《大庸县志》（张振莘主编）、《桑植县志》（桑植县地方志编纂委员会编）、《龙山县志》（上下卷，《龙山县志》编纂委员会编）、《花垣县志》（花垣县地方志办公室编）等。③市志，如《吉首市志》（吉首市市志编纂委员会编）、《张家界市志》（张家界地方志编纂委员会编）、《恩施市志》（恩施市地方志编纂委员会编）、《重庆市志》（1~8 卷，重庆市地方志编纂委员会编著）等。④州志，如《湘西州志》（湘西土家族苗族自治州地方志编纂委员会编）、《恩施州志》（任泽全主编）等。⑤省志，如《湖南省志第 24 卷民族志》（湖南省地方志编纂委员会编）、《湖北省志民族》（湖北省地方志编纂委员会编纂）等。

（6）手稿 25 份（扫描 25 份），拍照 1842 张。如：①永顺县土家族民俗研究专家罗仕松对《土家族渔猎》、《永顺县土家族丧葬习俗》与《湘西土家族民间工艺》做田野调查时的第一手调研手稿 3 份，以及他撰写《田心桃和土家族》等著作时的手稿 6 份，拍照共 437 张。②龙山县土家语州级传承人彭英子调研与撰写《龙山县土家语》《土家源》《土家织锦图纹解读》等著作时的手稿共 9 份，拍照共 373 张。③永顺县溪州土家木雕传承人陶代荣根据个人记忆编写的土家族民居、木雕技艺手稿各 1 份，拍照共 135 张。④桑植县土家族研究专家向光清做田野调研和编撰《桑植土家文化大观》时的手稿各 1 份，拍照 93 张。⑤《土家语拼音方案》主持设计者彭秀模回忆自己制订《土家语拼音方案》（草案）的缘起和经过的手稿 1 份和社会各界对其进行口述访谈的笔记 3 份及照片 26 张，拍照共 137 张等。

第二节　土家族口述实物史料

土家族传统实物史料指世代遗留下来的具有明显土家族特征、有较重

图 4 - 1　罗仕松土家族丧葬习俗手稿

图 4 - 2　彭英子龙山县土家语手稿

图 4 - 3　陶代荣土家民居与木雕手稿

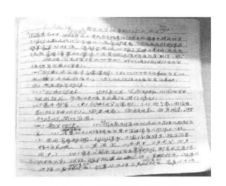

图 4 - 4　彭秀模回忆手稿

要历史文化价值的各类土家族民间遗址、建筑、铭刻、生活用品等物质文化遗产。它有别于其他层次的史料，具有原始、濒危、分散与难征集等特征。对于这些拿不走、要不到的土家族传统实物史料，我们采取拍照、摄像等方法进行了征集，详情如下。

（1）调查铭刻实物 39 处，拍照 297 张。其中：①石碑 8 通，拍照 29 张，如《永顺宣慰使司彭氏祠堂碑记》（永顺县麻岔老司城）、《永远禁石》（永顺县灵溪摆里）、《示禁碑》（永顺县大明）、《节孝传家》（永顺县不二门）与《和平桥碑序》（保靖县大妥新庄）等。②墓志 12 合，拍照 43 张。如《故正斋公次室淑人向氏墓志铭》（永顺县老司城）、《永顺等处军民宣慰使麦坡墓志铭》（永顺县民俗博物馆）、《彭氏墓志铭》（保靖县文物管理局）、《田氏祖墓碑序》（龙山县坡脚松林村）等。③摩崖石刻 10 处，拍照 25 张，如《碧画潭石刻》（永顺县老司城）、《张家界刘明灯刘氏祠堂碑记》（张家界永定区）、《土王庙七律一首》（永顺县不二门）等。

④鼎彝7口，拍照32张。如《溪州铜柱》（永顺芙蓉镇民俗风情馆）、《雄狮报钟》（永顺县老司城祖师殿）、《永顺县等处军民宣慰使司印》（永顺县文物局）、《铁馨铭》（永顺不二门观音寺）等。

（2）调查土家建筑73处（栋），拍照459张。其中：①土家民居42栋，如永顺县双凤村民居6栋（拍照29张）、永顺县泽家镇民居11栋（拍照35张）、龙山县惹巴拉民居7栋（拍照43张）、湖北恩施林博园金丝楠木民居1栋（拍照25张）、张家界四都坪民居3栋（拍照41张）等。②建筑遗址12处，如湖北恩施土司城（拍照59张）、永顺土司城（拍照76张）、湖北唐崖土司城遗址（拍照22张）等。③标志性建筑35处，如龙山县惹巴拉花桥、摆手堂与冲天转角楼各1处（拍照27张）、永顺县老司城花桥、摆手堂与祖师殿各1处（拍照33张）、永顺县双凤村土王祠与摆手堂各1处（拍照37张）等。

图4-5 张家界刘明灯刘氏祠堂碑

图4-6 永顺县双凤村土家民居

图4-7 恩施林博园金丝楠木土家民居

图4-8 湖北唐崖土司城遗址

图 4 - 9　龙山县惹巴拉土家花桥

图 4 - 10　龙山县惹巴拉土家摆手堂

图 4 - 11　永顺县老司城花桥

图 4 - 12　永顺县双凤村土王祠

（3）土家族各类传统生活用品近百种，拍照 2132 张。其中：①土家族滴水牙床 12 张，拍照 128 张，如永顺县芙蓉镇民俗博物馆 1 张（拍照 9 张）、永顺县连洞张氏家 1 张（拍照 35 张）、龙山县彭氏家 1 张（拍照 31 张）、恩施州、湘西州、永顺县老司城与张家界市博物馆各 1 张（拍照 47 张）等。②拍摄土家挑花实物照片 576 张，如对刘代娥收藏的土家挑花实物拍照 89 张，对余爱群收藏的土家挑花实物拍照 219 张、在恩施土家族博物馆拍摄土家挑花实物照片 38 张、永顺县文物局提供土家挑花照片 45 张等。③拍摄土家织锦图片 476 张，如对刘代娥收藏的土家织锦实物拍照 189 张，对刘代英收藏的土家织锦实物拍照 87 张，对恩施州、湘西州、张家界市与永顺县老司城博物馆收藏的土家织锦实物拍照 157 张等。④拍摄土家族传统家居、生活用品照片 380 多张，如各类船、柜子、脸盆、碗、糖罐、鼎罐、铜壶、火坑、蓑衣、座桶、椅子、背篓、脚盆、榨油坊、碾坊、水车、刀别子、箩筐、服饰、鞋子等。

图 4 – 13　永顺芙蓉镇土家滴水牙床
与太师椅

图 4 – 14　恩施土家博物馆展示的
土家挑花实物

图 4 – 15　刘代娥编织与收藏的土家
织锦（何艳群　摄）

图 4 – 16　土家族碗柜、铜脸盆与洗脸架

第三节　土家族口述历史资料

　　土家族口述历史资料指利用口述历史研究方法，对土家族历史、文化知情人或当事人进行口述访谈，然后根据他们口述的亲历亲闻而挖掘、整理出来的笔记、图片、录音及视频等具有保存价值的原始口述资料。为征集有价值的土家族口述历史资料，2011 年以来，征集组几乎走遍了武陵山片区的土家族聚居区，通过近百次的田野调查与口述访谈，对土家族濒危口传文化展开了普查、挖掘、整理、诠释、保护与研究工作。征集到了很多珍贵的第一手土家族口述历史资料。

表 4—1　已征集的土家族口述历史资料统计

时间	文化类别	受访人（表格所列最多只写三人）每类最多写三人	拍照（张）	录音时长	摄像时长	访谈文字记录字数（个）	备注
2011 年 4～7 月	民居	彭善尧、刘清云、向凤生等	613	28 小时 48 分	12 小时 30 分	27649	撰写相关论文 1 篇
2011 年 8～12 月	木雕	陶代荣、刘先胜、刘先富等	289	13 小时 31 分	9 小时 34 分	27863	
2012 年 5～8 月	滴水牙床	陶代荣、陶光耀、文体洲等	436	12 小时 15 分	8 小时 37 分	37835	撰写相关论文 1 篇
2012 年 10～12 月	石雕	李宏进、刘邦辉、张重九等	493	6 小时 21 分	2 小时 45 分	12367	
2013 年 1～5 月	土家语	彭英子、彭茂菊、田茂菊等	219	9 小时 7 分	6 小时 6 分	19764	
2013 年 6～9 月	打溜子	田隆信、田义锦、杨文明等	153	8 小时 34 分	6 小时 34 分	6786	
2014 年 7～9 月	服饰	罗士松、彭英子、向渊泉等	38	3 小时 45 分	2 小时 29 分	6865	
2015 年 7～12 月	丧葬	罗启湘、胡绍清、罗士英等	196	16 小时 30 分	6 小时 9 分	36897	
2016 年 5～8 月	织锦	刘代娥、刘代英、叶英等	357	28 小时 33 分	15 小时 23 分	47892	撰写相关论文 3 篇
2016 年 8～11 月	挑花	余爱群、刘代娥、张绣云等	578	36 小时 34 分	20 小时 17 分	58670	
2016 年 11～12 月	刺绣	张绣云、周银菊、余爱群等	225	16 小时 27 分	6 小时 12 分	36734	
2017 年 1～4 月	梯玛	彭继龙、向云森、彭继金等	169	12 小时 21 分	9 小时 42 分	29865	
2017 年 5～8 月	桑植民歌	向佐绒、张珍巧、谢静等	84	15 小时 30 分	6 小时 30 分	7698	
2017 年 9～12 月	茅古斯	彭英威、彭南京、彭家龙等	346	22 小时 46 分	18 小时 31 分	19325	
2018 年 2～5 月	竹编	胡廷贤、徐克双、徐述元等	139	8 小时 42 分	5 小时 28 分	9764	
2019 年 4 月	摆手舞	张明光、秦长玉等	286	12 小时 15 分	8 小时 37 分	14679	
2019 年 5 月	咚咚喹	严三秀、彭南京等	158	8 小时 54 分	3 小时 12 分	14535	
2019 年 5 月	语言	彭秀模、彭英子、田茂菊	226	11 小时 25 分	8 小时 23 分	26973	
合计	18	52	5005	272 小时 15 分	156 小时 59 分	422161	5

从表 4-1 中可以看出，征集组已对土家族 18 种濒危口传文化展开了口述历史研究，采访了土家族濒危口传文化传承人与知情人 52 人以上（实际人数 203 人），撰写相关学术论文 5 篇；已征集土家族口述历史资料 4 种，其中照片 5005 张、录音时长 272 小时 15 分、摄像时长 156 小时 59 分、访谈文字记录字数 422161 个；口述访谈内容涉及土家族濒危口传文化的方方面面，对研究土家族濒临消失的语言、习俗、音乐舞蹈、手工技艺等具有重要的史料与参考价值。

土家族口传文化形式多样、内容丰富、蕴藏着丰厚的文化内涵。传承人作为土家族历史文化的传播者与见证者，用口传心授传承着该民族濒临失传的音乐、舞蹈、民俗与手工技艺等。在对土家口述历史资料或其他资料征集过程中，我们对近百位土家族濒危口传文化传承人进行了口述访谈，内容涉及他们的家庭概况、从艺经历和所掌握的技能等，访谈文字记录达 42 万字。本书将摘录土家族语言、工艺美术、音乐舞蹈和宗教信仰 4 类濒危口传文化，11 位传承人及学者的口述史。因本章篇幅有限，在此仅以工艺美术（手工技艺）3 位代表性传承人口述史为案例（其余 8 位传承人口述史见本书附录一），对其所承载的文化技艺与意蕴进行由表及里的解读，为后续相关研究提供珍贵的第一手口述史料。

一 土家族濒危工艺美术传承人口述史

口述访谈人物：

土家族挑花技艺省级传承人　余爱群

土家族木雕技艺省级传承人　陶代荣

土家族民居营建国家级传承人　彭善尧

1. 土家族挑花传承人余爱群口述访谈摘录

访谈人：彭燕

受访人：余爱群

访谈时间：2016 年 11 月 24~26 日、2017 年 2 月 14~15 日、10 月 14~15 日

访谈地点：湖南省吉首市余爱群家中、北京中华民族博物院土家山寨

访谈时长：24 小时，文字记录 41000 多字

受访人简介：

余爱群，女，土家族，高中文化，1956 年 6 月 19 日出生于湖南省湘西古丈县，祖居湖南省永顺县老司城，28 岁时回永顺县粮食局工作。12 岁开始随外婆学习土家族挑花技艺，50 多年来从未中断，因潜心研究和刻苦练习，挑花技艺现已十分娴熟，先后有多幅挑花作品获奖，部分作品被永顺县老司城博物馆收藏。

2010 年被永顺县评为土家族挑花代表性传承人，2012 年被湘西州评为土家族挑花代表性传承人，2016 年 10 月作为土家族挑花主要传承人参与永顺县非遗中心、湘西州文广新局申报湖南省非物质文化遗产代表性项目获得批准。2017 年被湖南省评为土家族挑花代表性传承人，目前在中华民族博物院土家山寨从事土家族文化的传承工作。

图 4 - 17　余爱群在吉首家中接受笔者　　　图 4 - 18　笔者在中华民族博物院访谈
　　　　　访谈（余弦　摄）　　　　　　　　　　余爱群（朱慧玲　摄）

访谈正文：

（1）介绍土家族挑花与从艺经历

问：余老师，您好！从永顺县与湘西州非遗中心那里获悉您是土家族挑花目前最具权威的代表性传承人，想请您介绍一下土家族挑花，可以吗？

答：可以。土家族挑花图案别致、格调典雅，我们一般叫"挑纱""数纱"或"扯扯花"，至今已有 1000 多年历史，曾与土家织锦一样深受我们土家族人们的喜爱。挑花过去常用于土家族人的铺盖、手帕、帐檐、抱苋、褡裢、服饰、花带与枕头等日常用品中，其纹样疏密有致，灵活多变，画面丰富耐看。

土家族挑花工艺细腻，是按布纹的经纬十字交点，用与底布颜色相反的棉线，通过数纱挑织成各种图案。数纱过程严格考究，不能数错一根纱，若数错一根，后面的纱数都错，图案也会变形。土家族挑花制品全是棉线、棉布做的，怎么洗都不坏。我收藏的几件清代实物，原来的布烂了，挑花的针角一针都没有掉下来，它就是结实耐用，可惜现在这项技艺快失传了。

问：您是什么时候开始学挑花的，能谈谈您的从艺经历吗？

答：1957年6月，我出生于湘西古丈县。父亲余新，山西浑源县人，是一位南下干部，当年在湘西永顺通过组织介绍与母亲王桂莲结婚，后转业到古丈县委工作。母亲是永顺老司城人，嘎公（外公）去世很早，从记事起嘎婆（外婆）彭腊秀就与我们同住，我从小由嘎婆带大，并跟（向）她学习挑花。

嘎婆解放前是永顺县老司城的大家闺秀（溪州彭氏土司后裔），有一手好绣工，家里所有的衣、帽、鞋、床上用品等都出自她之手。我从小就看到嘎婆坐到那门槛上挑花，觉得好乖（漂亮），没事就看她挑，帮她穿针，有时也挑几针，慢慢地我也学会了一些针法。

记得12岁那年，为了挑花，我把嘎婆的新布偷偷剪一块，背着她在一边绣，等作品完成后送她看，才发现剪坏了她还没完成作品的新布。当时她火冒三丈，但看到我绣的作品后，嘎婆笑了，说："出师了，你这个鬼伢儿，三讨还不如一偷哦，下次你莫剪我有用的新布，我另外给你新布就是了。"之后，嘎婆正式教我各种挑花套路，并把她收到箱子里头的乖挑花样品拿给我看，其实我从小就肯翻她箱子，那些样品早偷偷看过好多次（笑）。后来她眼睛看不见了，就把所有的样品都给我了，当时她说的一句话让我记忆犹新："你要好生收到（好好收藏），你要是搞打落哒（弄丢了），我就要揪你皮子（打你）的啦。"长大后，我一有空闲就拿出嘎婆的挑花样品临摹（眼含泪水）、潜心研究并不断创新。多年来，我牢记她的嘱托，一直珍藏着她的挑花作品，无论别人出什么价都不卖。

随着年代推移，不管流行什么风，我都不追，就专搞我的挑花创作，

50 多年来从未间断，也收集了很多土家族挑花作品。2006 年，在土家挑花还没受重视的情况下，我把所有收藏的土家族挑花实物和自己的挑花作品带到了北京，并在中华民族园展出，受到了好评。土家族挑花是一道靓丽的风景，北京非物质文化基金会很重视，让它参加了多次大型民族文化交流会，我的挑花作品也在 2012 年博艺杯工艺美术大赛中获金奖和中国工艺美术博览会大赛中获银奖等。为传承、弘扬土家族挑花，2016 年 12 月，我将珍藏多年的大部分挑花实物（文物）、自己的作品捐赠给永顺县老司城世界遗址博物馆收藏，想让更多的人看到、了解土家族挑花，希望大家都能参与到土家族挑花的保护与传承工作中。

问：您做的这些工作很有意义，希望您的努力能成就土家挑花的发展。可以给我们谈一下您成为土家族挑花传承人的经历吗？

答：永顺老司城博物馆一样挑花文物都没有，把这些东西交给博物馆也算认祖归宗了。为使土家族挑花能很好地传承下去，我们一起努力吧！成为土家族挑花传承人纯属巧合，那是 2009 年，我的一位同学在湘西州民委办公室工作，在一次与县里来的几位非遗办工作人员聊天中，他们谈到了土家挑花，都说此技艺已失传。我同学听后说："我的一位同学好像会挑花，并收藏有挑花实物。"永顺县非遗办主任卢瑞生听后喜出望外，很快与我联系，并让我拿点作品让他看哈子，经确认，才晓得土家挑花技艺并没有失传。随后，永顺县非遗办将我作为代表性传承人申报了土家族挑花县级（2010）、州级（2012）非遗项目都获得了批准。2016 年 10 月 14 日，土家挑花被列为省级项目，不久我将成为省级传承人了，土家族挑花今后可能还会继续申报国家级非遗项目。

（2）土家族挑花的制作技艺

问：您可以给我们介绍一下土家族挑花的制作工序吗？

答：土家族挑花的制作工序主要有两大道，首先是准备原材料，再用不同针法在布上挑花。土家族挑花的原材料比较简单，只要土布、棉线与针就行，不需要其他辅助材料。过去针基本上是买的，但棉线与土布一般都是自纺、自织与自染。小时候我帮嘎婆做过，首先得种棉花然后采棉、弹棉、纺线，棉线到这时制作完成，要织布还要经打线、浆染、作综、织布与了机等几十道工序。工序比较复杂，但纺出来的线结实耐用，织出来的布经纬分明，很适合挑花的数纱操作。以前没有染料，土家族人染色大多就地取材，以石灰、靛蓝、五倍子与红高粱杆等为主。染色时先将棉线和土布用石灰水煮沸脱脂，洗净后晾干，然后根据染料的特性染成不同的颜色。这种自制的纯天然染料，染出的色彩古朴耐看，不易褪色。

问：可以给我们介绍与演示一下土家族挑花的针法吗？

答：针法主要有：十字针、一字针与回复针等。十字针最常用，它是按照土布的经纬密度在矩形的"单元"中，将对角线相连而组成一个"×"或"十"字形，并以此组合成各种图案。一字针是挑花里最简单的一种针法，以单针顺底布经纬线或对角线数纱挑制，通常用于其他针法挑成主体图案后，一些花纹的空隙、尖端等需要在直、斜、横等方向加挑一字针，以取得拼接效果。回复针先从布纹的正面每隔三至四根经纬线挑一针（根据布、线的粗细决定间隔线数），挑出图案雏形，然后从反方向沿原针脚回针进行重复挑戳，使绣线恰好覆盖其空间，致内外两面纹样相同呈现，也称"双面挑花"。

土家族挑花针法较多，各地称谓不一，但无论哪一种针法都很精细，其针脚正反两面都很整齐，绝不会出现乱纹现象。针法的运用一般遵循从纹样中心向外挑绣，然后从外又回到纹样中心的工艺程序往返进行。挑花制品一般也看不出针线接头，需要接头的地方，就将线头各分成两股，然后将两头缠绕在一起，再将其搓成线状，使接头与原线无异。

（3）土家族挑花的技艺表现

问：土家族挑花的图案题材有哪些？

答：土家族挑花图案题材广泛，大致可分为这几类：动物鸟兽，如龙、凤、马、鱼、狮、老鼠、龟与蝴蝶等；植物花卉，如藤藤花、梅花、菊花、牡丹花、韭菜边与石榴等；生活器物与几何纹，如桌椅、柜子、花瓶、花轿、回形纹、卍字纹与菱形纹等；天象地物与文字，如太阳、月亮、满天星、福、禄、寿、喜等。

问：这些图案一般有些什么寓意？

答："挑花无巧，闹热为先"，土家人挑花没有什么理由与布局，只要好看、热闹、布满图纹就行，所以常将寓意幸福美满、吉祥喜庆、福寿平安的题材用在挑花中。如莲花与鱼组合，寓意莲莲（连年）有鱼（有余）；

麒麟背上挑个胖娃娃，寓意麒麟送子；石榴花开、老鼠嫁女等寓意多子多福、幸福美满；金龟、蝙蝠与花瓶寓意长寿平安等。土家族没有文字，但为表达对美好生活的向往，常把一些象征吉祥的汉字绣在一个花团里，如福、禄、寿、喜与金、玉、满、堂等字，让人看了产生无限遐想。

你看这幅清代土家族挑花门帘"凤穿牡丹"主要由凤、牡丹、花瓶、金龟、卍字纹等构成，因为在土家人心中凤为鸟中之王，牡丹为花中之王，凤与牡丹组合被视为光明与富贵，花瓶是"平安"的谐音，龟象征长寿，卍字纹代表吉祥。这些图案组合在一起，就寓意着美好、平安、长寿与富贵，真的是"寸挑之中，寓意无穷"。

问：土家族挑花是怎样构图的？

答：一幅挑花作品是否好看，构图很重要。土家族挑花的构图主要由旋转式、向心式、放射式、平面分割与对称式等组成。一幅图就是一个故事、一段历史，你看我挑的这幅《老鼠嫁女》除了左右、上下对称，还运用了平面分割把整幅图分成五排，使作品看起来立体感强，给人以喜庆的美感。土家族挑花无论怎样构图，都由主花、边花、角花、填花和花边等几大元素构成。你看我挑的这幅图就非常明显：主花处于作品的中心位置，也叫团花，是一幅作品的焦点；边花是处于作品左右两边的图案，角花是处在四个边角的点缀图案，填花是用来填充整幅作品空隙的图案，花边是作品四周边上的花纹，具有一定的装饰作用。

问：可以介绍一下土家族挑花的制作流程吗？

答：传统土家族挑花一般不用图稿，多按个人意愿自由发挥。但挑花前还是要根据作品的用途构思图案，如结婚用的就围绕"龙凤呈祥""鸳鸯戏水"等喜庆题材，寿庆围绕"福禄寿喜""福满家园"等。然后根据底布的大小，在心里设计好主花、边花与角花等所处的

图 4-19　清代土家挑花作品
（余弦　摄）

位置，再根据需要用各种针法进行挑绣。具体先挑哪里由自己的喜好决定，但必须先挑完一个相对完整的图案，再去挑另一个图案。快挑完时，要对边角进行锁边，锁边时先将底布往内折1厘米，然后按顺序用左右斜针结合挑织，使整幅作品看上去更美观、完整。

问：土家族挑花颜色有的艳丽有的素雅，可以具体说一下它们的区别吗？

答：土家族挑花有"彩挑"和"素挑"之分。"彩挑"是在纯色底布上用对比度较高的多色线进行挑绣，常用黑、红为主色，配以黄色、橘色等暖色调，使整个图案看上去多彩、绚丽。"素挑"一般在黑、白、红等色的底布上，用对比度较高的单色线进行挑绣，如用白色棉线在黑色、蓝色、红色底布上挑，或用黑色、蓝色棉线在白色底布上挑。挑绣出来的作品只有一种颜色，与底布颜色对比鲜明、十分素雅。

问：土家族挑花在色彩运用上有哪些讲究之处？

答：传统土家族挑花极少用彩色挑花，多为素挑。在色彩搭配上，多依挑花人对颜色的喜好进行自由搭配，不太顾忌挑花题材的原有颜色，用色也无贵贱高低之分，但有时因场合、性别与年龄的不同而使用不同颜色。土家人有尚黑情结，喜欢黑色与红色。女性与儿童挑花制品多用代表吉祥、避凶驱邪的红色，男性用的挑花制品多用黑色和深蓝色，给人一种庄重稳健的感觉。因图腾信仰，湘西土家人对白色忌讳，但湖北地区土家人崇尚白色。所以在一些喜庆场合我们湘西土家人忌用白色，即使挑花中需要白色的地方也会用其他颜色代替。

问：在对土家族挑花的田野调查中，很多人以为"挑花"就是刺绣或织锦，想请您说说三者的区别？

答：挑花是因针法特殊而从刺绣中分离出来的一种工艺……（为便于区分，笔者将此段访谈内容整理）。

表4-2 土家族挑花与刺绣、织锦的区别

类别	土家挑花	土家刺绣	土家织锦
针法	十字针、一字针、直线针与回复针等	平针、盘针、套针、抢针、散错针与辅助针等	不要针，用挑子在古老的斜织腰机上挑织

类别	土家挑花	土家刺绣	土家织锦
制作工具	针、棉线、棉布	针、绷子、丝线与丝布，很少用棉线、棉布	用牛角、原木或竹制的挑子，斜织腰机、棉线、麻线，现在部分工艺品用上了丝线与毛绒线
工艺原则	对称、平面分割	线直、平服、光洁	对称、循环、有规律
工艺特点	从正面按经纬线"数纱"挑绣，针走单边，色彩有"彩挑"和"素挑"之分	以针引彩色线在丝布上进行穿刺，针走两面，色彩艳丽	眼看背面，手织正面，采用"通经断纬"的方法挑织，色彩艳丽

（4）土家族挑花的传承与发展

问：作为代表性传承人，您认为目前在土家族挑花的传承与发展方面最需要做的是什么？

答：我认为首先政府要重视，土家族挑花现在已列入省级非遗保护名录，地方政府可以此为契机，尽快建立起土家族挑花的保护与传承体系。其次，抓紧时间搜集、整理土家族传统挑花图案、技艺等方面的资料。很欣慰，你们正在做这项工作！今后我们这代人不在了，后人可以根据你们收集的资料，继续研究土家族挑花。再次，加强挑花传承人的培养，提高传承人待遇，激励更多年轻人从事此项工作。土家织锦在龙山办了织锦班，我们永顺也可以办土家挑花班，这样就可以培养出一批技术精湛的传承人队伍。还有，在保留传统风格的前提下，对挑花制品的种类、面料、图案等进行适当改良与创新。结合旅游，开发出更多的挑花产品，只有这样，土家族挑花才能得到长期发展。

问：您坚持挑花50余年，是什么原因让您一直坚持到现在？多年来您在土家族挑花的保护与传承上有哪些具体做法？

答：因为挑花是我的爱好和消遣。说来也巧，我这一辈子就对挑花情有独钟，爱不释手，它那种美感，深深地刻在骨子里，一天不挑花心里就失落，总觉得有件事没有完成。以前挑花纯属个人爱好，没有保护意识。但只要遇到好看的挑花图案，就想照着（临摹）绣一下，那时没有相机不能拍照，除了找别人借样子（挑花实物）就拿东西换或花钱买下，不知不觉中家里收藏了一定的土家族挑花实物。成为县级传承人后才有了传承与保护意识，但那时想在民间收藏挑花实物已很难了。成为州级传承人后开始授徒，因一直在北京工作，收的徒弟不多，一共只有三人。2016 年 10 月作为主要传承人参与土家族挑花申报省级非遗名录获得批准，今后还将继续配合做好申报国家级非遗工作。

问：作为土家族挑花代表性传承人，未来您有何打算？

答：我有 3 个心愿：第一想多收一些徒弟，把我的挑花技艺传承下去；第二趁我眼睛现在还看得清楚，抓紧时间多复原一些传统的挑花图案，并对部分挑花作品进行适当创新；第三希望捐给永顺老司城博物馆的挑花实物能尽快展出，以唤起大家对土家族挑花的关注。

2. 土家族滴水牙床技艺传承人陶代荣口述访谈摘录

访谈人：彭燕

受访人：陶代荣

访谈时间：2012 年 5 月 1 ~ 6 日、7 月 15 ~ 18 日、8 月 9 ~ 12 日

访谈地点：湖南湘西永顺县连洞乡雕刻工地与永顺县羊峰乡陶代荣家中

访谈时长：19 小时，文字记录 4 万多字

受访人简介：

陶代荣，男，土家族，1937 年 12 月 27 日出生于湖南湘西永顺县羊峰乡东门村。因家境贫寒，他 8 岁随父亲陶世远学习木工手艺。勤奋好学的他在父亲的口传心授下，很快就掌握了土家族木匠、雕匠的手艺，成为溪州（永顺）陶氏第四代木雕传承人。陶代荣只读过几年私塾，但他一直酷爱看书、学习，对土家族文化有较深的了解，常将土家族的"历史"和"生活"作为创作的源泉，形成了独特的雕刻风格。

陶代荣曾当过农村互助组长、会计和生产队长。农闲时常帮乡亲做木工与木雕，其高超的木雕技艺也享誉湘鄂渝黔四省。2008 年被湖南省评为"湘西木雕技艺"省级非物质文化遗产代表性传承人，是土家族目前最具权威的木雕传承人。

访谈正文：

（1）介绍土家族滴水牙床

问：陶师傅您好！去年为调研土家族木雕我曾采访过您，当时就听永顺民委与非遗办的人说：土家族会做滴水牙床的工匠可能就只有您一个了。这次特意过来拜访您，想请您为我们介绍一下土家族滴水牙床，可以吗？

答：可以呀！滴水牙床是过去土家族人根据家庭的经济状况建造的一种木制架子床，是土家姑娘出嫁时必备的嫁妆，也是土家族人身份与财富的标志。

滴水牙床一层为一滴水，配一进圆门。每层滴水与圆门精雕细刻，每一进的两端设有金银柜、衣帽架等；床的前下方设多台踏脚板，床头的上方设有首饰盒、食品盒等。

滴水床的规格主要有三种：一滴水牙床最为简单，由床铺、一层滴水组成；二滴水牙床较豪华，由床铺、二进圆门、二层滴水、一踏板、一床头柜、罩檐组成；三滴水牙床设施最全、最富丽堂皇，由前后床厅、两档、内外架（中间空档位置用于固定帐子）、后壁组成床铺，由三进圆门、三层滴水、两踏板、两床头柜、衣帽架、两首饰盒或食品盒、八字（外圆门左右边的造型）、罩檐等组合成整个三滴水牙床。滴水牙床雕刻精细、造价昂贵，两滴水、三滴水牙床常是大户人家做，普通百姓只做一滴水牙床，把它当成通往美好人生与幸福的化身。

滴水床并不滴水，是因为床的上方有看上去像屋檐的床檐，屋檐是用来滴水的，所以这个床就因此而得名。滴水牙床做工讲究、富丽堂皇，一般需用几年或花上千个工（一个工就是一天）才能完成，有人也喊它为"千工床"。它是我们土家族木雕工艺中的一绝，也是我国木制手工艺中的精品。滴水牙床的长度一般为六尺二寸半、进深为四尺四寸半。

问：滴水牙床的长度为什么后面数字都为"半"？

答：我们行内有句俗话"床铺不离半，起屋不离八"，这个"半"字与"终身伴侣"同音，意思就是永远相伴。

图 4 – 20 对陶代荣进行口述访谈的
现场（田进婷 摄）

图 4 – 21 陶代荣制作的三滴水牙床

（2）土家族滴水牙床制作流程

问：滴水牙床制作前要准备什么吗？

答：在制作滴水牙床前，首先要定好规格，然后是备料、请师。建床前主人要先告诉匠人自己想要建造的床的规格和雕刻的纹饰，床的规格一般是一滴水、二滴水和三滴水三种；雕刻的纹饰一般是有关爱情、二十四孝、戏曲人物、小说演义、神话传说等故事，如土家族姑娘西岚与白果树王子卡普、龙凤呈祥、麒麟送子等图案。

材料一般用白杨树做雕花部分，用椿树或楠木做架子。如一张三滴水牙床需要备料 2.5 个立方，其中 6 尺长，直径 1 尺宽的白杨树 1.5 个立方，椿树 1 个立方。选好木材后，木匠要先在选定的木材上弹好墨线，锯匠根据木匠弹好的墨线，将白杨树锯成 8 分到 1 寸厚的板材。椿树锯成一寸四分厚规格的板材，这样制作床的材料就算准备好了。

然后，主人就会选定一个吉祥的日子正式请木匠、雕匠到家来正式做工。这时会为匠人举行开工仪式，供桌上摆香、纸、供果等，并压好"仪式钱"。"仪式钱"虽没有定数，但尾数一定要带 8 或 6，意在"发"与"顺"，借此来保佑主客清吉。

问：可以给我们介绍一下滴水牙床的制作过程吗？

答：制作的过程比较复杂，依次是下料、制模子、雕刻、组装和刷漆。首先是木匠根据事先备好的木材，用锯子、墨斗、黑线弹墨线，弹出1.4 寸、8 分、6 分等用料。线弹好后，木匠用刨子，将木料刨直、削薄、刨光滑，并用墨铅、曲尺均匀画墨，在料板上打眼、做榫头、走线、了榫、拼凑好后出花板料。

如果要做多个同样的花板就需要做模子，在制作模子时，先构思图案，然后在一块薄纸板上绘图，剜去虚处，留下实处，确保图案笔墨完整。雕匠为了防止外人偷学技术，一般不让外人看制好的模子，工程做完后则立即销毁模子

滴水牙床的经典就在于雕制复杂、雕刻精美。土家族木匠与雕匠们在长期合作过程中形成了"约定俗成"的意向，木匠在画板上弹墨线，如墨线为 ◰ 雕匠雕的图案就应为三角雕，如墨线为 ▭ 雕的图案就应为直雕，如弹线为 ⊟ 雕的图案就应为横雕。

雕刻完工后，工匠们要对所有木构件进行组装，检查质量，若发现有问题的木构件，要及时进行改造。质量合格后，工匠们再将所有木构件拆散，用纱布打磨抛光，再由漆匠刷上漆。

刷漆时，漆匠会根据主人的需要上漆，上漆前要用土红将木板打底，将土漆用纱布过滤，再将桐油熬成光油，熬好后与土漆调和。土漆比例大者为老栗色，反之则为嫩栗色。刷漆需刷三次，一天刷一次，完全凝固要一星期，漆匠常用"打杆、挂牌、下海"来辨别土漆的好坏。

问：陶师傅，不好意思打断您一下，"打杆、挂牌、下海"是什么意思？

答：打杆是用竹子将漆擦一遍，干得快的就为好漆；挂牌就是将漆在草纸上滴一滴，不浸透的就为好漆；下海是在一碗水里滴一滴漆，不散开的就为好漆。

（3）土家族滴水牙床的雕刻技艺

问：陶师傅，您这里的工具真多，都是木雕工具吗？

答：是的。

问：雕刻滴水牙床需要哪些工具？

答：滴水牙床做工精细，我这里的工具差不多都要用到。土家族木雕师傅的工具主要是刀和凿，有100多种。"要得凿子全，三十二把方，七十二把圆"，是形容我们木雕师傅凿子样式多的一句俗话。你看这个大底凿是用来镂空、光滑、铲底子，小底凿用来铲小的镂空、树枝、树干等，

斜角刀主要用于旮旯里不容易雕到的地方，打凿用来打眼、弧形时用。

问：可以给我们详细讲一下滴水牙床上面的那些图案是怎么雕的吗？

答：滴水牙床上雕刻的图案主要由人物、花草、动物和文字这几种组成，雕刻的要点是"宜简单不宜繁杂，宜自然不宜雕琢"。雕刻的手法有推凿、收凿、飞凿和撇凿，推凿就是手拿凿向外推凿，收凿是手拿凿向内收凿，飞凿是手拿凿向外飘着推凿，撇凿即手拿凿向四周外推凿，也叫东西南北凿。

图4-22　滴水牙床中的人物雕刻

雕人物要先雕头，头从脸开始雕。男像雕国字脸、木子脸，女像雕圆润、瓜子脸，小孩雕圆脸，老人就在额头添几凿额纹。脸雕完了就雕五官，怎样雕五官我们有一句口诀"要得人儿笑，眉弯嘴巴翘；要得人儿哭，眉竖嘴吊角"。在雕刻五官时，要先雕鼻子，具体的雕法是先确定鼻子的位置，并在鼻子下方打一凿，再在鼻子左右各打一凿。接着雕眼睛，凿子向上凿，雕刻出的眼睛表情为笑，反之则为哭、瞎子等表情。为了使眼睛有神，雕刻时会在两眼睑下各动一凿，耳朵从眼睛的上方向下雕刻，眉毛雕刻的口诀是"恶像打竖，善像打弯"。雕刻嘴唇时先在鼻子两下角划一定尺度为嘴角，用圆凿在中间由上而下打一凿，再用圆凿从左嘴角向右嘴角沿下唇动一凿，形成了下嘴唇与下巴。所雕的胡须，皇上为五柳须，从耳、鼻、嘴两边、下巴雕刻。须生为二柳须，从耳、下巴雕刻，花脸、奸臣为满胡须，从耳到嘴巴一转雕刻。

在雕人像与四肢时，要"行七坐五盘三半"，即雕刻人像要以人头为比例，站立的人，头为1，身子要有6个头的长度。坐着的人，头为1，身子要有三个半头的长度。肩是3个头的宽度，手是"半边脸"，即手的宽度为人头的半边脸宽度，四肢则与头的长度相同。

在雕头饰时，皇上要雕"五龙捧圣"帽，宰相雕纱帽，奸臣纱帽两边支子为三角形，忠诚两边支子雕为圆形。老百姓的帽子中间有个小球，俗称"球帽"。女性则雕上凤冠、簪和钗，孩童留撮箕头、雄辫（方言音译）等。在雕服饰时，武官要雕盔甲，文官雕袍，学生雕蓝衫，儿童雕肚兜，女性雕裙或褶子裙，普通男性雕裤子。鞋子则为朝靴、木鞋和花鞋等，为了突出儿童脚的可爱和圆润，一般雕成光脚。

在雕刻花草时要注意搭配，我们土家族人崇尚自然，认为万物皆有灵性。因此，所有植物、动物都可进行雕刻，没有什么忌讳，但对人、花与鸟的搭配比较讲究，口诀很多，如"春牡夏莲秋菊冬梅、牡丹配凤凰、莲花配白鹤、菊花配黄雀、梅花配喜鹊；牡丹配魏徵、周子爱莲、陶渊明爱菊、孟浩然爱梅"等。在雕刻花草时，首先要构思绘图，确定需要雕刻的花草，然后将主花定在中间，空余地方安排上枝叶和鸟雀等。花瓣也分为多种，菊花瓣为长形，荷花、栀子花为尖瓣。在雕刻时，要先雕主花，由上而下，先雕花枝、树干和树兜，再雕及地面。最后进行修整，修整就是细雕，该加深的加深，该光滑的光滑，多用斜角刀、三角刀进行，这些工具能起到修整旮旯、圆润的作用。

动物比较难，要先雕头再由高到低雕，正如俗话说的："龙怕雕头、凤怕雕尾、兽怕雕足、人怕雕嘴"。我在雕刻动物时，一般遵循"龙无脖子，凤无腰；愁龙眯凤，凹狮子"的要诀。文字雕刻多与动物、花草、人物搭配而成，不同的搭配代表了不同的含义，如蝙蝠、鹿、兽、喜鹊搭配取谐音为"福禄寿喜"，马、蜜蜂、猴组搭配谐音为"马上封侯"，松树、仙鹤谐音则寓意"松鹤延年"等。

（4）制成后的仪式

问：土家族建房有仪式，那做滴水床有仪式没有？

答：土家族人信神、崇拜祖先，基本上做什么重要事都有仪式。当滴水牙床制作完成后，需做"退水仪式"，其规模与开工仪式大致相同。"退水"主要是谢师,谢师词多为"感谢神仙到场保佑,现在完工了,请各归原位,永享安乐"等。

还有安床仪式,滴水牙床除了做嫁妆,有时也家用。安装程序都是先装床厅,再由内到外安装。但仪式各有不同:如是家用,主人会选一个吉祥的日子请匠人安装,匠人边安装边对主人说一些祝福话,主人就拿出一定的礼物作为谢礼;而作嫁妆用的牙床,新婚当天由女方搬到男方家安装。安床前,女方会派人先搬或藏床厅,用唱歌对答的方式找男方要红包,直到女方满意为止,才给匠人交出床厅让其安装。当完成这些仪式后,滴水牙床的制作才算真正完工。

(5)传承现状与保护

问:土家族民间现存的滴水牙床还多吗?

答:很少了。从20世纪80年代开始,我们这里出现了很多收旧家具和古董的人,他们花很少的钱买走了很多滴水牙床和织锦、挑花等制品,只要是有年代的东西他们都要。现在你去各寨子里看看,都找不到这样的床了。以前我年轻的时候,没见过人卖滴水牙床,倒是有很多人定做这种床,所以我就和我父亲学了这么手艺,想靠它吃饭。滴水牙床的讲究可多了,别的不说,在我们这它有保佑我们传宗接代的意思,卖了它就等于断了自家的香火啊。唉,可惜现在尤其是那时的人才不管这些呢,他们也不信有什么神明,只要人家给的价钱合适就卖了。这也是因为那时人穷,别人只要多出一点钱,或拿什么现代化的东西换都会答应。那时用手表换滴水牙床、用新床单换土家织锦的事很普遍,真是可惜!

问:现在还有人找你定做滴水牙床或学木雕这门手艺吗?

答:纯手工制作滴水牙床工期比较长,造价要比普通床高很多,现在本地人找我们定做的不多了。学木雕这门手艺不仅苦、不赚钱还要有悟性,我们这里很多人不愿意学,他们更喜欢外出打工赚钱。我们陶氏的手艺以前是不传给外人的,但为了使手艺不失传,我现在也教其他外姓的年轻人学这门手艺,再不传给别人,等我不在了,就没人会了。

问:除了这些,您觉得还有什么原因造成滴水牙床制作技艺传承困难?

答:那就是受机械制作的影响。你看雕刻一块这样的花板(陶师傅拿出一块样板），纯手工制作大约 2 天时间才能完成，但机械制作只要先出一个模子，便可以成批量生产，一天可以制作出无数个。虽然没有纯手工制作的图案那么逼真，但因价格相对便宜而深受普通老百姓的喜爱，使机械生产的产品慢慢取代了传统手工制品的位置。另外，现在很多土家族人都喜欢用现代的东西，如席梦思床、广式家具等，认为传统的家具和床是老土、不时髦，使对滴水牙床的需求量减少，失去了消费市场，也使我们这些手艺人慢慢被淘汰了。

问：作为土家族木雕代表性传承人，您觉得今后该如何保护与传承这一濒危技艺？

答：主要是政府要重视，对我们这些手艺人从政策、资金等方面给予扶持，以促进年轻一代愿意学习这门技艺。滴水牙床虽制作精美，但造价高，要使这技艺得到有效传承，要从技术上给予改良，在引进新技术的同时进行本土化和民族化的改造，使它融入土家族的传统文化中。我儿子在芙蓉镇开了一家专门做木雕的店子，有些宾馆老板曾找他做过简易的滴水牙床，我觉得这个是保护、传承与发展土家族滴水牙床技艺的好机遇。现在土家族地区到处都在发展旅游，政府可以鼓励当地宾馆客房配备一定数量的滴水牙床。这样不仅可以让广大游客了解土家族文化，还能创造更多的经济价值，从而实现旅游开发和滴水牙床技艺保护与传承的双赢。

3. 土家传统民居营建传承人彭善尧口述访谈摘录

访谈人：彭燕

受访人：彭善尧

访谈时间：2011 年 4 月 8～11 日、7 月 17～25 日

访谈地点：湖南省湘西土家族苗族自治州永顺县泽家镇沙斗湖村彭善尧家中

访谈时长：21 小时，文字记录 27000 多字

受访人简介：

彭善尧，男，土家族，1940 年 7 月 15 日生于湖南省湘西州永顺县泽家镇沙斗湖村。小时候家庭贫寒，读不起书，但他勤奋好学，喜欢做木工手艺，经常到寨子上看工匠们建房，经常给他们做助手，渐渐地掌握了土

家族转角楼营建的全套技能，20 岁时便可以独自掌墨。

彭善尧在房屋建造中，积极推广"土家吊脚楼"这一民间手工技艺，建造的房屋样式精美、风格独特、结构合理，为传承土家族独特而古老的吊脚楼营造技艺做出了一定的贡献，2012 年12 月被评为"土家族吊脚楼营造技艺"国家级非物质文化遗产代表性传承人。

图 4 - 23　正在进行口述的彭善尧
（朱慧玲　摄）

访谈正文：

（1）家庭概况与从艺经历

问：彭师傅您好！您是目前"土家族吊脚楼营造技艺"代表性传承人，您建房的技艺是祖传的吗？

答：不是。我抱到手里的时候（指婴儿时期），我的父亲就不在了，我母亲死时我都还在吃奶奶（母乳），伯伯们见我遭咧（可怜）收养了我，我跟着伯伯他们长大。小时候屋里很穷，没有钱读书，但我肯学，喜欢做木工活。那时拜师学艺是要钱的，因为没钱我就经常到寨子上看木匠们起屋（建房），一看就是半天。那些木匠看我常来，经常逗我玩，也让我帮他们做一些小事，好比递一下东西呀，帮一下手之类的。因为经常看，也常听木匠们说，慢慢地我就知道一些起屋的窍窍（诀窍）了，我 16 岁时就可以做木工活了，20 岁时便可以独自掌墨了。

问：教您建房的师傅是哪个？

答：我没有师傅，也从没有拜过师，都是我自己学的。记得小时候我们寨上只有一栋二层的吊脚楼，我觉得好乖，心想自己也能起（修）这样的一栋房子就好了。80 年代国家政策放开，允许我们砍树建房，我就决定自己修一栋吊脚楼。当时家里与寨上的人都笑话我，说我不可能完成，因为那时我们这里还没人会修吊脚楼。但我年轻好胜，相信自己一定能修好。于是我将寨上那栋吊脚楼的结构进行了仔细研究，再结合以前的木匠底子，开始照着那栋吊脚楼的样子边修边学。当遇到问题难以解决时，我便跑去看那栋房子是怎么搞的，不到一年时间房子就修起了，成为我们寨上的第二栋吊脚楼。后来别人看我修的吊脚楼不错，也开始找我帮他们起屋，慢慢地找我起屋的人越来越多，我的手艺也就越来越好了。

问：这样算来，您修吊脚楼都30多年了，现在带的有徒弟吗？

答：有，还有两个女婿在跟我学。

问：您有几个孩子？

答：二女一男，儿子不愿意学，两个女儿在外打工，两个女婿跟我一起。

问：这么好的手艺你儿子不学真可惜，他为什么不愿意学呢？

答：可能从小看娇了，他觉得这手艺苦，而且没出息，对我这行完全不感兴趣，现在广州打工。我们寨上的好多年轻人也宁愿天天打牌玩都不愿意学手艺，你刚才过来时可能也看到了，街上好多打牌的。

（2）土家族传统民居营建程序与习俗

问：听说土家族建房子有很多讲究，可以帮我们介绍一下吗？

答：是的，土家族人起屋从选屋场（地址）、确定动工时间、准备材料、兴土建造、立屋上梁、盖瓦、装屋到热火坑（入住），每一个环节都被看成重要的日子，都有一定的仪式。

问：可以详细介绍一下建房的程序与习俗吗？

答：好，我们起屋首先是选择屋场（地址），土家语称"搓砸"。选屋场时，首先屋前有水，屋后靠山，面向山垭（山坳）；其次要以面南为正向，屋向坐北朝南，但堂屋不能对在正子午线上。屋场选好后就要确定动工的时间了，这时要请阴阳先生根据屋主（男主人）的生庚八字，以十大天干和十二地支依顺序组合来推算上山砍梁、破土动工、上梁立屋、进屋入住的具体时间。

确定时间后，屋主就要根据时间安排准备各种材料，如木材、瓦、礌磴等，以方便起屋的各道工序如期进行。正屋的材料比较讲究，一般用椿树、紫木或杉树。木匠在砍树取料的头一天，要叫主人准备祭品，以便第二天带上树林里砍树时祭山神。在砍树时，也称为打青山，砍倒的第一棵树必须向东方倒下地，以求得太阳神赐予大吉大利。对正中堂屋脊上的横搁，也就是梁木要求十分严格，必须选择一根粗壮挺拔、枝繁叶茂、树梢有双叉的杉树，而且是从别人山上偷砍来的。

问：为什么要偷呢？

答：你看梁与栋梁的梁同音，人家（别人）起屋用自己家里的树做梁，证明树主人家有栋梁之材，这家人今后一定会有人出人头地、光宗耀祖。所以砍树时不要经过树主人的同意，也不要付钱，而且树主人知道后不但不会追究，还很高兴。

问：哦，真有意思，那材料准备好后就可以建房了吧？建房时有哪些工序和风俗？

答：是的，建房时首先要平整屋场、修保坎、做屋梁。屋梁做成长方形，朝地一面中间画一朵莲花或红黑太极图案，图案中间画数条15厘米长的五色布条，东西两边各写一些象征吉祥的字或词；然后请掌墨师（总负责人）按"上七下八中夹三"的标准做木马，将有关柱子、骑桐等按照弹好的墨线和划好的尺寸进行啄眼洗眼，其他木匠按掌墨师所画的墨线，精心地进行锯、砍、刨、凿和滚柱、清方等工作。

等房屋所有构件都做好后，便要进行立屋上梁。我们土家族人很重视立屋上梁，仪式也很隆重：首先，当确定好立屋的日子，便邀请亲朋好友及寨上的人到时前来帮忙；其次，立屋那天先将准备好的磉蹬岩放在每根柱子的下面；然后安装排扇，将中柱、元柱、骑桐和挑方按照规定的位置串联起来排成扇；再将梁、柱、枋等木构件组合成框架，有接头的地方提前做成公榫和母榫，这样组合时不要一钉一铆，就可以使整个房屋结构相互结合、牢固，不散架。

上梁的人一般是两位德高望重的族人，他们分别坐在堂屋左右两边排扇顶上，各自将带在手里的红布抛下，在掌墨木匠的指挥下进行上梁仪式。在上梁过程中，掌墨师傅进行祭梁和点梁时，需要念咒语，如："此鸡不是平凡鸡，周身穿起美毛衣。主家用你来上梁，大吉大利是佳期。雄鸡拿在我手上，恭喜主家大吉昌……"然后，把梁悬在半屋高上，等主人家拿了红包，再拉梁时又念咒语："木梁上了墙，主家喜洋洋。火炮连天响，要吃粑和糖。"仪式结束后，将亲戚送的匾、对联等一一悬挂在堂屋门上和堂屋的中央左右的挑方上。

这些搞好后就要盖瓦了，盖瓦时屋脊上的瓦不能一展平，要有一定的坡度，不然就要漏雨。盖瓦有一定的诀窍，水坡度一般是：55 水、56 水、57 水。55 水就是水头长 1.55 寸，如果三尺一步就是 $3 \times 0.55 = 1.65$ 尺；56 水就是水头长 1.56 寸，如果三尺一步就是 $3 \times 0.56 = 1.68$ 尺，57 水以此类推。

瓦盖好后就要根据家庭经济实力进行装屋了（装修），先在正屋中堂（堂屋）后面装好后壁和神龛，前面安好门槛和大门。然后在堂屋两边各以中柱为界分前后两小间，前小间作火房，后小间为卧房。最后安装窗户，窗户一般装窗格，格中镶有木制雕刻的花草及鸟兽等精美的图案。

屋装好后，就要选择一个进屋的好日子，俗称"热火坑"，这天主人要在天刚亮时，打起火把将神龛上的香炉搬进屋。接着前来祝贺的人都带一小捆柴放到主人家的火坑里，共烧大火，表示搬进新屋后会红红火火、兴旺发达。这样，我们土家族整个建房程序也算完成了。

图 4 - 24　彭善尧建造的土家族民居

（3）土家族传统民居营建技艺

问：彭师傅，您修房或者设计房子时要先画图纸吧？

答：现在的木匠一般是要画的，但我不识字也不会写字，画不来。请我起屋的人都晓得我画不来图纸，只会做。但他们只要稍微讲一下要求，我就晓得怎么做了，怎么搞乖些，怎么搞丑些，都在我心里面，修的时候就按我心里的想法去做就可以了。

问：那准备多少材料要算吗？

答：要算，算这个很简单。因为，土家族的房子不管是三柱四棋、三柱六棋还是十排九间，它们的式样差不多是一样的，区别就是所用材料的大小与多少不一样。用料的多少因房屋的大小决定，如果要修一栋三柱四棋的房子，就按"三寸椽桶四寸捺，十二根柱头定地下"的规律准备材料，其他式样的房子以此类推（推算）。

问：建房时有什么要遵循的规矩或原则吗？

答：这个肯定是有的，建房材料主要是木材，其次是少量的石头和泥青瓦。正屋一般以面朝南为正向，就是"坐北朝南"，这样可以起到冬暖夏凉的作用。我们祖先认为天的四角是使用鳌柱支撑起来的，所以起屋或配转角楼时，四只角都要用一块曲形的大木方枋朝天撑起成为翘脚形状，以避免天塌地陷之灾。修转角楼时，屋脊必须稍低于正屋的屋脊，否则就成为"奴欺主"了。

我们的传统民居均为木质结构，木构件制作工艺主要有两种：第一是将柱、梁、斗、拱等构件的端部砍削成缓和的曲线或折线，使构件外形显得丰满柔。你看，永顺老司城祖师殿就将那个拱端做成柔和的卷云形；第二是将结构件的端部做出各种花样。一般在民居的前侧和外侧配吊悬空圆木棋柱，并雕成一个个椭圆形的狮头形、六棱、八棱金瓜形或球形等，变化极多。另外，这些房屋的整个构件节点都是绞结的，有一定的活动空间，在发生地震时，这些木构架的柱子和梁、柱头的斗拱，可充分发挥出柔性的作用，减弱或抵抗地震的震波。

问：作为"土家族吊脚楼营造技艺"国家级代表性传承人，今后您有何打算？

答：我很想多收徒弟、多授徒呀！但这手艺苦，年轻人都不愿意学。目前，我的两个女婿在跟我学，最小的儿子他不愿意学。现在镇上的人也不愿意学这手艺，有的打工去了，有的即使在家也不愿意学，宁愿天天在家打牌玩。只希望今后政府多重视，多采取一些培养和保护的措施。

第四节　已征集土家族口述史料的特点与价值

重视无文字民族口述史料的征集与利用，是近年来国内外学术界十分关注的热门话题，少数民族口述史料已成为各国民族史书写或研究不可或缺的重要资料。[①] 口述史料之所以濒危，就在于它的濒临消失、无可替代和真实性。正确认识口述史料的特点与价值，对促进口述史学研究、提高利用口述史料意识具有重要的理论与实践意义。

土家族口述史料大量散佚于民间，范围广泛、内容繁杂，对其进行抢救性征集能弥补和完善该民族某些文献的不足，在一定程度上与文献史料有着同等的地位。笔者通过分析对上述已征集的土家族口述史料，发现其具有以下特点与价值。

（一）已征集土家族口述史料的特点

1. 口述史料载体的多样性

由于没有本民族文字记载，土家先民用口传心授保存了该民族的历史与文化，创造了载体形式复杂多样的口述史料。因此，只要具备土家族濒危口传文化特征，无论何种载体，都属于土家族口述史料。征集组目前已征集到的土家族口述史料载体主要有：书籍类（著作、丛书、族谱、史志、手稿、论文等）、实物类（铭刻、建筑、工艺作品等）、口述历史类（笔记、照片、录音、视频等）三种，它们是土家族历史、文化、图书、档案等系统史料形式的集合体。就已征集到的土家族口述历史资料情况来看，其载体形式之多、内容之广泛也是其他类史料所无法比拟的。除了具有笔记、照片、音频、视频等形式的载体外，还有土家族濒危口传文化传承人与知情人在访谈过程中为征集组提供的实物、手稿、图片、信件、证书等多种史料载体。

2. 口述史料内容的珍贵性

土家族口述史料大部分是研究者根据土家人口述亲历亲闻而著述，无

---

① 马永真：《中国回族区域性口述史料的内容范畴、特点和价值》，《回族研究》2015 年第 3 期，第 91~95 页。

论研究者们从何种角度挖掘素材或表达情感，其口述史料所涉及的内容都具有相对稳定的客观效应。从已征集的史料信息的层次上说，属于最基本的原始信息层次，比较真实可靠，具有其他史料所无法替代的作用。如《土家族滴水牙床的传统技艺与文化蕴含——基于传承人陶代荣的研究》一文，是笔者和田进婷根据 2012 年 5 ~ 8 月对陶代荣进行口述访谈的内容整理而撰写的。通过这篇论文，可以了解土家族滴水牙床的溯源与陶代荣的个人经历，以及土家族滴水牙床的制作流程与土家族木雕的制作技艺，特别是对"行七坐五盘三半""龙无脖，凤无腰；愁龙眯凤，凹狮子"等土家族口传雕刻秘诀进行了毫无保留的诠释。现在，陶代荣师傅已 80 多岁，视力、听力、记忆力已严重衰退，木雕制作已力不从心，而根据他口述内容整理而成的这些口述史料已成为研究土家族滴水牙床与木雕技艺不可多得的珍贵史料。

3. 口述信息的不可再生性

已征集到的土家族口述史料来自土家族聚居区，主要由该地区各级文化局、文物局、民委、高校等单位的土家族研究者多年来根据实地调查与研究而著述，其口述信息涉及土家族历史文化的方方面面。但随着岁月的流逝，当年的受访者与研究者大多已是耄耋之年，部分人已经故去，来自他们的口述信息具有瞬间即逝的不可再生性特点，亟待抢救性征集。如土家族研究专家彭继宽 2001 年选编的《湖南土家族社会历史调查资料精选》一书，精选了严学窘、王静如、潘光旦、向达等专家学者当年在调查土家族民族成分时，根据土家人口述而撰写的研究报告与文章（多数未公开发表），目的是纪念老一辈土家族研究者，缅怀他们的历史功绩，让更多的新老朋友进一步了解土家族的社会历史与民族特征等信息。现在彭继宽先生已故去（2015 年 7 月病故），但他留下的这本书却成为见证各专家学者，在土家族民族成分识别时期研究经历的"不可再生性"史料。

（二）已征集的土家族口述史料的价值

1. 历史价值

土家族是一个古老又年轻的民族，说她古老是因为早在商周时期，武陵山片区就有土家先民活动的痕迹；说她年轻是因为该民族 1957 年才被确定为单一的民族。因没有本民族文字，新中国成立前族别又一直未被社会认可，历史上关于土家族的记载只有寥寥数语，造成了土家族文献史料的严重缺失。已征集到的土家族口述史料是根据土家人的口述内容整理而形成，不仅记录了土家族的起源和发展，还弥补了土家族文献史料记载的不足，具有重要的历史价值。

例如：书籍类的《土家纵横谈》汇集了土家族研究专家田荆贵从1957年至2007年通过实地口述调查撰写的文章26篇，内容涉及土家族的族源、历史大事、历史经济、民族特征与传统文化等诸多方面，真实地记述了土家族的产生、繁衍、发展等方面的历史实情，是研究土家族历史渊源的宝贵史料。

铭刻类的《永顺宣慰使司彭氏祠堂碑记》《刘明灯墓石雕群》《溪州铜柱》等也记载了土家族的历史渊源，对研究土家族历史具有重要的史料价值。其中的《溪州铜柱》是土家族最早镌刻有汉字的地面文物，树立于天福五年（940），记述了土司彭士愁与楚王马希范溪州之战的经过与合谈后双方都要遵守的盟约条款，对研究土家族族源具有重要的参考价值。

征集到的土家族民间故事、歌谣、乐器与舞蹈等口述史料，对研究土家族历史渊源也具有重要的参考价值。如《向王天子》、《土司王的传说》、《茅古斯》、《仪式歌》、《梯玛神歌》、《打溜子》、《摆手舞》等用不同形式讲述了土家族的历史与民俗民风，其中《梯玛神歌》是用土家语演唱的一种长篇史诗，其历史悠久、内涵丰富、篇幅浩繁，对土家族人文社会影响深远，被誉为"研究土家族历史文化的百科全书"。

2. 文化价值

已征集到的土家族文字、实物、图片与音视频等口述史料是研究土家族濒危口传文化的重要史料，其形式多样、内容丰富，通过口头叙述的方式还原了土家人社会生活的方方面面，为研究与推动土家族濒危口传文化的传承与发展提供了宝贵的史料，具有重要的文化价值。

如《永顺县土家族丧葬习俗》是由土家族研究专家罗仕松通过实地考察、深入访谈而编著，内容涉及土家族丧葬习俗的守气送终、举办丧事、墓地选址等诸多方面，是研究土家族濒危丧葬文化的重要史料。在该书中，作者把土家族的丧葬习俗与永顺土家人的"道德观"紧密联系起来，用"孝"来诠释永顺土家族丧葬文化的溯源，这种深入考察与细致的描写有利于对土家族口传文化本原精神的把握，对探究土家族丧葬习俗的变迁具有重要的文化价值。滴水牙床是土家族濒危口传文化的一个重要载体，其技艺濒临失传，但通过征集到的滴水牙床口述史料，人们可以详细了解土家族滴水牙床的制作技艺与文化表现，可以看到土家人如何将本民族的历史、习俗、审美与手工技艺等相糅合于滴水牙床之上。这样，即使老一代传承人不能传授土家族滴水牙床技艺，年轻一代也可以通过征集到的这些口述史料来更好地传承与延续，从而使土家族濒危口传文化更好地与现代文化和技术相适应并和谐发展。

第五章

土家族口述史料的整编

通过田野调查、口述访谈征集到丰富的土家族口述史料后，接下来要做的工作就是对已征集到的口述史料进行整理、存储与编目。此阶段，首先要将通过口述访谈所获的录音、视频、图片等资料进行整理、保存与编辑，然后将音、视频口述访谈记录转录成文字稿，最后将文字转录稿与征集到的图片、手稿及文字史料等进行规范的分类、标引与著录，以形成有价值且可检索与利用的口述史料。但这些最富学术价值的工作目前尚无成熟的整体整编经验，笔者在此以本项目的实践为例提出拙见。

第一节 录音、视频与图片的整理

在现代数字信息技术下，口述历史访谈过程中普遍使用了数字化设备，如数码录音笔、相机、摄像机与手机等，使访谈既有完整的录音，又有清晰的图片与视频记录。这些通过访谈所获的第一手原始素材具有重要的信息价值，但要通过科学的整理、编辑、保存与呈现等，才能使无形的口述信息变为有形的史料依据，从而实现口述史料的永久性利用和开发。

一 录音记录的整理

访谈结束后，要尽快对录音、视频、图片等第一手原始素材进行整理、编号或归档保存。在这些原始素材中，录音是首要材料。在对土家族濒危口传文化传承人进行口述访谈时，访谈者常用数码录音笔或智能手机进行现场录音，以音频文件的形式保留了访谈时的声音，其访谈记录可以直接播放。但录音笔与手机不仅内存有限，还容易损坏或遗失，不利于长期存储访谈记录和转录文字稿时的反复播放和暂停。为此，访谈结束后，要尽快将录音笔与手机上的访谈记录导入电脑进行整编。

访谈时，访谈人一般会根据现场情况，将每个录音的时长控制在较为合理的范围内，一般 30~120 分钟为一辑，有时也会因一些临时情况，录音时长在 1～10 分钟内。为不漏掉有价值的信息，每一辑的音频文件都要导入电脑进行保存。音频文件导入电脑后会自动形成录音时间和时长等信息，此时要将所有音频文件进行分门别类的编辑，建立起"逻辑目录树"，依目录层次逐级展开编号与重命名。如对土家族木雕传承人口述历史访谈录音进行导入时，首先在电脑上建以"土家族木雕口述历史资料"为主题的目录，将其分为录音、视频、图片三个子目录，然后在录音下面以不同受访者名建一个文件夹，采用拼音、数字与文字相结合的方式对不同访谈时间段进行分类与重命名，再参照《中国非物质文化遗产普查手册》中的十六大分类法对访谈录音进行标注与编号。如对土家族木雕传承人陶代荣2012 年 5 月 1～4 日（1～7 辑）录音文件进行标注时，其编号便写成"mm – md – tdr – 20120501 – 01 至 mm – md – tdr – 20120504 – 07"，其中，mm 代表民间美术，md 是木雕的拼音缩写，20120501 代表时间，01 则是录音文件的序号。

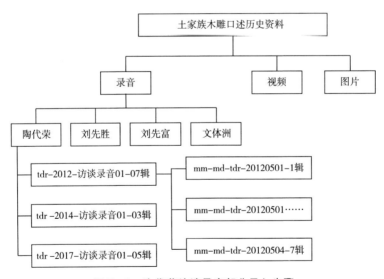

图 5 – 1　陶代荣访谈录音部分导入步骤

为便于后续检索与利用，访谈录音导入电脑后要及时进行归档保存，制作导入登记表，罗列重要标题，其内容主要包括：

①访谈时间；

②文件编号；

③受访者姓名；

④访谈成员名；

⑤具体时间；

⑥文件时长；

⑦文件内容摘要

如对某个传承人的访谈时间是在不同时间段进行的，一定要标注访谈的具体时间，因为有些口述历史访谈工作在若干年后还会继续进行。[1]表5-1为2012年5月我们访谈土家族木雕传承人陶代荣，对所形成录音文件进行导入时的归档登记表。

二 视频与图片的整理

在对土家族濒危口传文化传承人进行口述访谈时使用的摄像设备一般为数码摄像机，有时因访谈环境的限制使用手机摄像，形成的视频文件可以直接或导入电脑后进行播放。口述访谈的视频记录基本与录音同步，是访谈现场情景的再现，所以视频文件导入电脑的方法与录音文件基本相同。但一些不同于录音现场的视频记录，如在调研过程中采用观察法拍摄的土家族风土人情与传承人作品等，要特别标注"此段视频无相应访谈录音"的字样，以免日后研究者检索时造成误解。

值得一提的是，口述访谈过程中的摄像时长普遍要比录音时长短，因为"稳"是摄像的第一大要素，摄像机稳定才能拍摄出稳定的画面。在口述访谈现场进行摄像时，我们一般使用三脚架，但也难免会出现一些临时性情况。如2012年5月1日上午对陶代荣进行访谈时原在室内进行，谈到兴致时陶师傅带我们参观了他在张家大院雕刻的各类作品，在移动的参观过程中显然不适合全程摄像，但录音笔却全程记录了现场的声音。为此，本项目口述访谈记录中的摄像时长普遍要比录音时长短。

图片整理是一件非常繁琐的工作。目前对土家族濒危口传文化进行调研时使用的照相设备主要是数码相机，其次是高像素手机，拍摄出来的图片清晰，以JPG格式导入电脑经整理后可随意保存、复制或制作。通常，

---

[1] 冯骥才主编《传承人口述史方法论研究》，华文出版社，2016，第324页。

表 5-1 访谈录音文件导入登记表

访谈时间	文件编号	受访者	访谈成员	访谈地点	具体时间	文件时长	内容摘要
2012 年 5 月	第一辑 mm – md – tdr – 20120501 – 1	陶代荣	彭燕（主访）田进婷、罗仕松	永顺县连洞乡张家大院雕刻工地	5 月 1 日上午 9 点 10 分	2 小时 23 分 26 秒	陶师傅详细介绍自己在张家大院雕刻的各类作品
	第二辑 mm – md – tdr – 20120501 – 2	陶代荣	彭燕（主访）田进婷、罗仕松	永顺县连洞乡张家大院雕刻工地	5 月 1 日下午 2 点 6 分	1 小时 58 分 43 秒	介绍土家族滴水牙床的保存与传承现状
	第三辑 mm – md – tdr – 20120501 – 3	陶代荣	彭燕（主访）田进婷、罗仕松	永顺县连洞乡张家大院雕刻工地	5 月 2 日上午 8 点 06 分	1 小时 35 分 38 秒	介绍土家族滴水牙床的历史与文化内涵
	第四辑 mm – md – tdr – 20120501 – 4	陶代荣	彭燕（主访）田进婷、罗仕松	永顺县连洞乡张家大院雕刻工地	5 月 2 日下午 4 点 12 分	2 小时 6 分 35 秒	介绍土家族滴水牙床的步骤与制作技艺
	第五辑 mm – md – tdr – 20120501 – 5	陶代荣	彭燕（主访）田进婷、罗仕松	永顺县连洞乡张家大院雕刻工地	5 月 3 日上午 11 点 34 分	49 分 24 秒	介绍土家族滴水牙床的制作工具
	第六辑 mm – md – tdr – 20120501 – 6	陶代荣	彭燕（主访）田进婷、罗仕松	永顺县连洞乡张家大院雕刻工地	5 月 3 日下午 10 点 30 分	1 小时 26 分 15 秒	演示土家族木雕的雕刻手法
	第七辑 mm – md – tdr – 20120501 – 7	陶代荣	彭燕（主访）田进婷、罗仕松	永顺县连洞乡张家大院雕刻工地	5 月 4 日上午 8 点 31 分	1 小时 23 分 45 秒	口述土家族滴水牙床的传承困境与自己未来打算

一项濒危文化调查或访谈工作结束，要拍摄照片几百张，而这些照片大多是纪实性的，所表现的文化信息仅靠拍摄者的记忆是无法准确阐述的，所以图片整理时要与访谈人一起进行，其时间最好安排在拍摄当天。如项目组 2017 年 9 ~ 12 月对土家族茅古斯舞进行田野调查与口述访谈时拍摄照片246 张，将这些照片导入电脑后，我们一般按拍摄时间的顺序对每一张图片进行整理。整理时先将每一天拍摄的图片集中放置在同一个文件夹中，如对 2017 年 12 月 12 日在龙山靛房镇调研茅古斯时拍摄的图片进行整理时，我们先将当天拍摄的所有图片导入，标注为 "20171212 靛房茅古斯" 的文件夹中，然后在该文件夹中将当天拍摄的第一张照片命名为 "mgs – df – 20171212 – 1" 进行保存，mgs、df 是茅古斯与靛房的拼音缩写，1 代表图片的顺序编号，以此类推。

图片也可按内容进行分类整理，将同一主题的图片集中放置在一个文件夹中，以该主题为名称，进行流水编号。[①] 如将表现土家族茅古斯表演内容的图片导入主题名为 "茅古斯表演内容" 的文件夹中，然后在该文件夹按表演形式对每类图片进行逐张说明与编号，如将茅古斯舞中表现土家族打猎内容的第一张图片标注为 "mgs – dl – 1"，图片的流水编号可用单位数也可用多位数，如 001 或 0001 等，一般由整理者视情而定。

图片的整理过程其实也是对田野调查和口述访谈内容的说明和补充，整理时最好与音、视频同步。为拍摄出完美的图片，有时同一画面会重拍多次，为保留原样，整理时清晰重复的图片不要删除。图片整理完成后要填写归档登记表进行保存，以便于日后查找和利用，图片归档表与音、视频归档登记表相仿。[②] 另外，一些扫描成电子档的老照片、手稿、书籍等史料，也可视为图片进行整编。

第二节　口述访谈记录的转录

转录主要指将访谈中形成的录音、视频等口述记录转换为文字抄本的

---

① 冯骥才主编《传承人口述史方法论研究》，华文出版社，2016，第 382 页。
② 唐纳德·里奇：《大家来做口述历史：实务指南》，王芝芝、姚力译，当代中国出版社，2006，第 52 页。

过程。为什么要对口述访谈记录进行转录呢？首先是承载口述访谈记录的音、视频对存储介质有很强的依赖性，万一存储数据的录音笔、U 盘、SD卡或 SM 卡等受到损坏，其口述访谈记录也会受到破坏。为此，对口述访谈记录进行转录的时间越早越好；其次是很多研究者喜欢选择抄本开展工作，转录后的文字史料更便于人们阅读。唐纳德·里奇曾说："假若可以选择，研究者选的一定是抄本，而不是录音带。"① 再次是相对于其他采访稿，口述历史访谈文字稿的内容更为丰富。采访稿目的性较强，而口述访谈的话题则相对开放②，受访者能在较为轻松的环境下接受访谈，常会口述一些鲜为人知的事情，将这样形成的音、视频记录进行转录，就形成了一份内容丰富的口述史料，具有珍贵的史料价值。因此，对访谈过程中形成的音、视频进行整理后，就要将其完整地转录成文字稿。当前，文字稿转录的形式主要以电子文本为主，既可以保存、阅读，又可以打印输出纸质文本。

一 转录工作人员的选择

转录工作看似简单，实则繁琐。因受文本记录速度的限制，音像载体的监听编审工作非常费时费事，须不断地重播或回放音、视频记录，并检查口述内容与书写记录是否一致。为此，1 小时的口述访谈内容要 7～9 小时的文本转录时间，而转录前首先要做好转录人员的挑选工作。

对土家族濒危口传文化传承人进行访谈时，受访者均用土家族方言口述，负责转录的工作者一定要具备以下能力：①能听懂土家族方言；②对土家族口传文化比较了解；③具有一定的音、视频转录经验。那么，哪些人适合做土家族口述历史资料的转录工作呢？

一般来说，参与口述历史访谈工作的人员比较适合，其中访谈者是最合适的首选，熟悉土家族方言的访谈成员也是最佳人选。因为他们作为口述访谈的当事人，熟悉土家族方言与文化，了解访谈的基本内容和采访情境，对受访者的语言、动作、性格等特点也有所掌握，转录起来能最大限

---

① 陈祖芬：《妈祖信俗口述访谈记录的转录与档案整理》，《档案学通讯》2013 年第 1 期。
② 陈祖芬：《妈祖信俗口述访谈记录的转录与档案整理》，《档案学通讯》2013 年第 1 期。

度地保持口述内容的原貌；其次是对口述史料转录感兴趣的土家族大学生，这些大学生来自土家族地区，熟悉土家族方言，对本民族文化有一定的了解。在人手不够的情况下，项目组围绕土家族口述史料的征编，在本校建立了学生口述史料转录小组并对这些学生进行了转录方法的培训，让他们先对征集到的音、视频进行初步转录，然后再由访谈者进行仔细核对，从人力上确保土家族口述史料转录工作的顺利进行。

二 文字稿转录的方法

（一）对话式转录

原始性是口述史料的最大特点，因此对访谈文字稿进行转录时，格式要尽可能按照访谈时提问与回答的先后顺序，即一问一答的对话式方法进行整理。与其他格式的文字稿相比，对话式转录的优势在于还原访谈实景，体现口述历史资料的原始性与访谈者及受访者间的互动情景，能够比较完整地保留丰富的口语信息，便于研究者通过访谈文字稿分析口述内容的逻辑。

转录时访谈者可以用"问"或姓氏"×"来标注，受访者可用"答"或姓氏"×"来标注。为避免访谈双方同姓的情况出现，本项目组一般采用一问一答的对话式方法，按原话进行文本转录。访谈时现场如遇到多人提问或插话，则按问题顺序标注姓氏的方式进行转录，如"×问"或"×答"。对话式转录虽能较为完整地还原访谈实景与保留丰富的口语信息，但从口语到文字的转录过程中，有时会因断句而造成口语信息的不连贯。

（二）逐字逐句转录

访谈文字稿要想完整、真实地用文字还原口述访谈的内容与场景，如受访者的动作、情绪、语气、肢体语言等细节比较困难。为此，对口述访谈过程中形成的音、视频必须要逐字逐句转录成文字稿，不能进行概括与总结。为提高转录效率，转录者要在正式转录前先熟悉口述访谈的主要内容，将访谈形成的音、视频完整播放一遍，然后再分段进行文字转录。

在对土家族口述历史访谈记录进行文字转录时，我们主要按以下方法进行逐字逐句转录：①受访者与访谈者每一句话结束时，转录者就将音、视频载体进行暂停，然后将所听到的口述内容在电脑上逐字逐句地打出来；②口述者每停顿一次，转录者就要进行暂停并逐字逐句打出文字。此外，暂停时，有些口述者的话还未说完或转录者没听清楚，这就需要转录者灵活运用，把未听完的话听完、听清楚后再打字转录成文字稿。

（三）转录内容的处理

有的学者认为，口述史料的文字转录稿应根据录音一一转录，包括访谈中出现的语气词，这才能体现其原貌；也有学者认为，为了让读者更易于理解，可以在不改变原意的情况下做一些适当的修改。① 在对土家族口述历史资料的内容进行转录时，本项目组针对不同情况采取了如下处理。

1. 对象声、语气等词的处理

在对土家族濒危口传文化传承人进行口述访谈时，常会遇到受访者高兴、伤感或哭泣的情况，如果在文字转录稿中不加以表述，就会使口述访谈的内容失真。为此，可用"哈哈哈"、"呜呜呜"等象声词或用括号，如（大笑）、（微笑）、（眼含泪水）等来说明。受访者对某些细节回忆不清时，常会用"这个、这个"或"哦、哦"等附和性重叠词，为能保证文字转录稿的原真性，不妨如实转录。但一段话中如过多地出现重叠词且无实质意义时，将其转录为文字稿就显得过于琐碎，有时还会令读者费解，此时可在不改变原意的情况下进行适当的删减。如对土家族挑花传承人进行口述访谈时，受访者会现场演示土家挑花的针法，常以肢体语言代替口头表述。常常会用"从这、从这……"或"这一针、这一针……"等语言一边演示一边口述，这样难免会使口述记录出现断句、不连贯的情况，如将此类简单重复的语言如实转录在文字稿中，不仅显得繁琐，还使普通读者根本无法明白所言何意。因此，当象声词、语气词或重叠等词的出现是为了突出口述访谈的内容，在进行文字转录时要一一转录；

---

① 陈祖芬：《妈祖信俗口述访谈记录的转录与档案整理》，《档案学通讯》2013年第1期。

如只是作为指示代词出现，就会变得无实质性意义，在进行文字转录时只删不改。

2. 对不确定信息与方言的处理

在对音、视频转录过程中，常会遇到很多不确定信息。除去口述人声音不清晰、方言过重等客观性问题外，更为常见和突出的原因是记忆问题。然而，口述历史访谈的核心就是挖掘传承人的记忆，而记忆问题就贯穿了口述史料征集工作的全过程。

土家族濒危口传文化传承人大多年事已高，记忆力已逐渐衰退。当他们口述某些事件的日期时，常因记忆模糊，说不清具体时间，而是用有形的事件来叙述，如"文化大革命那时""八几年时"等。在进行文字转录时，转录者可先联系受访者要他们回忆具体的年（月日），然后通过查阅各类史料进而核实，如最终不能明确时，要将口述事件的时间背景限定到最小范围内。

土家族濒危口传文化传承人口述时常会提到一些地名、人名或行业术语等，如部分传承人口述地名时习惯说老地名，如王村（现地名：永顺县芙蓉镇）、大庸（现地名：张家界市）等；访谈中部分传承人对所提及的人名或行业术语虽比较熟悉，但因不识字或地方自创生僻语词等原因，无法以书面语形式准确告知。如土家族吊脚楼营造传承人彭善尧不识字，方言很重，当他回忆儿时遇到的一位技艺精湛的木匠师傅时这样说："我只晓得他喊彭云生（云生，据发音 yun sheng），彭肯定是姓彭的彭，云是什么云，生是什么生，我就不晓得啦。"木雕传承人陶代荣在口述时也提到了土家族一种独特、古老且濒临消失的木雕工具"舞钻"（舞，据发音wu）等。当遇到诸如此类的情况时，转录者可先联系受访者进行语音验证，对一些不确定信息，提醒受访者通过回忆、共同认识的人或转录者自己查阅资料进行核实。如通过各种方法都无法明确时，在进行文字转录时则应添加括号注释，括号中标注所需解释的语词和音译后的汉字或拼音等。

口述访谈记录转录过程中对方言的音译是一件非常重要的工作。土家族濒危口传文化传承人口述时一般使用本地方言，并掺杂有少量的土家语。为形象生动地体现土家族口述史料的原真性，转录时一定要保持访谈内容的原貌，尊重口述者的表述，遇到外人听不懂的言语时，应按照普通话的语法习惯进行转录，但不能使访谈文字稿过度地书面化。如我们对土家语传承人彭英子的访谈记录进行整理时就曾这样转录：挑花，土家语叫布拉丝卡普（音标：ka^{55}pu^{55}tiao^{55}），有的地方叫挑纱，土家语卡普突（音标：zi^{35}la^{35}tiao^{55}），还有的地方叫数纱，卡普嘿（音标：zi^{35}la^{35}hi^{55}）等。一篇好的口述访谈文稿，读上几句就会有身临其文化语境之感，让读者深刻体验到真实性。[1]

3. 对不愿公开与质疑内容的处理

传承人是土家族濒危口传文化的见证者，他们在口述访谈中常会畅所欲言，讲述一些鲜为人知的往事和对某些事件的具体看法。但在口述访谈结束后，有些受访者几经思考后常心感不安，要求访谈者删减涉及个人情感、隐私和自己大放厥词的那一部分。对此，笔者认为进行转录时有三种处理方法：①说服受访者不删减，但在转录稿中将想删除的内容用括号夹注，标注"此段内容未经受访者允许，不能公开"的字样；②向受访者建议暂不完全删除，过一段时间再做决定；③如受访者执意要删减，尊重其意愿，将不愿公开的访谈内容进行适当剪辑。

在转录过程中，转录者会发现受访者常常是一边回忆一边口述，这样难免会遇到说话不连贯、语法不规范或对某些观点持有不够客观的地方。此时，转录者仍要按原话进行如实转录，但要对有质疑的口述内容进行分析、核实和补充。如传承人刘代娥在口述土家族挑花工艺时曾说"土家族这种拉花现在没人做了，也难看到了，要失传了，现在我还有这样一块块（指挑花实物）。我觉得拉花是我们这里独有的一种工艺，它应该不属于挑花。挑花要数纱，拉花不要数纱。你看我这幅，只要画花的人把这个鸟画出来了，就在这个上面拉。不要数，只要打绞绞"。由此可见，刘代娥认为：拉花是湘西土家族独有的一种濒危手工技艺。为证实此观点，我们转录时求证了多位土家族民俗研究专家与挑花传承人，其结论为："拉花是湘西土家族独有的一种濒危手工技艺，但它属于挑花针法的范畴。"为提高土家族口述史料的准确性，转录时不妨将此结论附于文后补充，以丰富

---

[1] 冯骥才主编《传承人口述史方法论研究》，华文出版社，2016，第324页。

文字转录稿的内容，便于读者参考。

4.文字转录稿格式

整理好的文字转录稿要请访谈者与受访者审阅，核实是否有需要补充或修改的地方，当确认无误后请访谈双方签名认可。文字转录稿作为土家族口述史料的重要组成部分，应充分再现口述访谈时的情景，其格式主要由标题、访谈人、受访人、访谈时间、访谈地点、访谈时长、访谈主题、转录人、受访者简介、访谈正文及签名等构成。

表5－2　土家族口述史料文字转录稿格式

标题：（×××口述访谈文稿）

访谈人：×××

受访人：×××

访谈时间：×年×月×日

访谈地点：××××××

访谈时长：××分钟

访谈主题：××××××

转录人：×××

受访人简介：××××××

访谈正文：

问：××××××××

答：××××××××

问：……

答：……

　　　　　　　　　　　　　访谈人签名：　　　　　受访人签名：
　　　　　　　　　　　　　　年　月　日　　　　　　年　月　日

第三节　土家族口述史料的编目

口述史料属存储介质复杂的智力资源，其编目比普通史料的编目更为复杂①，目前尚未形成统一的编目规则和方法，一定程度上影响了口述史料的检索和利用。如何通过标准化的编目向用户展示完整的口述史料，以

---

① Nancy Mackay、尹培丽：《口述历史编目》，《图书馆研究与工作》2018年第1期。

实现口述资源的共享，已成为国内外编目工作亟待解决的问题。基于此，笔者现以土家族口述史料编目为例，通过分析土家族口述史料编目的需求、问题及原则，提出土家族口述史料编目的策略，旨在便于对土家族口述史料进行合理检索与利用，以期推进和深化我国民族口述史料编目的研究工作。

一　土家族口述史料编目的需求与问题

（一）　土家族口述史料编目的需求

通过多途径征集到大量的土家族口述史料后，接下来就是要对这些原始的史料进行及时保存与整理，将其纳入图书馆的馆藏系统，以形成有价值且可以检索与利用的口述史料，而编目正是实施此项工作的核心措施。口述史料编目是按照一定的标准规则和方法，对原始口述史料进行分类、著录、制成款目，并将款目组织成馆藏目录或其他检索工具的过程，主要作用是使原始口述史料有序化，形成目录体系，便于用户检索。

土家族口述史料的编目应根据史料类型与内容特征，在参照一定标准和规则著录的同时，添加相应的分析、选择、描述字段，达到深度记录口述史料内容的需求。编目过程中还要重视与强化口述史料的一致性，增加统一的标识字段，以利于各类口述史料的区分与检索。鉴于目前尚无成熟的整体口述史料编目经验，笔者在此结合实践，根据土家族口述史料的类型、特征，对其编目提出相应的需求。

表 5 – 3　土家族口述史料编目的需求

土家族口述 史料类型	史料特征	编目需求
口述历史资料	原生性 濒危性 多样性 不可再生	揭示史料的民族性； 注重口述访谈时间、地点、人物的著录； 注重口述访谈内容的深度揭示； 注重访谈录音、视频、图片的分类标识； 增加口述历史资料的规范性标识。

续表

土家族口述 史料类型	史料特征	编目需求
口述文字史料	系统性 连续性 研究性 多样性	揭示史料的民族性； 注重史料来源、作者信息的著录； 体现史料的连续性； 注重史料研究内容的深度揭示； 增加口述文字史料规范性标引。
口述实物史料	地域性 多样性 分散性 图片为主	揭示史料的民族性； 注重实物、图片等载体的深度记录； 注重史料地域细化的分类标识； 添加实物史料特有分类号； 增加口述实物史料的统一标识。

（二）口述史料编目存在的问题

口述历史自 20 世纪 40 年代兴起至今，已经历半个多世纪，对于口述史料、口述档案等资源的价值与征集等都有了较系统的研究。但对于这些费时、费力、费财征集到的珍贵原始史料该进行怎样系统的编目与保存，至今仍处于不断探索的过程中。编目问题已成为困扰口述史料检索与利用的重要瓶颈，其原因主要有如下几方面。

1. 载体形态的多样性

目前，国内普通文献编目严格按照《中国图书馆分类法》《中国文献编目规则》和《国际标准书目著录》的有关规定著录，编目手段多注重文献正题名、责任者、版本项、出版发行项等一般信息的描述。而口述史料在征集过程中会产生大量珍贵的第一手史料，如照片、信件、手稿、录音、视频、书籍、图片与实物等，这些口述史料在具备普通文献编目共同特征的同时，其载体形态呈多样性特征。[①] 为此，对土家族口述史料进行编目时，既要在普通文献著录的基础上对其载体进行深度揭示和加工，也要多维度、粒度性地描述口述史料的内容，还要通过编目体现土家族口传

---

① 尹培丽：《口述档案编目问题初探》，《高校图书馆工作》2018 年第 1 期。

文化的价值，从而为土家族口传文化的传承与保护提供详实信息，这无疑增加了口述史料编目的难度。

2. 缺乏统一编目规则

口述史料编目的最大问题在于它既不适合印刷资料的编目规则，也不适合传统文献的著录规则，但它们某些方面又跟印刷资料和传统文献类似，这是目前国内外学术界的共识。[①] 如土家织锦口述史料由书籍、实物、音视频与图片等载体组成，每个独立的载体形态既可作为单独的著录项目，也可参照书籍、非印刷型资料进行著录，但目前国内文献著录标准中的《普通图书著录规则》、《连续出版物著录规则》、《非书资料著录规则》等却不能直接适用于土家织锦口述史料的编目。现有 ISBD 与《中国文献编目规则》等也未对口述史料著录项目和规定信息源进行明确规范，导致编目过程中，不同编目人员会在同一史料的著录字段或主题标引的选取上出现不一致的判断，从而造成史料信息的缺失。

3. 著录信息的复杂性

口述史料在著录信息源获取方面要比普通文献史料复杂和困难，尤其是口述历史与口述实物史料不像书籍等印刷史料那样有统一的题名、责任制、版本项等可供参照的著录信息，需要编目员从访谈背景、访谈主题、访谈者与受访人交谈的内容中去挖掘。编目人员要想著录准确而完善的检索信息，除了要查阅访谈文字稿、倾听录音、观看视频和图片外，还要参考相关文献著录规则。[②] 如项目组对土家族口述访谈的音、视频进行著录时，首先按访谈时长将其分为 30～60 分钟的若干节点，对访谈内容进行逐字逐句的文字转录，然后将文字转录稿与访谈主题、受访人简介等元数据聚合进行口述史料的有效著录。文字转录工作费时费力，1 小时的访谈内容要 7～9 小时才能完成。而土家族口述访谈受访人大多年岁已高、口齿不清、方言过重，有些甚至用土家语口述，这对习惯于印刷史料编目的编目员而言，无疑是一个巨大的挑战。

---

① 尹培丽：《口述档案编目问题初探》，《高校图书馆工作》2018 年第 1 期。
② 尹培丽：《口述档案编目问题初探》，《高校图书馆工作》2018 年第 1 期。

二 土家族口述史料编目的原则

土家族口述史料编目在借鉴国内外相关研究的同时，应在有利于文化传承的基础上根据土家族口述史料的特征进行调整与完善，并遵循我国文献编目的相关规则对征集到的土家族口述史料进行有目的、有计划、科学而系统的著录工作。

（一）规范性编目原则

编目工作中的规范性原则一般指文献标引、文献著录以及目录组织时，必须按照统一的标准化规则进行。[1] 规范性的编目是实现口述史料编目标准化的重要措施，也是在文化传承视角下实现土家族口述信息资源共享与利用的必要前提。口述史料相对于普通文献，既有相同的共性，又具有一定的特殊性，所以对土家族口述史料进行编目时，应在借鉴前人研究经验的同时，参照《中国图书馆分类法》、《中国文献编目规则》等普通文献编目的一般标准和规则，对土家族口述史料的内容和载体形态进行分析、选择与记录，建立土家族口述史料编目的规则。

（二）揭示民族性原则

因没有本民族文字，在漫长的历史发展中，土家人用口传心授的方式通过语言、实物、图纹和汉字等将民族记忆代代相传。土家族口述史料不仅记录了土家族的历史渊源、传统文化、政治经济等信息，还反映了某地域土家族的族源、民俗民风、宗教信仰、工艺美术、民间文学等诸多方面，在民族文化传承和民族凝聚力增强方面起到了举足轻重的作用。为此，对土家族口述史料进行编目时，不仅要考虑目录编制的实用性，还要灵活采用不同的著录层级，从形式到内容揭示口述史料的民族性，方便读者了解口述史料内容，利于传播与弘扬土家族优秀的民族文化资源。

（三）满足数字检索原则

传统图书馆编目主要以纸质文献为主，依靠人工对文本描述和形式特

---

① 王松林编著《现代文献编目》，书目文献出版社，1996。

征检索。随着数字时代的到来，各类网络平台中的数字化文献、图片、录音、视频等信息资源日益增多，使当今图书馆的编目对象不仅有纸质文献，还有机读文献、虚拟网络信息文献等。[①] 完全依靠人工已无法完成数字信息资源检索的需求，而基于内容的数字检索技术则有效地解决了这一问题。[②] 鉴于此，对土家族口述史料进行编目时，要以满足数字检索为原则，通过计算机对土家族口述史料数字化文本、图片、录音、视频等内容进行语义分析，检索相似度匹配结果，从而提高检索结果的检全率。

（四）及时性编目原则

从口述史料存储角度来看，口述史料从征集转移到编目的过程是最具风险的。不同的编目人员有不同的兴趣点，但只有具备了精确的数据结构和受控词表等编目工具，才能把编目工作做到最好。[③] 为此，口述史料征集工作结束后，要尽快将征集到的口述史料进行编目。因为在较短时间内，征集者能清晰回忆起征集细节，时间延宕越长，相关记忆随之淡化，编目员需要查证的信息将难以得到核实，从而降低编目的准确率。

为确保土家族口述史料有一个及时、安稳的存储场所，避免征集与编目之间的信息脱节，吉首大学图书馆在对土家口述史料征集伊始，便挑选了几位具有编目经验的图书馆员参与到征集工作中，并针对土家族口述史料类型设计了不同的元数据表格。

表 5-4　土家族口述历史资料的元数据

访谈主题	
关键词	
项目名称	
项目批准机构	

① 李艳芳：《数字环境下图书馆编目工作的创新探究》，《河南图书馆学刊》2015 年第 1 期。
② 李淑艳：《数字检索技术在高校数字档案馆建设中的运用》，《兰台世界》2014 年第 17 期。
③ Nancy Mackay、尹培丽：《口述历史编目》，《图书馆研究与工作》2018 年第 1 期。

续表

项目负责人姓名		性别		民族		出生年月		职业	
项目负责人通讯地址			项目负责人联系电话						
受访人姓名		性别		民族		出生年月		职业	
受访人通讯地址			受访人联系电话						
受访人简介									
访谈人姓名		性别		民族		出生年月		职业	
访谈人通讯地址			访谈人联系电话						
访谈成员									
访谈设备									
录音人姓名			照相人姓名			摄像人姓名			
录制格式									
访谈时长									
访谈摘要									
访谈备注									
转录情况									
访谈中涉及的重要人名									
访谈中涉及的重要地名									
访谈中涉及的重要机构									
受访人签名		访谈人签名				日期			

表 5－5　土家族口述文字史料的元数据表

征集主题									
关键词									
项目名称									
项目批准机构									
项目负责人姓名		性别		民族		出生年月		职业	
负责人通讯地址			负责人联系电话						
征集组主要成员									

续表

史料形态	题名	作者	数量	获取方式	征集地址	征集时间
著作						
传记						
丛书						
手稿						
族谱						
论文						
书信						
其他						
项目负责人签名			日期			

表 5 – 6 土家族口述实物史料的元数据表

征集主题							
关键词							
项目名称							
项目批准机构							
项目负责人姓名		性别		民族		出生年月	职业
负责人通讯地址			负责人联系电话				
征集组主要成员							
拍照人姓名			拍照人联系地址与电话				
摄像人姓名			摄像人联系地址与电话				

实物形态	征集实物	征集图片（张）	拍照（张）	摄像（时长）	实物描述	征集或拍摄地址	征集或拍摄时间
吊脚楼							
摆手堂							

实物形态	征集实物	征集图片（张）	拍照（张）	摄像（时长）	实物描述	征集或拍摄地址	征集或拍摄时间
服 饰							
石 碑							
摩 崖							
墓 志							
石 雕							
木 雕							
挑 花							
滴水床							
织 锦							
刺 绣							
其 他							
项目负责人签名			日期				

　　以上元数据表格记录描述了土家族口述史料编目中常见的各类史料征集信息范例（列举信息可根据征集需要及时调整），有效避免了编目人员检索编目信息不统一的现象，为编目人员及时提供规范、客观的可靠数据源，提高了土家族口述史料编目的效率与质量。

三 土家族口述史料编目的策略

在对土家族口述史料编目过程中，我们既要遵循《国际标准书目著录》《中国图书馆分类法》和《中国文献编目规则》等普通文献的著录格式与标识符，又要根据土家族口述史料的特征、元数据标准、词汇控制等拟订编目规则，并通过内容揭示标引注释，在本单位编目系统中进行统一的规范化著录。下面以吉首大学图书馆征集到的土家族挑花口述史料为例，对土家族口述史料三种类型的编目规则与方法进行实例解析。

（一）土家族口述历史资料编目的规则与方法

《土家族口述历史资料编目细则》总结了土家族挑花口述历史资料编目应遵循的主要规则，字段名与土家族口述历史资料元数据表中的描述信息相匹配。该细则不仅对土家族挑花口述历史资料的著录标准化至关重要，还可为其他口述历史资料的编目提供规范化的参考案例。

表 5-7 土家族口述历史资料编目细则

字段名	注释			规则			
	来源	条目规则	举例	是否必备	是否可重复	是否编入索引	词汇控制
项目名称	土家族口述历史资料元数据表	如本表规则所示	土家族濒危口述史料的征编与研究	必备	不可重复	术语和语词索引	无受控词汇
项目批准机构	土家族口述历史资料元数据表	如本表规则所示	全国哲学社会科学规划办公室	必备	不可重复	术语和语词索引	标准控制词汇
访谈题名	土家族挑花口述历史访谈	遵循项目工作指南	口述土家挑花技艺	必备	不可重复	术语和语词索引	无受控词汇
受访人姓名	土家族口述历史资料元数据表	根据受控词表	余爱群	必备	不可重复	术语索引	本地受控词表

字段名	注释			规则			
	来源	条目规则	举例	是否必备	是否可重复	是否编入索引	词汇控制
访谈人姓名	土家族口述历史资料元数据表	根据受控词表	彭燕	必备	不可重复	术语索引	本地受控词表
访谈时间	土家族口述历史资料元数据表	年/月/日	2016 年 11 月 24 日	必备	多次访谈可重复	无索引	无词汇控制
访谈地点	土家族口述历史资料元数据表	根据受控词表	吉首市文艺路余爱群家中	必备	不可重复	术语和语词索引	标准控制词汇
录音	土家族口述历史资料元数据表	音频	口述访谈录音	必备	可重复	语词索引	无词汇控制
视频	土家族口述历史资料元数据表	视频	口述访谈视频	必备	可重复	语词索引	无词汇控制
录制格式	土家族口述历史资料元数据表	输入标准格式	MP3、WMA、WMV、AVI	必备	不可重复	术语和语词索引	标准控制词汇
访谈摘要	土家族口述历史资料元数据表	自由文本	挑花制作步骤、针法	不必备	不可重复	语词索引	无词汇控制

通过表 5-4 与 5-7 可以看出，录音、视频是土家族口述历史资料的重要组成部分，为揭示、体现音视频等非印刷口述史料的特征与著录标准化，我们参照《非书资料著录规则》并选用相应的 MARC 字段，对所需著录字段进行了规范性补充。以下为土家族挑花口述历史访谈录音 CNMARC 著录方法示例：

头标区 00816nim0

101 \$a chi

102 \$a CN

106 \$ai

125 \$bi

126 $amp3

127 $a03h：49min：12s

200 $a 土家族挑花口述历史访谈录音 $b 录音制品 $f 余爱群口述 $g
彭燕录音

215 $a（数字录音）03h：49min：12s

300 $a2016 年 11 月 24 日在余爱群家中（吉首）录音

307 $a mp3 格式

330 余爱群 2012 年被评为"湘西州土家族挑花传承人"，2015 年作为
土家挑花主要传承人被永顺县非遗中心申报湖南省非物质文化遗产名录获
批准，2017 年被授予"土家挑花湖南省级非遗代表性传承人"；余爱群在
本段访谈中口述了个人从艺经历、生活现状、土家族挑花传承现状和土家
挑花的制作工具、原材料的制作及挑花的针法。

606 $a 土家族 $a 余爱群 $a 土家挑花湖南省非物质文化遗产传承人
$a 民间工艺 $a 编织 $a 挑花 $j 湖南吉首 $x 工艺美术 $x 访谈 $x 口述
历史资料

690 $a TS935.3 $v5

701 $a 余爱群 $4 口述

905 $aTS935.3 $e3

（二）土家族口述文字史料编目的规则与方法

土家族口述文字史料编目规则是根据土家族口述文字史料的特征，在遵循
《普通图书著录规则》《连续出版物著录规则》等基本著录格式的同时，参照土
家族口述文字史料元数据表，对所需揭示的字段进行规范性编目而制定。

表 5 - 8　土家族口述文字史料编目细则

字段名	注释			规则			
	来源	条目规则	举例	是否必备	是否可重复	是否编入索引	词汇控制
项目名称	土家族口述历史史料元数据表	如本表规则所示	土家族濒危口述史料的征编与研究	必备	不可重复	术语和语词索引	无受控词汇

续表

字段名	注释			规则			
	来源	条目规则	举例	是否必备	是否可重复	是否编入索引	词汇控制
项目批准机构	土家族口述历史史料元数据表	如本表规则所示	全国哲学社会科学规划办公室	必备	不可重复	术语和语词索引	标准控制词汇
题名	土家族口述历史史料元数据表	自由文本	余爱群土家族挑花手稿	必备	不可重复	术语和语词索引	无受控词汇
作者	土家族口述历史史料元数据表	自由文本	余爱群	必备	不可重复	语词索引	无词汇控制
获取方式	土家族口述历史史料元数据表	根据受控词表	赠送	必备	不可重复	无索引	无词汇控制
征集地址	土家族口述历史史料元数据表	根据受控词表	湖南省吉首市	必备	不可重复	术语和语词索引	无词汇控制
征集时间	土家族口述历史史料元数据表	根据受控词表	2017年2月15日	必备	不可重复	术语和语词索引	标准控制词汇
征集数量	土家族口述历史史料元数据表	根据受控词表	1本	必备	不可重复	术语和语词索引	标准控制词汇

考虑到土家族口述文字史料的特殊性与多元检索的特点，著录时在承袭普通文献著录规则的同时，应适当添加自由词。如对土家族挑花文字手稿进行著录时，我们在300字段添加了征集时间和地点，其著录方法示例如下：

106 $h

200 $a 土家族挑花手稿 $i 挑花 $f 余爱群手迹

215 $a 8 页 $d20 * 14cm

300 $a 2017.02.15 在余爱群家中（吉首）征集

330 $a 余爱群 12 岁学习土家族挑花，挑花技艺精湛；2012 年被评为"湘西州土家族挑花传承人"，2015 年作为土家挑花主要传承人被永顺县非遗中心申报湖南省非物质文化遗产名录获批准，2017 年被授予"土家挑花湖南省级非遗代表性传承人"；该手稿为余爱群多年来学习与传承土家族挑花的心得笔记，通过图形、标记、汉字记录了土家族挑花的制作步骤、针法、构图与配色等技艺，是研究土家族挑花的珍贵史料。

606 $a 土家族 $a 湖南省级非物质文化遗产 $a 民间工艺 $a 编织 $j 湘西吉首 $x 工艺美术 $x 征集 $x 史料

690 $a TS935.3 $v5

（三）土家族口述实物史料编目的规则与方法

表 5-9 总结了土家族口述实物史料编目的主要规则，在遵循《特种类型出版物著录》规则的同时，参照土家族口述实物史料元数据标准，对所需著录字段进行规范性补充与说明，以确保编目员准确、一致的著录数据。

表 5-9　土家族口述实物史料编目细则

注释			规则			
来源	条目规则	举例	是否必备	是否可重复	是否编入索引	词汇控制
土家口述历史史料元数据表	如本表规则所示	土家族濒危口述史料的征编与研究	必备	不可重复	术语和语词索引	无受控词汇
土家口述历史史料元数据表	如本表规则所示	全国哲学社会科学规划办公室	必备	不可重复	术语和语词索引	标准控制词汇
土家口述历史史料元数据表	自由文本	土家族挑花实物图片	必备	不可重复	术语和语词索引	无受控词汇
土家口述历史史料元数据表	自由文本	刘代娥	必备	不可重复	语词索引	无受控词汇
土家口述历史史料元数据表	根据受控词表	余弦、何艳群	必备	可重复	语词索引	无受控词汇

续表

注释			规则			
来源	条目规则	举例	是否必备	是否可重复	是否编入索引	词汇控制
土家口述历史史料元数据表	根据受控词表	彭燕、朱慧玲	必备	可重复	语词索引	无受控词汇
土家口述历史史料元数据表	根据受控词表	征集	必备	可重复	无索引	无受控词汇
土家口述历史史料元数据表	根据受控词表	湖南省吉首市	必备	可重复	术语和语词索引	无词汇控制
土家口述历史史料元数据表	根据受控词表	2016年10月16日	必备	不可重复	术语和语词索引	标准控制词汇
土家口述历史史料元数据表	根据受控词表	233张	必备	不可重复	术语和语词索引	无词汇控制
土家口述历史史料元数据表	根据受控词表	3小时58分	必备	不可重复	术语和语词索引	无词汇控制

图片、视频是口述实物史料的重要组成。在对土家族口述实物图片进行著录时，我们对其形态进行了分析、选择与说明，如在215字段增加了"图片分辨率"，在300字段对拍摄时间与地点进行了说明，在307字段标注了图片格式等。以下为土家族挑花实物图片CNMARC著录方法示例：

106 $i

200 $a刘代娥土家族挑花实物图片 $i挑花 $f余弦、何艳群摄

215 $a 233张 $d分辨率3024＊4032

300 $a2016.10.16拍摄于龙山

307 $a jpg图片格式

330 $a刘代娥2006年被龙山县政府评为"优秀工艺大师"，2007年被授予"土家织锦国家级非遗代表性传承人"，制作的挑花服饰1998年

在"中国民族服饰博览会"上获"优秀奖";刘代娥认为土家族挑花很有特色,很想将土家织锦与挑花结合创新,家中珍藏挑花实物30余件;此类图片从不同角度对刘代娥珍藏的挑花实物进行了多维、清晰、细致的拍摄。

606 $a 土家族 $a 刘代娥 $a 湖南省级非物质文化遗产 $a 民间工艺 $a 编织 $a 挑花 $j 湖南湘西龙山 $x 工艺美术 $x 征集 $x 实物史料

690 $a TS935.3 $v5

口述史料编目是一项复杂而系统的基础性工作,也是揭示口述内容与提供史料检索、利用的重要环节。土家族口述史料编目工作才刚起步,还有很多需要改进和完善的地方,尤其在土家族口述史料编目规则、方法等条例制定方面,我们还有很多工作要做。如何做好,还望以拙文抛砖引玉,就教于大方,使土家族口述史料编目的工作更符合时代需求!

第六章

土家族口述史料的数字化保护

第一节　土家族口述史料的数字化保护理论研究

土家族口述史料是记录土家族口传文化的重要载体，也是研究该民族历史文化最原始的凭证，具有易消失、不可再生等特性，图书馆对其进行规范化征编的意义重大。但随着时间的推移，馆藏口述史料会不可避免地出现纸质老化、破损和照片、音视频被侵蚀现象，另受馆舍空间、开放时间等限制，使口述史料得不到充分的传播、共享与利用。数字化的普及其技术所具有的长久保存和广泛传播优势，为口述史料提供了便捷、智能和大容量的存储空间与共享平台，对实现土家族口述史料的永久性保存提供了新的技术手段。

一　数字化保护的意义

从技术视角来看，土家族口述史料数字化就是运用数字征集、数字存储、数字虚拟、数字展示、数字传播等技术，对征集到的口述史料进行整理、编辑，将其转换、再现、复原成可共享与再生的数字形态，并以新的视角、方式、需求加以解读、保存和利用。[①] 利用数字化技术对土家族口述史料进行科学合理的保护，对传承土家族濒危口传文化、促进其发展、开发与利用、推动地方经济等有不可估量的意义。

（一）实现土家族口述史料的长久保存

口述史料的价值取决于口传文化自身。在经济全球化的冲击下，土家族由原来的农耕社会逐步向工业社会和服务业转型，使土家人的生活方式与文化生态环境发生了显著变化。依靠口传心授传承的土家族口传文化及

---

① 王耀希主编《民族文化遗产数字化》，人民出版社，2009，第8页。

其生存空间面临着前所未有的冲击，很多已经失传或濒临失传。如《梯玛神歌》由梯玛用土家语传唱，堪称研究土家族口传文化的百科全书，但目前正面临失传的危险境遇，迫切需要利用数字化技术对其口述史料进行抢救性征集、整编、研究与长久保存。

土家族口述史料蕴藏着土家族优秀的口传文化基因，与其他有形的文化遗产和无形的口传资源一起相互交织、相互依托，构成了土家族文化生态的一部分。通过最新的数字多媒体、虚拟现实、互联网与数据库等信息技术的综合运用，借助现代化科技手段，如虚拟现实（VR）、增强现实（AR）、大数据、人工智能以及云存储等，将与土家族濒危口传文化相关的文字史料、实物史料与口述历史资料进行数字化征集、整理、编辑、再现与永久性保存，并通过数据库和互联网不受空间和时间限制地进行信息传播与数据共享，从而实现人们对土家族口述史料的反复查询、研究和利用。这对于行之有效地保护、传承与发展土家族优秀的濒危口传文化资源，长久保存中华民族优秀的传统文化记忆有着重要的现实意义。

（二）促进土家族濒危口传文化的传承与发展

数字化保护土家族口述史料的核心内容就是保护土家族濒危口传文化、保护民族优秀传统文化的多样性。随着现代化进程的不断加快，土家族口传文化正受到传承人匮乏的严重威胁。因此，图书馆应用数字化技术对土家族濒危口传文化传承人各方面信息进行征编和保存，构建土家族口述史料数据库，实现土家族濒危优秀口传文化的数字化保护、传承与发展，对于再现并创新民族口传文化的传承过程与方式有着重要参考价值。

土家族世代居住在崇山峻岭的武陵山片区，过去交通不便、信息闭塞，其文化传承的传统方式为口传心授，使该民族文化只局限于族群、家族内的小范围传播。在现代化浪潮的强势冲击下，土家族口传文化面临着前所未有的生存危机，创新土家族口传文化的传承方式迫在眉睫。面对如此残酷的现实，依靠传统的口传心授在族群内传承或通过社会培训等模式传承，不仅费时、费力、费财，还存在见效慢等问题。但利用现代信息技术对土家族口述史料进行数字化征编和保护，并通过互联网为用户提供数字化检索、共享、传播和研究等服务，不仅能使土家族濒危口传文化在新的生存环境下继续传承发展，还体现了口述史学、计算机科学和图书情报等多学科信息服务系统在传承发展民族文化中的完美融合。

（三）有利于维护土家族口传文化的多样性

城镇化是通往现代化的必由之路，也是乡村振兴的重要手段。随着城镇化进程的不断深入推进，土家族农村大量人口与劳动力不断向城镇转移，其中不乏身怀技艺的文化传承人，致使土家族传统村寨的生产生活方式瓦解，民族文化传承与发展的根基受到动摇，其口传文化生存的空间也日趋消失，这些对土家族口传文化形态的多样性造成了不同程度的损伤。如茅古斯是土家族最古老的舞蹈，过去每逢节日跳茅古斯舞是土家人生活的一部分，随着大量人员外出务工或迁移城镇居住，茅古斯表演的原生态资源和生存空间如今日趋缩小，其舞蹈的多样性动作、唱词和技巧等面临失传。

令人欣慰的是，随着旅游业的快速发展，旅游产业带动战略的大力推进，土家族一些自然环境优美、民族文化生态保存较为完好的村寨被设为文化生态保护区，部分优秀口传文化入选国家级或省级等非遗保护名录，很多独特的自然和文化资源作为旅游产业被开发出来。但部分商人在利益的驱使下，对土家族文化进行了肆意的开发，如土家族传统习俗与庆典活动一般在特定时间、特定地点举行，但开发商为创造更多的经济效益，不再遵循传统，将很多民俗活动过度商业化。旅游者只需付费，便可随时观看各种形式与内容变异的"土家族文化"，使土家族很多口传文化衰退、濒危的形势更加严峻。将土家族口述史料数字化，不但能保存土家族多样化的文化遗产，使该民族原生态的生活方式保存下来，将源远流长的民族记忆进行永久性传承，还能最大限度地保存和保护文化生态、保护区内土家人的生活方式，从而维护土家族文化的多样性，实现我国民族传统文化的多元共生与多样性发展。

（四）推动土家族地区旅游业与经济的发展

一些国家和地区早已认识到，文化遗产的保护与传承应在确保文化遗产不被破坏的基础上，尽可能进入市场，并通过切实可行的市场运作，完成对其保护及价值的开发，以实现文化保护与开发的良性循环互动。① 如湖南省博物馆根据相关研究成果和史料，利用数字图像技术对马王堆汉墓主人——"辛追夫人"进行了面相复原，并制成与其原型一样的塑像在国内外巡展。"辛追夫人复原图"现在已成为湖南博物馆"数字文化的代表"，不仅再现了我国汉族历史文化及现代数字技术的水准，同时也吸引了众多游人慕名而来，与"辛追夫人"相关的书籍、电影、工艺品等产业也相继出现，创造了一定的经济效益。

土家族地区有丰富的自然旅游资源，如张家界国家森林公园、凤凰古城等著名风景区。近年来，土家族地区自然旅游业的快速发展带动了民族文化的传承与发展，很多优秀的口传文化成为旅游开发的重要资源。全球性旅游产业的持续发展出现了与信息产业融合的重大趋势，基于数字技术的文化资源已成为旅游产业中异军突起的一支力量。② 因此，土家族口述史料的数字化保护实践与土家族地区旅游业的融合互动，将会推动土家族自然旅游与文化旅游的协同发展，为打造与发展丰富多样、质高品优的土家族旅游文化品牌贡献力量。土家族口述史料是研究与传承土家族优秀濒危文化的重要资源，在土家族地区大力发展旅游业、推进优秀文化与数字信息融合并实现文化、经济共同发展的时代背景下，完成口述史料数字化的保护、开发与数字文化产业及旅游业的高度融合，对推动土家族地区旅游、文化、经济的可持续发展意义重大。

二 数字化保护的困境

在民族文化传承与保护视域下，土家族口传文化研究取得了丰硕的成果，土家族聚居区（武陵山片区）的一些单位和个人相继对土家族口述史料进行了收集与整理，但这些口述史料常侧重于土家族口传文化的历史和理论分析，利用现代信息技术对其进行深入细致的保护研究还比较缺乏，使土家族口述史料的数字化保护工作存在一些困境。

---

① 彭冬梅：《非物质文化遗产数字化保护与传播研究》，山东人民出版社，2014，第43页。
② 彭冬梅：《非物质文化遗产数字化保护与传播研究》，山东人民出版社，2014，第44页。

（一）口述史料分散，缺乏有效的整合

土家族濒危口述史料数字化保护项目的实施涉及图书馆、博物馆、档案馆、文化局、文物局、民委、非遗中心、高等院校等各级文化管理单位，以上单位和部门都收藏有一定数量的土家族口述史料。如图书馆、档案馆、民委等收藏有一定的口述文字史料，博物馆、文物局等收藏有一定的口述实物史料，非遗中心、高等院校等收藏有一定的口述历史资料。另外，有些土家族口述史料还散佚于民间或被私人收藏。

多年来，各单位虽在大力倡导共同建设、资源共享，但因体制限制、交流合作较少等原因，土家族口述史料仍处于"各自为政"的收藏状况。很多口述史料散佚各处，没有真正以一个中心来进行征编收藏，没有真正形成数字化保护与资源共享，给土家族口述史料数字化保护的实施带来了不便。尤其是各单位之间的整合和对资源共建共享的重视程度不够，没有建立多方协调机制，从而缺乏有效的整合措施，导致土家族口述史料的数字资源建设重复较多，各单位实现资源共享的困难较大，分散于各地的土家族口述史料的数字资源难以实现互联互通。

（二）缺乏总体管理，数字技术较落后

土家族口述史料的数字化保护是一项复杂的系统工程，需要融合各方面的信息技术和管理方式。当前，我国口述史料保护还没有形成统一的总体管理和分布实施方案，各收藏单位对口述史料数字保护实施的方式各有不同。如何运用先进、合理的信息管理方式，不断提高土家族口述史料数字化的管理水准，是当前土家族口述史料保护工作的重要环节。

土家族口述史料具有内容丰富、形式多样与不可再生等特征，为便于管理和长久保存，其数字化保护的实施离不开先进的数字化技术。目前，土家族口述史料数字化的实践才刚起步，其技术研发与国外相比较为落后。如恩施州博物馆十分注重对土家族实物的征集和收藏，通过挖掘馆藏实物史料中蕴含的自然、历史与文化等方面的信息，对土家族部分实物、民俗进行了数字化展示与复原，并对廪君西迁等历史故事进行了虚拟再现。但采用的多为数字影像（多媒体）技术、三维技术、数字动画技术和

VR 技术（即虚拟现实技术）等，而 AR 技术（即增强现实技术）、主题图技术、运动捕捉技术、3D 技术、3S 技术（即 GIS、GPS 和 RS，分别为地理信息系统、全球定位系统和遥感系统）等运用较少，亟待引进并创新高端的数字化保护技术。

（三）缺乏技术人才，数据库建设空白

对土家族口述史料的数字化保护而言，人才是推动其工作开展的第一动力。从事该项工作的人不仅要懂数字信息技术、史料征编与利用等技术，还要对土家文化有一定的了解。武陵山片区的各级图书馆、档案馆和非遗中心是土家族口述史料的主要收藏单位，其工作人员一般从事图书情报、档案管理与非遗保护等方面的业务工作，对数字化技术的应用不太熟悉，又因地域偏、待遇低、发展空间小等因素影响，各单位想引进计算机、文化都较为全面的复合型人才难度较大。为此，要采取多种途径，培养和引进数字化技术人才。

自土家族民族成分确认后，土家族地区掀起了研究与保护土家族文化的热潮，各级政府也高度重视并出台了一系列保护措施。相关专家、学者纷纷建言献策，提出了很多富有见解的观点和建议。但如何真实客观地还原土家族原生态的口传文化，如何建立集图片、文字、音视频于一体的土家族口传文化数据库，如何将土家族口传文化尽可能在较大范围内共享与传播，是当前亟待解决的重要难题。① 为此，土家族地区的各级单位和学者一直在坚持不懈地进行相关探究，如吉首大学图书馆在 2014 年利用数字技术建立了"武陵山片区少数民族口述历史数据库"。但该数据库资源主要由武陵山片区的苗族、土家族、侗族和白族等民族的口述历史资源构成，专门针对土家族口述史料而创建的数据库目前尚属空白。因此，采用先进的数字信息技术，规范、合理地征编并建立土家族口述史料数据库，不仅有利于土家族口述史料的保存、共享与传播，还有助于土家族口传文化的保护、传承与开发利用。

---

① 鲁美艳：《土家族口头传统文化的数字化保护研究》，《赤峰学院学报》（汉文哲学社会科学版）2015 年第 10 期。

三 数字化保护的主要技术

技术是推动社会不断向前发展的动力之一。自 20 世纪 90 年代以来，随着计算机、互联网技术的不断发展，数字化技术也日趋成熟，并以惊人的速度改变着人们的生活方式。数字信息技术所具备的存储简便、快速传播等优势是其他传统技术所无法比拟的，而口述史料的长久保存与利用更需要简便、高效的信息技术。近年来，以数字存储、虚拟现实等为代表的数字化技术被越来越多的史料收藏机构所采用，使史料数字化保护逐渐从理论研究过渡到实践层面，形成了较为完善的技术体系。[①] 结合土家族口述史料的征编现状，笔者认为其数字化保护主要涉及以下一些技术。

（一）数字化存储技术

数字化技术未成熟应用前，在土家族口传文化与口述史料的挖掘保护中，常采用的技术方法为传统的笔记、胶片照相和磁带式录像等，这些技术工具曾在土家族口传文化的保护中发挥过重要作用，也为后人采集了一大批珍贵的口述史料。如 20 世纪 90 年代初，张良皋、李玉祥为唤起人们对古民居价值的认识，用黑白胶片相机对武陵山区 17 个土家族聚居区的老房子进行了拍照采集，并出版了《老房子——土家吊脚楼》一书。[②]但随着现代信息技术的快速发展，数字化的高精度拍摄工具和技术应运而生，传统口述史料因图像不清晰、易损毁、老化与难以长久保存等缺陷已不能满足当代社会的需求。

而数字化存储技术可将形式多样的信息资源转变为可以度量的数字、数据，再以这些数字、数据建立起适当的数字化模型，把它们转变为一系列二进制数据，在计算机内进行存储。[③] 数字存储工作指信息资源数字化

---

① 董坚峰：《湘西少数民族非物质文化遗产数字化保护研究》，《资源开发与市场》2013 年第 12 期。

② 张良皋、李玉祥：《老房子——土家吊脚楼》，江苏美术出版社，1994，第 4 页。

③ 李勇：《数字存档技术在档案、文献长期保存工作中的应用》，《数字与缩微影像》2017 年第 1 期。

的过程，即使用数字扫描仪、照相机、摄像机等工具，基于光电和数字处理技术将传统的信息资源转化成高精度的电子文档、图片和音视频等格式的数据，并为之建立数字化模型进行存储与管理，以实现信息资源的获取、共享、利用与长久保存。

利用数字化存储技术对土家族史料进行数字化保护的核心，就是借助计算机以数字化的方式对土家族口述史料资源进行数字化的获取、分析、组织与存储。如要对土家族手稿、服饰、民居、铭刻、舞蹈等口述史料进行数字化保护，首先要利用高清的数码设备对相关实物进行数字采集，通过计算机转化成图像或数据后，应用数字技术对这些资源进行数字化管理与存储。数字化存储技术学习门槛较低，技术工具操作简单，所形成的数字史料不仅精度高、易保存、提取和利用，还减少了史料的存储空间，能更好地实现对口述史料的有效保护。

图 6 - 1　土家族口述史料的数字化采集

（二）三维数字化技术

三维数字化是随着计算机软硬件发展而产生的一种高新技术，它运用三维数字工具和软件，利用光、电与计算机等技术，对物体整体或局部的外观、结构、空间及色彩等进行扫描，实现物体的虚拟创建、修复、

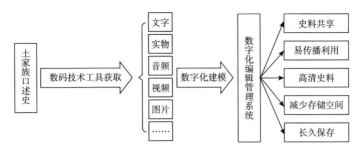

图 6 - 2 口述史料的数字化存储技术应用图例

完善、分析等数字化操作，从而获得物体表面的空间坐标，使实物从视觉和感知上具有立体三维效果。[①] 其原理是通过三维设备获取物体的外观数据，利用三维坐标系将获得的数据进行分析、整理，将每个视角为独立的三维数字物体通过建模进行无缝集成，经修复、完善后展示实物的三维空间。

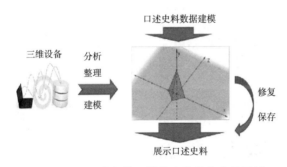

图 6 - 3 口述史料的三维数字化技术应用图例

传统土家族口述史料经数字化存储后，所产生的文档、图片、视频等数字信息大都是二维平面的效果。随着三维数字化技术的产生，传统土家族口述史料的保存、传播与再现等技术措施显现出一定的不足。如滴水牙床是土家族木雕工艺中的极品，其技艺濒临失传，流传下来的少量实物多被博物馆和私人收藏，很多人只能通过口述史料中的图片和视频从平面得以一见，因不能直观实物而对滴水牙床不能进行全面了解，给观者留下了很多遗憾。但 3D 技术可以轻易获得滴水牙床的整体参数，通过幻影与实景造型等将其三维动态呈现出来，全方位再现滴水牙床的外观、构造与空间布局等，

---

① 朱中一：《三维数字虚拟技术在博物馆的应用》，《中国纪念馆研究》2017 年第 2 期。

使观者产生"立体"和"真实"的感觉，从而弥补了2D技术的不足，为人们提供了自由度极高的口述史料，促进了"滴水牙床"技艺的共享与传播，对其整体性保护具有重大意义。

明清时期土家族滴水牙床　　　明清时期土家族滴水牙床　　　陶代荣（2008年）制作的滴水牙床
（龙山县私人收藏）　　　　　（湘西州博物馆收藏）　　　　　　（永顺县私人收藏）

图6-4　土家族滴水牙床图片展示（口述史料中的图片）

图6-5　滴水牙床二维动态　　　　图6-6　滴水牙床三维动态
展示（视频）　　　　　　　　　　　展示（截屏）

目前，对非物质文化保护的三维数字化技术主要有数字摄影测量、三维扫描和 VR 即虚拟现实三种技术①，其中数字摄影测量技术能形成真三维真纹理的物体模型、三维扫描获取的数据最为精确，而成本最低的为 VR 技术。运用以上技术形成的三维影像史料不仅直观逼真、呈现完整，还能永久性保存与共享，为口述史料的传播与利用打下坚实的基础。

① 何晓丽、牛加明：《三维数字化技术在非物质文化遗产保护中的应用研究》，《艺术百家》2016 年第 3 期。

（三）数字虚拟现实技术

1989 年，美国人杰伦·拉尼尔（Jaron Lanier）提出了虚拟现实（Virtual Reality）概念，其技术是融合众多现代科技而形成的一项综合性应用技术，能够通过计算机图形学、人机交互、传感技术等完成事物虚拟化操作，将人们无法看见或了解的另类世界虚拟化创造出来，以便对其进行数字化再现与研究。沉浸感、交互性与想象性是数字化虚拟现实技术（以下简称 VR）最突出的三大特点，用户可排除外界干扰，通过语言、行为、肢体等动作，对虚拟环境中的事物进行全身心体验，从而启发人们丰富的想象和创造思维的能力。[1]

近年来，对 VR 技术的研究已取得很多显著突破，并广泛应用于文化、娱乐、医疗等多行业领域。人们运用 VR 技术不仅能在虚拟的空间中漫游，还能身临其境地感受物质和非物质文化遗产的魅力。[2] 如敦煌研究院为解决莫高窟保护与旅游开发的矛盾，利用 VR 技术对莫高窟洞窟进行了"虚拟漫游"模式的推广，并通过莫高窟数字展示中心和互联网向全球共享与传播，使人们在高清的虚拟现实中体验了莫高窟艺术的辉煌，减少了游人在洞窟中滞留的时间，极大地缓解了旅游给莫高窟保护带来的压力，也进一步提高了国内文化遗产数字化保护工作的水平。[3]

以上措施充分体现了 VR 技术在还原文化遗产、生态环境和知识技能等方面的优势，为土家族口述史料的数字化保护提供了新的契机。如利用 VR 技术对土家族民居口述史料进行数字化保护，不仅能还原土家族民居，还能为土家族民居保护提供有效的技术保障。应用 VR 技术对土家族民居口述史料进行数字化保护之初，首先要对现有的口述史料进行分类整理，设计与之对应的数字化保护层次结构，以确保 VR 整个制作过程能顺利进行。

---

[1] 库睿：《虚拟现实技术在数字化图书馆中的应用研究》，《数字技术与应用》2018 年第 8 期。

[2] 董坚峰：《湘西少数民族非物质文化遗产数字化保护研究》，《资源开发与市场》2013 年第 12 期。

[3] 数字敦煌，http：//public. dha. ac. cn/content. aspx？id ＝ 121064271502，最后访问日期：2018 年 12 月 20 日。

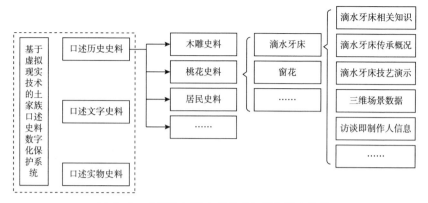

图6-7　土家族口述史料的VR制作层次结构

在土家族民居口述史料的虚拟现实制作过程中，首先要根据民居口述史料的内容对各项具体信息进行获取，然后用VR相机或无人航拍机，对残余民居及周围环境进行360度或720度全景素材采集，再将获取的信息和素材数据进行后期制作，建立三维模型并进行拼接、编辑、动画、特效等优化设计。目前，VR技术的三维模型主要使用3D MAX渲染合成，动画主要使用Maya渲染输出，特效包括AE特效、MAYA动画特效等。[①] 在虚拟现实制作最终完成之前，要对该系统各部分性能进行测试，以确保其兼容性、稳定性，从而达到还原的目的。

（四）数字化故事编排与讲述技术

数字化故事编排与讲述技术是基于人工智能的一种虚拟环境，主要包括虚拟音乐和虚拟文学中心。该虚拟环境整合了音乐、诗歌、戏剧、故事、传说、谚语等方面的内容，不仅能对虚拟故事情节按一定次序进行智能排列，还能根据需要参与到故事的编导中，具有很强的交互性。目前，这种技术已被广泛应用于口头物质文化遗产的保护中。[②] 如韩国汉城Nabi艺术中心为保护口头物质文化遗产，寻求更为广泛且风格各异的数字化故事编排与讲述技术，曾主办过非物质文化遗产故事讲述技术竞赛并取得圆

①　李鹏、邹勤：《浅谈虚拟现实技术在三维动画专业数字化资源库建设中的应用》，《电脑知识与技术》2018年第26期。
②　彭冬梅：《非物质文化遗产数字化保护与传播研究》，山东人民出版社，2014，第44页。

满成功①，充分展示了该技术的魅力。

恩施州土家族博物馆根据馆藏口述史料，利用数字化故事编排与讲述技术，在虚拟"恩博魅影"环境中创建了一个虚拟的三维"在线试听"专栏。将土家族流传千年的廪君西迁、西兰卡普等故事进行了虚拟数字化编排与再现，并通过博物馆官网向国内外讲述与传播，使人们不去博物馆参观，也能通过这些数字化故事了解与体验到土家族悠久的历史与灿烂的文化，对促进土家族口述史料的数字化保护与共享具有重要意义。

（五）数字化舞蹈编排与声音驱动技术

数字化舞蹈编排与声音驱动技术以保护各种重要舞蹈文化的视觉效果与声频效果为核心，并将数字化的相关舞蹈动作与音频等制作成动作和音频库，开发出基于动作库的舞蹈编排系统和声音驱动的智能舞蹈编排系统。② 如浙江大学现代工业设计研究所为保护与传承古楚文化，利用数字化舞蹈编排与声音驱动技术，对楚文化编钟乐舞的文化空间与活动场景进行了动画编排与虚拟再现，创建的编钟乐舞展示平台可参与、可交互性高，能使人们在愉悦的环境里感受楚文化的千年文明。③

土家族是一个善舞的民族，土家人把"万物有灵"的理念全部映射在该民族的舞蹈中，创造了摆手舞、铜铃舞、跳丧舞、肉连响、撒叶儿嗬、茅古斯等形式多样的传统舞蹈，是土家族口传文化的重要表现形式，也是研究土家族社会发展、生活方式、宗教信仰、人文精神等不可或缺的重要资料。为此，恩施州博物馆为数字化保护土家族舞蹈口述史料，借助三维扫描、动画制作等数字化舞蹈编排与声音驱动技术，对土家族摆手舞、撒叶儿嗬等舞蹈的原生形态、动作特征等进行了音、视频的制作与展示，开发出基于"在线试听"的舞蹈编排和声音驱动系统，并通过互联网共享与传播，实现了数字化保护土家族口述史料的目的，对促进土家族传统舞蹈

---

① 董坚峰：《湘西少数民族非物质文化遗产数字化保护研究》，《资源开发与市场》2013 年第 12 期。

② 彭冬梅：《非物质文化遗产数字化保护与传播研究》，山东人民出版社，2014，第 89 页。

③ 杨程、孙守迁、苏焕：《楚文化保护中编钟乐舞的复原与展示》，《中国图象图形学报》2006 年第 10 期。

的传承与发展具有重要的现实意义。

　　除了上述技术，对土家族口述史料进行数字化保护还有数字考古、数字图书馆、数字档案馆、数字化管理与平台展示及信息共享与传播等技术，笔者在此不再进行详细的阐述。总之，随着数字信息技术的不断发展与国家对文化遗产保护的日益重视，口述史料数字化保护的技术将会有更大突破！

第二节　土家族口述史料的数字化保护具体措施

　　在数字化时代，将土家族口述史料与先进成熟的数字信息技术相结合，不仅能真实、系统、全面地记录土家族口述史料，还能有效保护与传承土家族大量珍贵、濒危的口传文化，使人们足不出户，便可通过互联网了解土家族形式多样的民族文化。但目前专门针对土家族口述史料数字化保护的措施还处于空白状态，尚未开发出专门针对土家族口述史料资源保护、传播和利用的共享与检索平台。早在 2011 年，国务院就在正式颁布的《中华人民共和国非物质文化遗产法》中明确指出，文化主管部门应当全面了解非物质文化遗产有关情况，建立非物质文化遗产档案及相关数据库。[①] 因此，利用数字技术对土家族口述史料进行长久保存并建数据库等平台共享，是保护土家族口传文化的重要策略。

一　建立土家族口述史料数据库

（一）建立土家族口述史料数据库的意义

　　数据库是利用数字技术将信息资源以文字、图片、音视频等形式储存在计算机系统中，并通过互联网将存储的数字信息进行发送与共享，以实现信息资源的长久保存与传播。土家族口述史料是了解和研究土家族历史文化的重要资源，建立土家族口述史料数据库是现代信息技术发展的必然趋势，也是土家族口述史料数字化保护的重要措施，对抢救、保护与传承

---

　　① 蔡红霞、胡小梅、俞涛编著《虚拟仿真原理与应用》，上海大学出版社，2010，第 28 页。

土家族优秀濒危口传文化具有重要的意义，而且迫在眉睫。

1. 有利于保护与传承土家族原生态口传文化

土家族世代居住在沟壑纵横的武陵山片区，自然环境优美，原生态文化十分丰富，如娓娓动听的神话传说、爽朗质朴的民间歌谣、热情奔放的民族舞蹈、技艺精湛的手工技艺等，对人们认识早期土家族的社会和生活面貌具有活化石般的价值。但土家族历史上无文字，原生态文化的传承只能依靠口传心授。在全球化、现代化的冲击下，现代很多土家人不会说本民族语言、不穿本民族服饰、更不了解本民族的历史文化，导致土家族很多口传文化已经失传或濒临失传，其原生态口传文化的生态环境正在悄然改变，形势极为严峻，如土家族的传统服饰与制作工艺已消失，土家族语言已成深度濒危语言等。为此，对土家族濒危口述史料展开全面、系统的征编并建立土家族口述史料数据库，不仅能弥补土家族口传文化无文字记载易消失的缺憾，更有利于保护与传承土家族原生态的口传文化。

2. 有利于土家族口述史料的整理与保存

吉首大学图书馆自 20 世纪 50 年代建馆以来，一直致力于武陵山片区少数民族文献的收集与整理工作，目前馆藏有地方民族文献近 20000 余册。尤其自 2010 年以来，吉首大学图书馆对武陵山片区的少数民族尤其是土家族口述史展开了大规模的抢救性挖掘工作，随着本项目研究工作的深入开展，现已取得了丰硕的研究成果。目前，已征集土家族丛书、著作、手稿、实物、图片、音视频等口述史料多份，形成了以土家族口述史料为特色的馆藏体系。

以此为契机，笔者所在项目组建立土家族口述史料数据库，对该馆原有的土家族文献和征集到的口述史料进行分类、整理与编辑，有助于土家族口述史料的长久保存，实现土家族口述史料信息资源的共享与利用，从而促使土家族口述史料数字化保护的规范化、系统化和专业化，有效提高该馆的服务、科研和管理能力，建设与完善该馆少数民族口述历史的特色资源。

3. 有利于土家族口传文化传播与多维度研究

数字化保护土家族口述史料最主要的目的是共享、传承与传播土家族口传文化。土家族口传文化最原始、最普遍的传播方式是口传心授，这种方式使土家族口传文化的共享变得极为有限，传承的对象与传播的距离也受到一定的局限。建立土家族口述史料数据库将会突破时间与空间的限制，实现土家族口传文化信息资源的全球性共享与传播，使人们足不出户便可通过该数据库了解土家族口传文化，有利于研究者借助这一数据平台进行多维度研究。

土家族口传文化涵盖了土家族的历史渊源，展现了土家先民的生产生活方式，承载着土家族古老的历史记忆。通过土家族口述史料数据库，研究者不仅可以根据数据库里的资源探究土家族的历史、政治、经济、婚姻、宗教、语言、民俗等方面的信息，还可以从图书馆学、档案学、口述史学、历史学、民族学、人类学、社会学与计算机等多学科领域，对土家族口传文化进行多维度研究，对外界了解土家族口传文化起到了很好的宣传与传播作用，也为其他少数民族口述史料的数字化保护研究提供了理论与实践范式。

（二）建立土家族口述史料数据库的原则

1. 独特性原则

独特是建立数据库的第一要素，数据库如果失去特色，就会失去针对性和目标性，从而失去建库的价值。为此，土家族口述史料数据库的内容要以土家族口述史料为主，以"人无我有，人有我优"为建库目标，突出濒危、形成特色，从而凸显与提升该数据库的价值。土家族口述史料数据库建库时要最大限度地避免口述信息资源的重复建设，重点突出项目组征集到的土家族民居、滴水牙床、挑花、西兰卡普、《梯玛神歌》、茅古斯与丧葬等珍贵的第一手口述史料，对于一般性土家族口述史料（非濒危，相关单位已普遍性收藏的史料）不再详细展示。另外，还要充分考虑民族特色、学科特色和地域特色等，展现与土家族地区历史、文化、政治、经济发展密切相关的资源。只有这样，土家族口述史料数据库的建设才会令人耳目一新。

2. 实用性原则

建立土家族口述史料数据库的目的在于更快、更好地利用口述史料，为用户提供最大限度的服务。吉首大学作为武陵山片区唯一的综合性大学，其图书馆服务的对象除了在校师生还有社会读者，其中不乏土家文化爱好者与研究者。因此，在建立土家族口述史料数据库时始终要把用户的需求放在首位，在内容的构建和系统结构设计上除了考虑检索的方便性，还要考虑实用性，使广大用户通过该数据库可以详细了解到土家族的历史渊源、政治经济、民俗民风及土家族地区旖旎的自然风光等，为土家文化爱好者与研究者提供一个专业的信息检索、参考和学术研究平台。这样既有利于人们快速、准确地获取所需的土家族口述信息资源，又实现了对土家族濒危口传文化的保护、传承与发展。

3. 规范性原则

规范化是建立数据库的重要保障，也是衡量数据库质量的重要标准，可为数据库提供标准、系统、兼容的构建依据，有利于实现信息资源的共享。为保证土家族口述史料数据库的质量，建库时遵循规范性原则至关重要，主要包括口述史料著录结构规范、口述史料数据元素和数据交换格式规范三方面。建库时要严格采用我国数字图书馆标准规范体系所推荐的元数据标准、特色数据库建设标准和著录规则及其他相关的标准等，并依据《数字资源的加工标准与操作规范》制作数据。[1] 通过这些规范化处理可实现土家族口述史料数据库与其他数据库的相互对接与共享，从而保证土家族口述史料数据库信息输入的标准化和检索路径的便捷化。

4. 共建共享原则

土家族口述史料作为一种具有武陵山片区民族特色的文献资源，涉及内容繁多，流传与收藏地区广，很多资源被各级单位如图书馆、档案馆、博物馆、文化局、高校及土家文化研究者收藏。受传统观念、协调、利益等方面的制约，各收藏单位个人保护主义、各自为政等观念严重，给土家族口述史料数据库的建设带来了一定难度。如何将各单位及个人收藏的土家族口述史料，特别是那些重要且濒临消失的土家族口述史料进行资源整合与利用，不仅是土家族史料收藏单位亟待反思与解决的问题，也是数字化保护与研究土家族口述史料的必由之路。因此，要制定统筹规划，提高土家族口述史料数据库的共建共享意识，加强与各收藏单位的相互合作，

---

[1] 高芳：《党校图书馆特色数据库建设探究》，《图书馆工作与研究》2015 年第 9 期。

集中专业人员进行联合整理与编目，以实现土家族口述史料数据库资源的共建共享，从而助推土家族口述史料的开发、利用与研究。

（三）土家族口述史料数据库的建设策略

数据库是信息资源的集合，是一种能被共享与及时检索的数字工具。[①] 土家族口述史料数据库是将征集到的土家族口述史料在计算机等存储设备上进行数据集合，再按一定的数据模型进行组织、存储与共享，以便于用户进行实时检索与利用。土家族口述史料数据库的建设是一项复杂的系统工程，其建设策略主要分为两大部分：一是土家族口述史料数据库的设计，包括数据库运行环节和模块的设计；二是数据库平台的搭建，主要由建设内容、目标和软件平台的搭建等构成。

1. 土家族口述史料数据库的设计

（1）数据库运行环节的设计

数据库主要由主机（Database Hos，即计算机的虚拟服务器）、输入设备（Input Device，如键盘、鼠标、扫描仪等）、输出设备（Output Dcvice，如显示器、打印机、音视频输出系统与设备等）、数据通信设备（data communication equipment，如数据终端、路由器、TM 交换机等）和用于存储信息资源的设备（如 RAM、ROM 等）及各类制作软件等组成。在建立土家族口述史料数据库之前，根据史料征集情况做好数据库运行环节的设计，是实现该数据库有效价值的关键，其步骤分为如下阶段。

第一阶段：数据库的前期规划。在数据库的建设过程中，数据库的前期规划是否准确决定了数据库建设的成败。建立土家族口述史料数据库是为了实现土家族口述史料的长久保存与传播，所以在该数据库建设的前期规划中首先要注意数据库界面的设计能否突出建库的主题、意义和目的；其次对数据库的定位、风格、功能、排版与布局等进行全面规划与设计；然后对数据库的建设规模、所需软硬件规模、开发进度及成本等进行规划。[②] 土

---

① 赵艳：《广东省舞蹈非物质文化遗产资源数据库建设的设计与构想》，《北京舞蹈学院学报》2016 年第 6 期。

② 赵艳：《广东省舞蹈非物质文化遗产资源数据库建设的设计与构想》，《北京舞蹈学院学报》2016 年第 6 期。

家族口述史料数据库可为土家族口传文化研究提供珍贵、濒危且鲜活的第一手史料，其数据库的内容在于精而不在于杂，建设规模也不宜过大，主要看展示的口述史料是否具有代表性。

第二阶段：数据库的设计。数据库设计（Database Design）是指对于一个给定的应用环境，构造最优的数据库模式，建立数据库及其应用系统，使之能够有效地存储数据，以满足各种用户信息处理和应用的需求，[①]好的数据库设计方案能极大地减少建库成本与实施时的工作量。为此，土家族口述史料数据库的设计首先要抓住"濒危"、"优秀"两个关键词来整理史料信息，通过筛选、甄别后，在数据库界面设计时予以展示，以彰显特色，满足不同用户的个性化需求；其次，根据吉首大学图书馆馆藏特色，结合建库实际需求，嵌入土家族历史文化元素及地方民俗特色；然后遵循数据库建立的相关原则，针对性地对数据库的平衡结构、逻辑结构等进行合理设计，为土家族口述史料数据库的实施奠定坚实基础。

第三阶段：数据库的制作。本阶段的工作主要包括口述史料整编、数据库软件设计和后期标注等几个环节。对本项目组征集到的土家族口述史料进行数字化整编，并与原馆藏土家族口述史料数字化存储作为一个整体流程来制作，是建立土家族口述史料数据库的重中之重。其制作步骤主要包括：①将土家族口述文字史料进行整理与编辑，并在数据库中进行文字录入工作；②将征集所获的实物、图片等进行拍照、剪辑等优化处理，并进行分门别类的录入；③对访谈所获的口述历史资料进行加工，并将录音、视频逐字逐句地配以文字等。在对口述史料进行全面整编的同时，也应注意数据库所展示史料的代表性和实用性，还要对数据库的物理存储方式和计算机软硬件环境进行设计和配置。如果说濒危史料是土家族口述史料数据库的精髓所在，那么其史料质量将直接影响该数据库的利用价值。因此，在完成整编与软件制作后就要对口述史料进行标注，口述史料标注的质量将直接关系到土家族口述史料数据库信息资源的真实性与丰富性。

第四阶段：数据库的服务与维护。为用户提供服务是建立数据库系统

---

① 李巧君、刘春茂：《浅析数据库设计的一般流程和原则》，《技术与市场》2010 年第 10 期。

最终的目的和价值体现。为此,土家族口述史料数据库的设计必须具备检索、利用等服务功能,并将这些功能构成一个综合性服务系统。该系统除了以 Lucene 全文检索引擎为架构,采用全文搜索、目录索引搜索和元搜索引擎为用户提供信息检索等服务外,还要尽可能提供更多简捷的检索入口并及时向用户提醒数据库的更新情况。数据库投入使用后,为保证系统安全、稳定、可持续地运转,必须对该数据库进行长期维护并设置保护屏障,以确保数据库网络设备和环境的安全,防止不法分子的恶意破坏。为方便用户有效地利用土家族口述史料数据库的资源,可以建立数据库用户身份认证系统,用户如需共享或提交一些数据,经数据库管理员同意后方可上传,从而实现对用户使用权限的合理控制。另外,还要设计数据库系统的纠错容错功能,能实时进行安全监督、问题排查、故障隔离和恢复及升级维护等①,以最大限度实现土家族口述史料数据库的有效运行。

(2)数据库建设内容的设计

土家族口述史料数据库的内容主要分为以下三大模块。

①口述历史模块。土家族口述历史资料涉及内容繁多,如何深入民间进行全面而系统的征集与田野调查,并对知情人进行口述访谈、获取口述史料是该模块的重点与难点。为此,笔者所在项目组在口述史料模块设置了相应的类别,将征集到的土家族挑花、民居、茅古斯、滴水牙床、傩戏、土家语等多种濒危口述史料进行数字化整编与保存。如在土家族挑花类别中先设置相关图片、音频、视频与访谈人物、简介等列表,对相关信息进行展示;然后在访谈人物的详情界面设置访谈人姓名、人物简介、相关资料、相关图片、相关音频、相关视频和访谈文字稿等信息列表,经后台数字化录入、编辑与整理后,再将整编好的土家族挑花口述历史资料进行分门别类的入库存储、共享,从而便于用户快速检索与利用。

②口述实物模块。土家族口述实物史料作为一种珍贵的物质文化遗产,多为片断性,具有较强的地域性、多样性和难征集入馆(拿不走、要

---

① 杨云燕、杨美玲:《彝文古籍档案数据库的构建》,《兰台世界》2014 年第 32 期,第 37 页。

图6-8 土家族口述史料数据库口述历史模块截屏

图6-9 口述历史模块中土家族挑花信息列表

图6-10 口述历史模块中土家族挑花访谈人物信息列表

不到，如建筑、文物、个人珍藏物等）等特征。为此，笔者所在项目组多采取拍照与摄像方式进行征集，并利用数字技术对征集所获的图片、视频及实物进行整理与编辑，力求真实、全面、系统地留存土家族口述实物史料，为土家族口述史料数据库提供珍贵的史料资源。该模块由土家族建筑、雕刻、生活用品和生产工具等类别构成，在各类别中对相关史料进行分类、整编。如检索实物史料中的建筑类别，就会显示出摆手堂、土家族民居、土王祠、土家寨门、冲天楼等名称列表，再点击其中的土家族民居，就会进入详情界面，显示名称、类型、简介、征集地点与相关图片等列表，从多维度详细展示征集到的土家族民居信息。从而形成一个完整保存与展示土家族民居实物史料的数据库，有利于土家族民居口述史料的保存、开发与利用。

图 6－11　口述实物模块土家族建筑信息列表截屏

③口述文字史料模块。因没有本民族文字，土家先人用口传心授创造并传承了该民族的历史与文化。随着汉文化的不断融入，人们通过土家人口述逐步用汉字书写该民族的口传史实，为后人留下了很多珍贵、丰富的口述文字史料。此类史料的形成对土家族口传文化的保护与传承有着重要

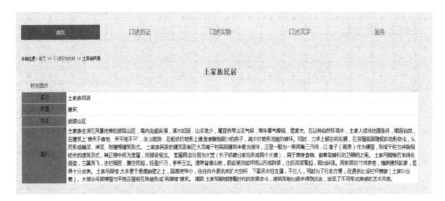

图 6-12　口述实物模块中展示的土家族民居信息列表

的现实意义，并随着文化传承工作的不断推进，其史料资源也接踵而至，此类史料多为纸质并具有一定的连续性、系统性和研究性。

为此，笔者所在项目组将该模块分为序号、题名、作者、来源、类型与发表（出版）时间6个列表。其中，类型下设期刊论文、手稿、著作、辞典、丛书、族谱、史志等类别。如在列表题名中点击罗仕松手稿，即可进入罗仕松手稿的详情界面，该界面详细展示了该手稿的相关信息，再点击“在线浏览”，即可获取原始手稿内容。此外，因版权原因，本数据库不便对馆藏的每册图书内容进行详细展示，但仍对它们进行了数字化整编并录入题名、作者、来源、简介和出版时间等相关信息。

序号	题名	作者	来源	类型	发表时间
1	罗仕松手稿	罗仕松		手稿	
2	彭秀模文字稿	彭秀模		手稿	
3	陶代荣手稿	陶代荣		手稿	
4	《土家族百年实录 上》	《土家族百年实录》编委会编	中国文史出版社	著作	2001年01月
5	《孙毓忠评传》	吴正锋，毛炳汉著	湖南文艺出版社	著作	2008年00月
6	《土家族医学史》	田华咏主编	中医古籍出版社	著作	2005年01月
7	《当代土家族女性婚姻变迁》	尹旦萍著	社会科学文献出版社	著作	2009年07月
8	《民族文化传承的危机与挑战 土家语濒危现象研究》	邓佑玲	民族出版社	著作	2006年07月
9	《土家医治毒药物集》	彭芳胜，杨光忠	中医古籍出版社	著作	2014年01月
10	《土家族百年实录 下》	《土家族百年实录》编委会编	中国文史出版社	著作	2001年01月

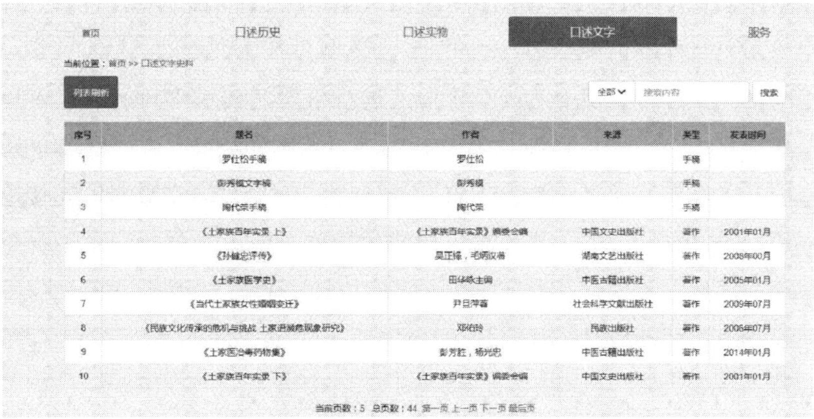

图 6-13　土家族口述史料数据库口述文字模块

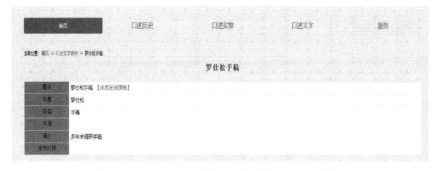

图 6－14　口述文字模块中显示的手稿信息列表

图 6－15　口述文字模块中显示的馆藏图书信息列表

2. 土家族口述史料数据库建设的实施

（1）数据库软件平台的搭建

笔者所在项目组将吉首大学图书馆的资源发布系统作为土家族口述史料数据库的发布平台，该平台主要是以 J2EE 平台的多层体系结构为依据，前台采用 bootstrap 前端框架，利用 jsp 动态网页技术，通过 AJAX 技术与后台进行交互，后台采用 H－ui 开源框架进行搭建。使用 Maven 通过本地仓库构建项目，并且采用目前比较流行的 Spring＋SpringMVC＋MyBatis 逆向工程的开发框架，使系统具有 MVC 三层架构，并将 JDBC 数据库连接池技术应用到 Spring 中，以提高数据库访问的性能，使系统具有网络平台无关性、可扩展性、稳定性等特点。[①] 土家族口述史料数据库系统平台的搭建采用 MySQL 数据库管理系统和性能稳定的 Apache Tomcat 作为 Web 应用服

---

① 王敬斌：《陕西汉水流域特色文献数据库的建设与探索》，《电脑知识与技术》2016 年第 26 期。

务器，系统架构主要分为以下四层：

视图层（View）：显示用户界面与用户的交互。用户在该层可通过吉首大学图书馆官网进入土家族口述史料数据库访问信息，进行信息交互。

持久层（Mapper）：主要进行数据持久化处理，负责数据库的数据维护，如数据的查询、数据的存取、资源调度等服务支持。

业务层（Service）：负责网站模块的逻辑应用设计。土家族口述史料数据库系统的业务功能是在本层实现，提供了控制层和持久层交互的接口。

控制层（Controller）：负责业务调度，通过接收前端传递的参数进行业务处理，并将处理结果返回给前端，如对土家族口述文字、口述实物史料等业务模块流程的控制。

每个层之间的关系如下：

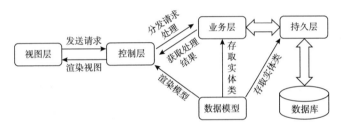

图 6－16 数据库系统各层关系图表

该系统采用 J2EE 开发规范，采用目前开源软件和框架开发，支持 A-PACHE 等主流负载平衡软件，可以支持 linux、windows 等服务平台，具有以下功能和技术特点：

系统的配置管理。建立了多个子库模块，对首页的个性定制、系统基本信息和简介的完善，对检索频道进行管理。[①]

后台访问权限安全设置。对后台进行登录操作，仅限管理员可进行账号登录，录入后台信息。

使用 SSM 框架，利用 Spring 的控制反转（Inversion of Control）特性，将对象之间的依赖关系交给 Spring 控制，实现解耦，简化了开发，通过 Spring 的面向切面编程（AOP）特性，对重复模块进行抽离集中，实现事

---

① 王敬斌：《陕西汉水流域特色文献数据库的建设与探索》，《电脑知识与技术》2016 年第 26 期。

务、日志等权限的控制。Spring MVC 是使用了 MVC 设计思想的轻量级 web 框架，对 web 层进行解耦。利用 Mybatis 的优势，数据库的操作（sql）采用 xml 文件配置，解除了 sql 和代码的耦合度，提供映射标签，提供了 xml 标签，支持动态的 sql。

平台实现了高内聚、低耦合。每一个软件模块由相关性很强的代码组成，只负责一项任务，而在一个完整系统的模块与模块之间，尽可能使其独立存在。也就是说，让每个模块尽可能独立地完成某个特定的子功能。模块与模块之间的接口尽量少而简单，增强系统的可扩展性。

资源检索功能。利用 js 前端框架插件，实现了资源按照全部检索、条件检索等检索功能。

（2）系统数据模型

数据模型是数据库中数据组织和存储的依据，刻画了数据之间的关系。考虑到土家族口述史料数据之间关联紧密，集成性较强的特点，该系统采用关系数据模型来刻画系统内的数据，并对应采用关系数据库进行存储。在关系数据库中，所有具有关联关系的数据都被描绘成一张表，每个原子数据作为表中的一列，称为字段，表内的数据以行进行存储，每行称为一条记录。

为尽可能详尽保存与展示征集到的土家族口述史料数据，该系统设计了 tb_data_type（数据类型表）、tb_human_paper（相关文献表）、tb_oral（口述历史表）、tb_oral_human（口传文化传承人表）、tb_physical（口述实物表）、tb_physical_data（口述实物数据表）、tb_pic（图片表）、tb_text（口述文字表）、tb_text_content（口述文字内容表）等表进行存储。现以 tb_oral（口述历史表）的概念模型为例，对该系统数据的表的结构进行介绍：

表 6-1　口述历史表 tb_oral

字段名	数据类型	字段说明	备注
did	char	口述史料编号	主键
otype	varchar	口述史料类型	

字段名	数据类型	字段说明	备注
ointro	varchar	口述史料介绍	
otime	date	材料收集时间	

表 6 - 1 是口述历史关系数据模型的一种实现，将字符串类型的口述史料编号作为主键，口述史料类型用于记录数据的类型，口述史料介绍用于存储介绍的内容，最后的日期类型则保存了材料的收集时间，以下为口述历史表结构创建的 sql 脚本代码：

DROP TABLE IF EXISTS

`tb_ oral`；CREATE TABLE

`tb_ oral`（

`did` varchar（255）CHARACTER SET utf8 COLLATE utf8_ general_ ci
NOT NULL，

`otype`varchar（2555）CHARACTER SET utf8 COLLATE utf8_ general_ ci
DEFAULT NULL，

`ointro`varchar（2555）CHARACTER SET utf8 COLLATE utf8_ general_ ci
DEFAULT NULL，

`otime`varchar（255）CHARACTER SET utf8 COLLATE utf8_ general_ ci
DEFAULT NULL，PRIMARY KEY（`did`）USING BTREE

）ENGINE = InnoDB CHARACTER SET = utf8 COLLATE = utf8_ general-
al_ ci ROW_ FORMAT

= Dynamic；

脚本代码的实现方法为：首先采用"CREATE TABLE + 表名"表示创建表的标识；使用"字段名 + 字段类型"创建表中的字段，完善表的结构；接着使用"PRIMARY KEY"确定主键的字段，对于本表来说，先用 CREATE TABLE `tb_ oral` 作为创建表的标识信息，然后在内部使用`did` varchar（255）来创建一个名为`did`，类型为可变字符串，长度设为 255 的口述史料编号，其他字段依次类推。最后使用 PRIMARY KEY（`did`）声明字段`did`为本表的主键，用于唯一标识一条记录。

（3）数据库数据的加工

数据库数据的加工是一件繁琐而长期的工作，需要有专人从事此项重任。"土家族口述史料"数据库的数据主要由以下几部分构成：

（1）通过走访相关单位及个人征集到的土家族口述文字史料。

（2）通过田野调查征集的部分实物和拍摄的实物图片及视频。

（3）对土家族濒危口传文化进行口述历史研究所获的口述历史资料。

（4）与土家族口述史料相关的网络资源。

（5）吉首大学图书馆原馆藏的土家族口述史料。

囿于土家族口述史料形式多样，数据库管理员进行数据加工时，必须先将这些文稿、图片、录音、视频等进行数字化加工处理。为此，首先要进行人工审核与预处理，利用脚本进行格式统一；其次遵循我国文献编目的相关规则对各模块口述史料进行规范化整理、编辑与著录（表6-2），然后对外发布。

表 6-2 数据的加工处理

数据类型	人工处理部分	脚本处理部分
图片	图片内容审核	规整图片大小 增强图片色彩 OCR 识别图片文字
	打标签与分类	增加水印 转换并统一格式
视频	视频内容审核与剪辑	增强与压缩
	打标签与分类	转换并统一格式 增加水印
音频	音频内容审核与剪辑	音频噪音消除
	打标签与分类	增强与压缩 转换并统一格式
扫描文字稿	文字稿内容审核	OCR 与语法纠正
	打标签与分类	标点符号纠正

（4）数据库建设的目标

本数据库以数字化保护土家族口述史料为目标，对散佚各处的土家族口述文字与实物史料进行征集，对濒危口传文化传承人进行访谈获取口述历史资料，并对这些珍贵史料进行规范化整编、保存与共享。拟构建一个民族特色鲜明、口述信息丰富、技术标准规范、检索利用便捷的综合性口述史料数据库，为土家族历史文化研究、区域经济发展、文化生态保护与旅游开发等提供新的学术资源。同时，希望更多有识之士能加入我们的行列，着力做好土家族濒危口传文化保护和濒危口述史料的征编与研究工作，共同把"土家族口述史料数据库"建设得更好！

图 6-17　土家族口述史料数据库首页

二　建立土家族口述史料的微信公众平台

随着数字技术的快速发展，4G 时代应运而生，QQ、微信等基于互联网即时通信服务的免费应用程序被人们广泛使用。据中国互联网络信息中心（CNNIC）2018 年 8 月发布的第 42 次《中国互联网络发展状况统计报告》显示：截止到 2018 年 6 月 30 日，我国网民规模达 8.02 亿，网民中通过手机上网的达 7.88 亿，手机网民的比例由 2017 年的 97.5% 上升至 98.3%。① 可见，手机在互联网移动接入设备中占据主导地位。

微信作为移动互联网终端的一种应用程序，2010 年由张小龙负责研发，自 2012 年推出以来，用户群体发展迅速。据 2019 年 1 月腾讯公司公布的《2018 微信数据报告》显示：2018 年每月微信活跃用户数达 10.82 亿，较 2017 年的近 10 亿，增长了 8.2%；每天有 450 亿次信息发送出去，较 2017 年增长 18%。而微信公众号自 2012 年 8 月 18 日上线至 2017 年底，数量突破 1000 万个，其中月活跃账号数 350 万，月活跃粉丝数 7.97 亿②，微信公众号已深深嵌入人们的生活、学习与工作之中，更成为公众在微信平台上使用的主要功能之一。为此，本项目组在顺应时代发展和满足移动用户信息需求的基础上，创建土家族口述史微信公众平台并适时推送信息服务，引导广大微信用户主动阅读和利用土家族口述史料。

（一）微信公众平台应用于图书馆信息服务方面的优势

1. 微信公众平台功能丰富

微信公众平台简称微信公众号，是腾讯公司 2012 年在微信业务的基础上推出的一项功能模块。通过这一平台，个人、政府、企业等机构都可以建一个独立的微信公众号，将所属机构的文字、图片、语音等品牌信息推送给关注其公众号的微信用户，实现对特定群体进行全方位的实时沟通和信息推送，形成一个不一样的生态循环，以提高机构品牌的知名度。为此，微信公众平台的口号就是"再小的个体，也有自己的品牌"，可见该平台是进行品牌推广、信息传播的一种有力利器。

微信公众平台除了一对一聊天、信息推送、群发消息、自动回复、自定义菜单、分类订阅、分享朋友圈外，还具有修改文章错别字和文章直接

---

① 中国互联网络信息中心网站，http://www.bast.net.cn/art/2018/8/30/art_16698_387749.html，最后访问日期：2018 年 8 月 30 日。

② 《2018 年中国微信登陆人数、微信公众号数量及微信小程序数量统计》，中国产业发展研究网，http://chinaidr.com/tradenews/2018-06/120224.html，最后访问日期：2018 年 6 月 1 日。

转载等功能。另外，为有效地简化管理流程、提高信息沟通和提升服务管理效率，从 2018 年 11 月 16 日起，个人主体注册公众号数量上限由 2 个调整为 1 个；企业类主体注册公众号数量上限由 5 个调整为 2 个。微信公众平台日益丰富的功能在很多方面都能与图书馆的信息服务对接，建立土家族口述史料微信公众平台将有助于土家族口述史料的推广、传播与利用，为广大用户提供形式多样的微服务。

2. 用户庞大和低成本优势

据腾讯公司《2015 微信数据报告》统计：2015 年微信月活跃用户为 5.5 亿；微信用户群体呈年轻化，18~35 岁中青年的比例高达 86.2%，其中近一半低于 26 岁，近九成低于 36 岁，有近 80% 的用户关注微信公众号。近年来，随着智能手机的普及，使用微信的人越来越多，微信活跃用户量大幅增长，年龄层也发生了一定改变。通过《2018 微信数据报告》可以看出：2018 年微信月活跃用户较 2015 年增长了 5.325 亿，通讯录朋友人均也比 3 年前增多了 110%；每月有 0.63 亿 55 岁以上的微信用户保持活跃，占使用微信人数的 5.8%。也就是说，除了不会使用智能手机的老年人和未拥有手机的小朋友，国内几乎人人都在使用微信。微信已成为我国目前最大的一种社交软件和一个生活方式，未来发展前景良好，其用户群体日渐庞大。正如弘亚世代（Pacific Epoch）分析师 Canaan Guo 所言：在未来 20 年的时间里，微信用户数量将覆盖中国整个 14 亿人口。

在对土家族口述史料进行数字化保护的过程中，因缺乏有效整合、技术人才和先进技术，其保护与信息服务的成本相对较高，但微信公众平台人性化的设置，认证简单、使用成本低的优势正好弥补了以上问题。如微信公众平台允许第三方对其推送的服务内容进行加载、传播与利用，吉首大学图书馆在对土家族口述史料的内容进行推送时，只需加载服务内容就可让关注土家族口述史微信公众号的用户享受到最新的信息服务，这一强大的低成本优势是本项目组利用微信平台对土家族口述史料进行数字化保护的一大重要因素。

3. 便利性与精准推送优势

微信作为一款手机社交软件，之所以能在短时间内被大众接受，其原因首先是可以通过访问手机通讯录方式，添加已开通微信的家人和朋友，使该平台能便利获取熟悉、真实、信任且有价值的用户群，这是其他社交软件无法达到的；其次，在微信公众平台中，用户可与公众号发布机构进行交流、互动，机构也可通过微信公众号实时向公众进行信息推送、服务与更新，其便利的互动性也是区别于传统媒介的优势所在；再次是相对于PC机而言，手机是用户常携带在身上的工具，在有网络的环境下可随时随地进行微服务，这为机构品牌推广与信息传播带来了极大便利。另外，相对于APP而言，因不需重新下载安装，使用起来更为方便。

微信公众平台的信息推送功能对用户进行更为细致的分类和分组，可以根据用户注册信息将用户进行分组，然后通过不同的分组用户进行不同内容、不同类型数据信息的精准推送，使用户收到信息率达到100%。① 对图书馆推送学术资源、宣传新服务、在线咨询、馆藏查询等工作的开展具有很大帮助。笔者所在本项目组如通过微信公众号给关注土家族历史文化的用户提供精准服务，不仅能延伸本馆的服务方式、服务内容，更能拓展服务空间与服务时间。随着微信公众号功能的不断丰富以及高校图书馆信息技术的不断进步，基于微信公众号的高校图书馆服务将不断完善，能为用户提供更为精准的信息服务。②

4. 满足不同用户需求优势

目前，图书馆利用微信公众号主要开通了我的图书馆、阅读、服务、查询、动态等栏目，向不同用户介绍、推送与该图书馆相关的信息。如笔者所在图书馆的微信公众号开辟了我的图书馆、资源、服务三个一级菜单，每个菜单又分若干二级菜单，如服务菜单由最新消息、本馆概况、在线咨询、历史推送、学习通五个二级菜单组成，能精准、主动地推送服务信息。图书馆微信公众号的这些自定义菜单不仅能够吸引更多的用户，还能增加对公众号的关注度，为不同用户群获取精准信息服务提供便利。

吉首大学图书馆的用户除了本校师生还有广大社会读者，其中不乏众多的土家人和土家文化爱好者与研究专家。在土家族优秀文化保护与传承的视域下，不同的用户对土家文化有不一样的信息需求，普通用户只需进

---

① 王丹：《"211"／"985"农林院校图书馆微信公众平台建设调研》，《图书馆学研究》2016年第15期。

② 戴文彪：《高校图书馆微信精准服务探析》，《大学图书情报学刊》2018年第3期。

行简单的土家文化知识普及即可满足，但土家文化爱好者与研究专家则需要进行更深层的信息服务，如传播土家濒危口传文化的溯源、内涵与保护及开发利用的措施等。微信公众平台集成了文字、图片、音视频等多功能的交流方式，其强大的互动、便利、精准等个性化的服务功能，可以满足不同层次用户的关注和信息需求，使土家族口述史料的推广得到更大促进。

(二) 图书馆建土家族口述史微信公众平台的必要性

1. 提升土家族口述史料的利用率

随着数字信息技术的不断发展，电子文献应运而生，它以占用空间小、存储量大、更新和传播速度快等优势向纸质文献发出了挑战，打破了长久以来纸质文献一统天下的格局，使图书馆纸质文献的借阅量普遍下降。纸质文献借阅量的下降，不仅意味着图书馆服务功能的弱化，还意味着土家族口述史料利用率的降低。为此，如何采取应对措施提高纸质文献史料的利用率，是图书馆近年来一直讨论的热门话题。

在这个网络信息时代，虽然越来越多的读者喜好电子文献，但电子文献信息量浩如烟海，若不经过严格的信息提炼，为读者提供的仅是一种不求甚解的快餐式阅读。而纸质文献作为一种精细化阅读，能为读者带来心灵的感受和精神思索，不少读者仍情有独钟，致电子文献与纸质文献各显特色，相得益彰。基于此，利用网络信息平台优质的数字化服务，引导读者走进图书馆并利用馆藏资源，是切实提高纸质文献史料利用率的一项主要措施。如建立土家族口述史微信公众平台，广大用户只需在微信上搜索该公众号或进行关注，就可随时查找和收到吉首大学图书馆推送的土家族口述史料信息资源，并推荐给朋友或分享到朋友圈，从而提升土家族口述史料的传播与利用率。

2. 打破口述史料收藏与利用的时空限制

吉首大学图书馆虽征集到一定数量的土家族口述史料，但仍有大量的土家族口述史料被各地图书馆、博物馆、档案馆和非遗中心等单位及个人收藏。多年来，各单位虽在大力倡导资源整合与共享，但因体制、时空等原因，致土家族口述史料收藏仍处于"各自为政"的状态，"重藏轻用"

现象严重，史料的查阅、传播与利用受到了一定的时空限制。藏与用的矛盾，一直是图书馆事业发展过程中的主要矛盾，每一次矛盾的出现和解决，都会使图书馆进入一个新的发展和质量阶段。在新形势下，如何使土家族口述史料更好地服务本民族、本地区的发展，促进各民族共同繁荣，充分发挥土家族口述史料的作用，是目前亟待解决的问题。

由于过去经费不足或重视不够，很多土家族口述史料收藏单位没有配备专柜，不得不与其他史料混杂存放，又因不具备防虫、防潮等保存要求，致一些珍贵的土家族口述史料（如胶片、音视频、手稿等）霉变、损坏，给其使用造成了严重影响。在网络信息产业飞速发展的今天，藏与用的矛盾，就是"信息服务"与"信息利用"的问题。在网络环境下以互联网为依托，通过建立土家族口述史微信公众服务平台，不仅能实现土家族口述史料的数字化保存、共享与传播，还能打破土家族口述史料收藏与利用的时空限制，从而拓宽土家族濒危口传文化的传播渠道。

3. 拓展图书馆移动信息服务的功能

随着网络信息技术的日新月异，读者对信息的需求日趋多元化、个性化和移动化。为此，从 2003 年起，国内图书馆开始尝试向读者提供移动信息服务，其方式从短信服务、微博、移动客户端等逐渐发展到如今的微信公众平台。微信公众平台以其庞大的用户基础、用户黏度和丰富的应用开发接口满足了用户不同的需求（如用户在微信公众平台输入所需信息关键字，就会收到自动回复，另外，该平台还可以发送各类信息并进行多元化宣传），在图书馆移动信息服务领域得到了广泛应用，已成为我国图书馆目前移动信息服务的潮流和趋势。[①]

微信功能多、易操作且用户基础坚实，而腾讯公司先进的技术支持使其公众平台在移动信息服务领域的功能得到了极大拓展。吉首大学图书馆构建土家族口述史料微信公众平台不仅可以实时发送土家族口传文化信息、推送土家族口述史料、解答用户在线和参考咨询，还能引导用户进行馆藏土家族口述史料的检索和利用，从而拓展吉首大学图书馆移动信息资源服务渠道、发挥微信互动等功能，使读者获取土家族口述史料信息服务

---

① 丁敬达、李辉：《图书馆微信的移动信息服务研究》，《图书馆学研究》2016 年第 22 期。

的方式更加全面便捷，进而不断改进、完善和拓展图书馆移动信息服务的功能。

（三）图书馆建设土家族口述史微信公众平台的策略

1. 巧设菜单，做好信息导航

微信公众平台的可操作性和信息的可视化程度直接影响信息导航工作的质量[①]，为此，创建土家族口述史微信公众平台应在自定义菜单、口述史料推送和信息导航等方面下功夫。首先，功能设置要浅显易懂，如在关注公众号页面对该平台的服务功能进行简述，菜单的定义要体现系统性和扩展性；其次，根据信息服务和用户的实际需求，依托公众平台的开发接口，在一级菜单下面推出专题式二级菜单，如在口述史专栏推出民族简介、历史溯源等二级菜单；再次是结合手机版面设计统一的菜单形式，对服务信息进行一目了然的分类，使微信公众平台的版式设计清新、直观而简洁，从而对信息服务起到良好的导航作用。

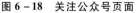

图 6-18　关注公众号页面

图 6-19　公众号平台二级菜单

---

① 邵丽珍：《高校图书馆微信公众平台建设研究》，《图书馆工作与研究》2017 年第 10 期。

2. 灵活互动，调动用户参与

吉首大学图书馆拥有在校师生、校友和社会读者资源，有较多的土家族口述史料微信公众平台的潜在用户。要提高用户关注度和黏度，首先要导入老客户并发展潜在用户，如通过 QQ、微信、电话等方式联系老客户，并在官方平台上进行宣传以发展新用户；其次是利用微信平台点赞、自动回复等功能，激发用户对推送信息进行留言、评价，并根据反馈信息对推送内容和形式进行改进；再次是利用平台专栏与用户保持沟通、互动和联系，实现土家族口传文化知识、口述史料的定期推送和及时发布相关读书、讲座活动的信息，以调动广大用户参与、互动的积极性。另外，很多高校图书馆的公众号在寒、暑假停止推送服务，而此时正是师生们学习的好时节，土家族口述史公众平台如在此时按时推出文化大餐并进行信息服务，必将拉近与用户的距离，提高关注度。

3. 优质推送，深化信息服务

微信公众平台的推送功能承载着用户信息的获取、评价、表达和创造，并可通过用户转发信息的心理达到裂变式传播。[①] 根据土家族口述史料的征集现状，其公众号信息的优质推送和深化服务可从以下几点展开：①针对主题进行推送策划，如每逢土家族舍巴日、过赶年等节日，提前进行活动策划，针对活动主题推送土家族口述史料并传播相关历史、文化知识，以聚集忠实用户，引导并满足用户的信息需求；②推送信息要以濒危口述史料为主，有些公众平台虽信息推送频率高，但因内容空泛，传播指数不佳。为保证土家族口述史料公众平台的独特性和可持续性，其信息推送不可盲目追求数量，要秉持质量至上的原则，以土家族濒危口述史料为主；③做好数据统计分析，利用微信后台强大的统计功能，对推送信息阅读、点赞、点评、转发人数和次数的数量进行统计分析，以进一步调整信息推送的内容，使广大用户感受到优质的信息服务。

4. 拓宽服务，促进媒体融合

微信公众平台的开发接口为图书馆拓展信息服务提供了技术支持，也是各馆依托网络形成特色服务、吸引用户的重点。为此，构建土家族口述史微

---

① 邵丽珍：《高校图书馆微信公众平台建设研究》，《图书馆工作与研究》2017 年第 10 期。

信公众平台时，要根据用户需求加强与相关单位、学术团体，尤其是信息技术部门的联系，对已有资源进行有效整合，拓展嵌入式服务；其次充分利用平台接口，加大技术开发，设计诸如史料推荐、问题解答等实用的服务功能，便于用户咨询与利用。开发服务模块时，可通过平台宣传、用户订阅和需求趋势开展个性化的精准服务。另外，该公众平台作为我校网络媒体的一部分，应与其他高校或相关微信公众平台差异化错位发展，共同构建微信智慧校园；并在此基础上打造由本项目组成员、信息技术人员、土家族研究专家和土家文化爱好者组成的运营团队，为用户提供更为丰富、便捷和智能的信息服务。

（四）土家族口述史微信公众平台建设的实施

1. 土家族口述史微信公众平台的创建

微信公众平台主要面向个人、单位、企业等机构进行合作推广业务。该平台可以通过微信将机构信息推广给广大的微信用户，以减少机构宣传成本，提高信息的知名度和影响力。目前，微信公众平台是免费注册，不需缴纳任何费用，其创建步骤如下。

（1）微信公众平台注册账号的选择

用户直接登录微信公众平台网址 https：//mp.weixin.qq.com，或在搜索引擎搜索"微信公众平台"即可进入微信公众平台官网，然后点击右上角的立即注册，便可选择一个账号类型进行注册。

目前，微信公众平台注册的账号类型有服务号、订阅号和企业号三种：①服务号旨为用户提供服务。可自定义菜单，1个月可发送4条群消息，发送的消息会显示在订阅用户的列表和相应微信首页；运营主体为媒体、公益等组织的可申请服务号；②订阅号旨为用户提供信息。每天可发送1条群信息，发送的信息会显示在订阅用户的"订阅号"文件夹中；可进行信息编辑、推送与回复等操作，适合个人、媒体或其他组织的申请；③企业号旨在帮助企业、机关单位和非政府组织建立与员工、合作伙伴及内部 IT 系统间的连接，并能有效地简化管理流程、提高信息沟通和提升对员工的服务及管理能力。根据上述各账号的功能、权限和土家族口述史料共享的实际要求，本项目组选择订阅号作为该公众平台注册的账号类型。

（2）公众平台名称和微信号的设置

名称是用户关注微信公众平台的第一印象，也是公众号的昵称，对公众平台的传播有着至关重要的作用，不可随意命名。那么，如何给公众平台取名，笔者认为：首先要与平台的内容、功能相吻，容易理解、能直观反映平台的定位与用途；其次能勾起用户好奇心、为用户留下深刻印象、容易记住和传播；再次是不宜过长或使用生僻、生涩和繁复拗口的词汇等。为此，项目组结合上述原则与技巧，将本微信公众平台命名为"土家族口述史"。希望人们通过这个名称能直观理解该微信公众平台的定位，便于记忆、搜索与传播，从而吸引广大用户的关注。

微信号是用户登录微信时使用的账号，也是系统中的唯一识别号，其设置要求严格：①开头必须要为字母，可用 6~20 个字母、数字、下划线等字符来命名；②微信号不能同名、不支持中文账号；③微信号设置好后不能随意修改，1 个自然年内只能申请修改 1 次。为此，微信号设置要慎重，要尽量做到简单、易记和不使用特殊符号，以便用户能快速、准确地通过搜索微信号找到公众号。

（3）微信公众平台 LOGO 设计和功能介绍

LOGO 即显示在微信公众平台上的头像，官网设置规定如下：①头像需经审核通过，1 个月可申请 5 次修改；②不允许设置涉及政治敏感与色情的头像；③图片格式只支持 BMP、JPEG、JPG、GIF、PNG，大小不超过2M。很多人认为微信公众平台的 LOGO 不需进行设计，只需用一张图片填充即可，却不知它与公众号名称一样，能为用户关注时留下深刻的第一印象。要想做一个有特色、有内涵的微信公众平台，就需精心设置 LOGO。设置时：图片最好是原创制作，因为在网络上选取图片，很容易出现头像相同的现象；其次要力求简单并具有一定意义，使用户一看便明白公众号的功能，从而提高关注度。为此，项目组将"土家族口述史"微信公众平台 LOGO 设计为以土家族国家首批非遗项目——西兰卡普图案为背景，

图 6-20　"土家族口述史"微信公众平台上的 **LOGO**

上面设置一位头缠青丝帕、身穿挑花满襟服装、身背小背篓、脚穿绣花小布鞋的土家姑娘（土家族传统服饰的重要标志），她面带微笑款款而来，微微上翘的嘴角好似讲述着土家族灿烂的文化，又似正在接受口述历史访谈。

要想运营好一个微信公众号，就必须将其平台的功能介绍好。微信公众平台的功能介绍如同 QQ、微博上的个性签名，需要用简洁明了的文字把平台的基本作用、功能描述出来，使用户一看就领会公众号内容，从而决定是否关注该公众号。目前，微信公众平台功能介绍主要分空白型、简短型、唯美型和详尽型四种方式。① 为使用户快捷了解"土家族口述史"微信公众平台，其功能介绍可选择简短型方式，对平台的作用、目的和任务等进行简要阐述即可。为此，本项目组将"开展土家族口述史研究、传播土家族口传文化、共享土家族口述史料、打造土家族研究者的学术交流平台"设置为"土家族口述史"微信公众平台的功能介绍。

2. 土家族口述史微信公众平台的架构

土家族口述史微信公众服务平台建立在互联网移动终端的应用程序之上，在腾讯公司的微信公众平台系统中进行个性化架构，便于传播土家族口传文化信息与推广土家族口述史料资源的服务。

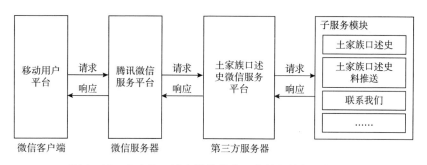

图 6-21 土家族口述史微信公众平台的架构与服务流程

腾讯公司的微信服务器作为信息传输的中间载体，为平台创建者与用户之间提供了信息交互的能力。本项目组申请获得了土家族口述史微信公众平台账号后，该平台管理员在微信平台中配置信息请求接口，并将接口

---

① 张正：《图书馆微信公众平台的构建》，《国家图书馆学刊》2014 年第 2 期。

与第三方服务器对接，通过接入土家族口述史微信服务平台和相关服务器模块展现公众号特色。当用户在移动平台的微信客服端关注了土家族口述史微信公众号后，即可享用该平台提供的各种信息服务，具体流程如下：

- 关注土家族口述史微信公众号的用户在移动用户平台发送请求（消息）时，该请求会通过互联网传送到腾讯微信服务平台；
- 腾讯微信服务平台收到请求后，便将该请求转发给土家族口述史微信服务平台；
- 当土家族口述史微信服务平台（第三方服务器）收到请求后，会根据预先配置的信息请求接口，做请求格式分析，获取请求的内容，并经预定义的服务模块处理，将处理结果封装后响应给腾讯微信服务器；
- 腾讯微信服务器再把收到的响应传送给用户的微信客户端，从而快捷回复用户消息。

3. 土家族口述史微信公众平台的组成

微信公众平台由多个菜单组成，每个平台最多可创建三个一级菜单，其名称不能多于 4 个汉字或 8 个字母。根据土家族口述史微信公众平台应展现的服务内容，项目组将该公众平台的一级菜单分别以"口述史""口述史料"和"服务" 3 个名称命名。其中，微信公众平台每个一级菜单下面最多可创建五个二级菜单，其名称不能多于 8 个汉字或 16 个字母。为具体反映土家族口述史微信公众平台的信息服务内容，笔者所在项目组将平台组成设计为如图 6 – 22 所示，用户只需点击相应菜单，即可获取所需信息。另外，土家族口述史微信公众平台菜单内容的设计不是一成不变的，它可根据项目组提供的口述史料资源和信息服务内容的变化而进行适当调整。

4. 土家族口述史微信公众平台的功能设计

微信公众平台的基本功能主要包括自定义菜单、原创、留言、赞赏、页面模版、语音文本互动、群发推送、自动回复和一对一交流等。要完美展现土家族口述史微信公众平台的服务特色，仅依靠公众平台自身的基本功能是不够的。为此，该平台管理员通过交互融合进行了二次开发，添加了在线咨询、史料检索、史料推送和资源共享等服务模块，便于用户随时随地享用该公众号提供的服务。

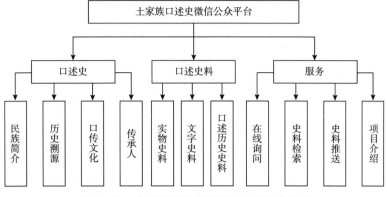

图 6 – 22　土家族口述史微信公众平台的组成

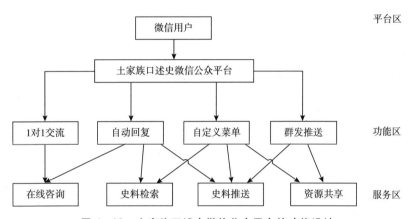

图 6 – 23　土家族口述史微信公众平台的功能设计

（1）土家族口述史微信公众平台的基本功能

微信公众平台自身的基本功能较多，但与土家族口述史有关的功能主要有以下几个。

① 1 对 1 交流。针对土家族口述史微信公众平台用户发送的特殊请求，该平台管理员可以通过发送文字、图片、语音和视频等方式与用户进行 1 对 1 的交流，使管理员与用户之间交流、学习的内容更具体、丰富并具有及时性。

② 自动回复。在土家族口述史微信公众平台设置触发式关键词并制定自动回复消息规则，使用户根据按关键字自动回复、被添加自动回复和消息自动回复等功能获取常规信息，从而实现"对话即服务，对话即搜索"

的服务。①

③ 自定义菜单。位于公众号会话界面的底部，可按需自行设定，合理的菜单设计会提高用户的使用率。土家族口述史微信公众平台创建的自定义菜单，将与土家族口述史相关的内容以菜单方式进行了呈现，用户通过点击菜单项，便可快捷获取相应内容。

④ 群发推送。微信公众平台推送和群发是一个原理，就是通过群发消息将重要或有趣味的信息推送给所有用户。土家族口述史微信公众平台的群发推送是将整编好的土家族口述史料群发给关注该平台的用户，使用户们阅读完后可继续推送，从而提高该平台的关注度。

（2）土家族口述史微信平台功能的二次开发

微信公众平台是利用公众账号平台进行一对多媒体营销的行为活动，是目前信息营销的重要平台。对土家族口述史微信公众平台的基本功能进行二次开发，不仅能使该平台塑造强大的品牌效应、提升公众号曝光率，还能实现土家族口述史料的精准推送，对于吸引广大用户的关注度和依赖度有着强大的功能。

①在线咨询模块。在线咨询也称 1 对 1 交流，土家族口述史微信公众平台管理员（以下简称管理员）可通过计算机终端在平台管理界面与用户进行在线交流。该平台咨询的问题一般是有关土家族口述史和信息检索与利用方面的，关注该微信公众号的用户在线咨询时，管理员可通过语音、文字、图片和视频等功能，将响应信息快捷、直观地反馈到会话界面，以回复用户的咨询。这种咨询方式能为用户进行专业化的指导，与当面咨询效果一样，其优势是其他传统咨询平台所无法比拟的。

自动回复也是在线咨询的一种，土家族口述史微信公众平台包括土家族口述历史、口传文化、口述史料、图书情报与数字技术等方面的信息。将涉及这些信息的常规性问题设置成自动回复，可极大减少管理员回复时的工作量。为充分利用与完善该公众平台的功能，自动回复制作时管理员要依据用户咨询问题的比例，精确提取常规性问题的关键词，以准确掌握

---

① 黄雨生：《面向文献检索课教学模式创新的微信公众平台建设研究》，《图书馆学研究》2016 年第 12 期。

关键词编辑的规则，使用户在线咨询时有问必答，答有所用。

②史料检索模块。史料检索即文献信息检索，是图书馆应具备的基本功能。将土家族口述史微信公众平台嵌入此模块，可使关注该平台的用户不受到时间和空间的限制，随时对吉首大学图书馆馆藏的土家族口述史料进行针对性搜索，从而获取所需的信息资源。前面所提及的自动回复功能也包含史料检索功能，用户只需在该公众平台管理界面输入相应的"关键词"，即可获取"拉式"的信息检索服务。[①] 另外，土家族口述史微信公众平台的自定义菜单功能强大，每级菜单项都链接着不同的信息服务，如土家族历史、文化、传承人的介绍与口述史料推送及史料检索与在线咨询等。

根据土家族口述史料征编现状和图书馆微信公众平台构建、传播与信息服务的策略，项目组将土家族口述史微信公众平台的菜单列表设计为如图 6-24 所示，用户只需点击菜单列表，便可检索到所需的史料信息。

图 6-24 土家族口述史微信公众平台自定义菜单列表

③史料推送模块。在微信公众平台中，信息推送是最基本也是最重要的功能。土家族口述史微信公众平台每天可推送 1 条群信息，包含多条相

---

① 黄雨生：《面向文献检索课教学模式创新的微信公众平台建设研究》，《图书馆学研究》2016 年第 12 期。

互独立的信息内容，其信息显示在订阅用户微信界面的"订阅号消息"中，使所有关注该公众号的用户都能看到。为开展土家族口述史研究、传播土家族口传文化、共享土家族口述史料，土家族口述史微信公众平台推送的信息主要为土家族口述史料，推送土家族口述文字、口述实物和口述历史等方面的第一手史料。通过对这些丰富、珍贵的口述史料推送，可为广大用户（土家族文化爱好者和研究者）撑起一个良好的学术交流与研究平台，从而提升该公众号的活跃度与关注度。

土家族口述史微信公众平台的史料推送，可以分组进行信息编辑、群发和回复等方面的操作，其模块设计时要注意以下几点。

以第一手史料为原则。第一手史料是经当事人挖掘、整理而形成的原始资料，吉首大学图书馆藏有大量第一手土家族口述史料，将这些珍贵史料进行推送，不仅可保护、传播土家族濒危口传文化，更能为其他民族口述史的研究提供借鉴；

要坚持重要性原则。指在消息推送过程中对有价值或有意义的口述史料，要按其重要性程度进行逐次排位。如舍巴节是土家族古老的宗教祭祖节日，当天则应推送与此相关的口述史料，将最重要的史料信息排在前面并以此类推；

推送标题要有吸引力。史料推送内容很重要，但标题更重要。因为好的标题具有画龙点睛作用，能吸引用户点击、阅读，否则推送的信息编辑得再好，没有人互动也是白费。为此，推送土家族口述史料时，一定要选颇具创意的好标题，从而吸引用户阅读、转发与分享。

④资源共享模块。资源共享是基于网络的资源分享，是众多网络用户不求名利，把自己拥有的信息资源利用一些平台分享给大家。资源共享也是微信公众平台的一大特征，是利用移动互联网技术，通过手机向微信用户进行一对多的信息服务。已吸引了众多个人、政府、企事业和传媒等机构的入驻，他们将众多内容丰富的信息资源通过微信公众号分享给广大用户，使其成为一个全新的信息资源共享平台。

随着信息技术的快速发展，各高校和学术研究机构的科研工作也不断深入，增加了对文献史料、科研成果等信息资源的需求量。作为信息供给中心的图书馆，拥有大量文献信息资源，但任何一个图书馆都无法将所有资源全部收藏，若对这些资源进行共建共享，将有效弥补资源不足的问题，从而提高馆藏信息资源的利用率。

创建土家族口述史微信公众平台，是吉首大学图书馆对土家族口述史料进行共建共享所采取的一项有力措施。该平台主要分享土家族口述史料征编过程中所产生的图文、音视频、传承人口述访谈案例和通过田野调查所获的优秀口传文化资料，如土家族梯玛从事巫术活动时的装束、所用法器、口述音视频和曾经遗落民间的梯玛手抄本等资料。将这些珍贵的信息通过微信平台推送给关注土家族口述史公众号的用户，用户除了可随时阅读、在线咨询外，还能通过"发送朋友""分享到朋友圈"和"收藏"等功能将这些信息资源进行分享与保存，从而有利于土家族口述史料的数字化保护、传播与利用。

微信公众平台为图书馆信息服务提供了良好的发展与创新空间，具有用户庞大、成本低、便捷易用和扩展性强等优势，很适合图书馆引导用户利用碎片化时间主动阅读。土家族口述史微信公众平台目前还处于创建探索阶段，未来的开发和服务还需不断完善。为此，我们要勇于面对机遇与挑战，不断进行深度开发、创新服务模式，有效提高该平台的扩展性、互动性和土家族口述史料的利用率。

第七章

土家族口述史料的开发与利用

党的十八大以来，以习近平同志为核心的党中央高度重视中华优秀传统文化的传承发展，倡导开发与利用传统文化，并使之成为实现中华民族伟大复兴中国梦的根本性力量。2017 年 10 月 18 日，习近平在十九大报告中说："要激发全民族文化创新创造活力，建设社会主义文化强国。"由此可见，民族传统文化的传承发展已上升到国家战略层面，已成为当代中国人应担负起的新文化使命。

土家族口述史料是我国传统文化资源的重要组成部分与表现形式，将土家族口述资源转化为文化产业，可创造出一定的经济价值，对土家族濒危口传文化的传承发展有着极大帮助。在中华优秀传统文化传承发展的时代背景下，如何对土家族口述史料进行合理开发与利用已成为值得我们深入探讨的问题。

第一节　土家族口述史料开发与利用的意义

一　保护与传承土家族濒危文化

土家族口述史料是一种具有开发价值的文化资源，它与土家族历史文化发展相关联，也与当前土家人的社会生活相联系。伴随着全球经济一体化时代的到来，外来文化对民族传统文化的冲击已不可阻挡，也使当前文化竞争日趋激烈。土家族在走向区域、国家和国际化的过程中，其民族口传文化不仅要面临自身生存、保护、传承和发展等方面的问题，还要面对外来文化的冲击和竞争。为使土家族口传文化得到长久保护、融入现代人生活并进一步走向世界，亟待对土家族濒危口传文化进行保护与传承，对其口述史料进行科学、合理的开发与利用。

二　土家族文化产业发展的内在需求

文化产业是以满足人们对文化的需求为目标，对具有意义的文化进行创作、制作、销售和提供精神产品的活动，如对文学、音乐、舞蹈的创作和对建筑、女红等工艺的设计制作。土家族口述史料是土家文化产业发展的重要创作来源，对其进行开发利用能突破时空与地域的限制，直接或间接地产生经济、社会等多方效益。如张家界市为保护与传承土家族优秀濒危口传文化，对土家族口述史料进行了挖掘、整理并与文化旅游产业相结合，成功对土家族刺绣、鬼谷神功、摆手舞等口述史料进行了系列开发与利用，涌现了绣云土家刺绣公司、魅力湘西大剧院等民族文化产业的优秀企业，尤其是魅力湘西于 2008 年被国家文化部评为"国家文化产业示范基地"。可见，对土家族口述史料进行开发利用就是对其自身价值属性的一个把握过程，如果土家族口述史料没有开发利用的价值，就不会有成功的文化产业，也不会创造出众多的效益。

三 有效实现土家族人民的文化自信

当今国际形势发生了重大改变，国与国之间的竞争由原来军事、经济等力量的对比逐步转移到文化间的竞争。文化是一个国家、一个民族的灵魂，只有实现文化自信，才能推动社会主义文化的繁荣兴盛。土家族历史悠久，其口传文化资源丰富、特色鲜明，是土家族不断前行、发展的精神动力，也是区别于其他民族的重要标识。但土家族丰富的口传文化资源并不等同于文化自信本身，只有对土家族口述史料进行合理开发与利用，才能不断展现土家族丰富多彩的口传文化，从而激活土家族文化发展的动力，这样才是实现土家族人民文化自信的重要途径。如被誉为研究土家族历史文化活化石的茅古斯，2008 年在北京奥运会开幕式前的文艺节目中进行了精彩表演，通过电视、网络等新闻媒体的广泛传播，让全世界人民领略了土家族原生态的口传文化，有效增强了土家族和我国人民的精神力量，担当了实现文化自信的使命，为建设社会主义文化强国奉献了力量。

第二节　土家族口述史料开发与利用的原则

土家族口述史料具有不可再生性和复制性，对这些口述史料进行开发与利用时，如一味追求经济效益而过度开发利用，将会对土家族优秀文化资源造成严重破坏。因此，在对土家族口述史料进行开发与利用之前，首先要明确该做什么和不该做什么，对应该遵循的重要原则进行划定。

一 政治性与社会性融合原则

政治性原则在任何时候都是重要的根本性原则。中国共产党作为一个久经考验的马克思主义政党，是一个政治性组织，其政治上的先进性使它取得了伟大胜利。2018 年 6 月 29 日，习近平总书记在中央政治局第六次集体学习时强调：要坚持中国共产党的政治领导，把准政治方向，夯实政治根基，防范政治风险，提高政治能力，为我党不断发展壮大、从胜利走向胜利提供重要保证。可见，在开发利用土家族口述史料过程中，我们必须以党的基本理论、路线、方略为政治纪律，以党的发展壮大和土家文化的繁荣兴盛为一切开发利用的出发点和落脚点。另外，土家族口述史料是土家人在长期社会实践中遗留的文化资源，土家人作为土家文化资源的创造者和拥有者，进行开发利用工作具有无可比拟的优势和无可非议的参与权。因此，在对土家族口述史料开发利用的过程中，要严格执行我国民族区域自治制度的基本政治性制度，为广大土家人创造更多的参与机会，便于他们行使当家作主的权利。

土家族口传文化以土家族社会发展为基础而产生，依靠土家社会群体的口传心授而传承，如果没有土家族社会的存在，就不会有土家口传文化的产生。因此，土家族口传文化具有社会性，其口述史料更具有社会功能。在对土家族口述史料进行开发利用时，其社会功能主要表现在这几方面：①能加强土家濒危口传文化的传承与传播，促进各民族文化间的交流与共同发展，实现土家文化的繁荣兴盛；②在利用土家族口述史料过程中，人们会受土家文化的熏陶而产生深刻影响，在不知不觉中成为土家族文化的传播者；③土家族口述史料具有正面导向作用，能为推动土家族精神文明建设、教导人们、为土家族地区经济社会发展提供精神力量和信息支持。

另外，土家族口述史料还蕴含一些负面功能，如山歌中一些低级趣味的唱词和部分野蛮习俗等，对土家族社会发展具有一定的负面影响。因此，在对土家族口述史料开发利用过程中，我们要弃粗取精，不能将口述史料中的一些糟粕进行肆意开发，这样不仅不利于推动土家族社会的进步，还有损于土家文化的美好形象，误导人们给土家文化贴上低级、野蛮和庸俗的标签。

二　资源整合与经济价值原则

土家族口述史料作为一种口传文化资源，是土家人在长期生产生活中创造的精神财富，具有极大的经济价值和市场价值。但单从史料类型来看，这些土家族口述史料仍处于一种分散、原始、濒危的状态，如能对其进行有效整合，建立相互间的有机联系和优化配置，就能形成土家族濒危口传文化资源的整体合力，有效避免同类资源的重复开发，有助于土家族口述史料开发利用工作的整体布局、宣传和推进，从而创造良好的经济效益。

文化资源的开发分为文化事业和文化产业两条路径：①文化事业倾向于社会效益，其功能在于提高人们的思想觉悟、道德修养和审美水平，为社会发展提供精神动力和信息支持；有助于促进民族文化的多样性，在民族文化保护、传承与发展方面具有重要意义。②文化产业则更注重经济效益，它遵循市场规则和价值规律，将文化资源作为产业投入到物质生产中，并通过市场运作的方式进行经营管理，以产生经济价值。① 因此，在开发利用土家族口述史料时要遵循的经济原则主要是针对土家族文化产业开发而言，其含义主要包括以下两方面。

（一）创造经济效益为目的原则

确保对土家族濒危口传文化的开发有利于区域经济发展，哪种口述史料适合进行产业化开发，取决于其口述（文化）资源自身的特征和价值。因此，开发前一定要厘清哪些资源值得开发，否则不仅劳而无功，还浪费资源。如土家织锦纯手工制作，部分开发商为创造更多经济效益，用机器

---

① 李沛新：《民族文化资源开发利用新思维——以广西为例》，中国经济出版社，2017，第115页。

仿造了很多低劣、廉价的"土家织锦"产品，使其美誉度和社会效应等受损，应及时制止这种行为。

（二）坚持以市场为主导的原则

既然民族文化资源的开发是一种市场经济行为，那么土家族口述史料的开发与利用也必须遵守市场规则和经济价值，单纯依靠政府和地方单位的支持只能缓解暂时性问题，一定不会长久。[①] 如开发的一些民俗表演节目依靠政府组织人员观看，生产的民族工艺品和土特产靠联系地方单位购买等，都是不成功的文化产业开发方式。

三 传承弘扬与生态结合原则

做好土家族口述史料的开发与利用工作是新时代土家人，更是土家文化研究者坚定文化自信、传承优秀文化、弘扬民族精神的重要使命，那么如何传承弘扬就要求遵循以下基本原则。

（一）创新原则

创新是引领时代发展的第一动力，文化的本质也在于创新，墨守成规必然会影响文化的传承弘扬。为此，在开发利用土家族口述史料时要有独特的眼光和创新的意识，在观念、内容和形式等方面进行创新。

（二）融入原则

土家族口述史料作为历史文化遗产，蕴含着土家族的根与魂，开发利用者要深入挖掘土家文化的思想观念、人文价值和道德规范，将其优秀文化内涵更好更多地融入新时代土家族人的工作、生活与学习等方面。

（三）共享原则

为更好地服务土家族地区的经济与文化建设，应利用各种方式对土家

---

① 李沛新：《民族文化资源开发利用新思维——以广西为例》，中国经济出版社，2017，第115页。

族口述史料进行共享，让人们感受到土家族优秀濒危口传文化的精髓，不断增强土家人的民族归属感、认同感和幸福感，从而更好推动其口述史料的开发与利用，让土家族优秀濒危口传文化展现出永久魅力和时代风采。

人类自进入工业时代，科技和生产力一直突飞猛进，但赖以生存的生态环境却遭受了重大破坏，使人类的生存与发展面临巨大挑战。当前，人们更多追求人与自然的和谐共生、良性循环及全面发展为基本的文化形态，即生态文明。党的十八大以来，我国围绕生态文明建设制定了40多项涉及生态文明建设的改革方案，相继出台了《关于加快推进生态文明建设的意见》与《生态文明体制改革总体方案》，将建设生态文明的时代责任落实在我们这代人肩上。

因此，在对土家族口述史料开发利用过程中，我们首先要确保土家族地区的生态环境不受破坏。土家族世代居住在奇峰兀立的武陵山片区，境内古木参天、民族文化独特丰富，极具文化旅游开发的潜力。但这里生态环境相对脆弱，水土流失、石漠化现象也较严重。对土家族口述史料进行文化旅游开发时，务必将该地区生态环境的承载能力纳入讨论议程，以确保武陵山区经济、文化和生态的协调发展。其次要确保各民族文化生态的和谐发展。武陵山片区聚居着汉、土家、苗等30多个民族，并以"大杂居，小聚居"的形式交错居住，多民族文化和谐共存，并形成了相互影响、相互促进的良好文化生态关系。为此，在对土家族口述史料进行开发利用时，要坚守现有的文化生态，提高全民文化生态保护意识，不能因过度开发土家族文化资源而影响其他民族文化的发展。

第三节　土家族口述史料开发与利用的策略

一　重视土家族口述史料的整理与出版工作

2017年11月，中共中央办公厅、国务院办公厅颁布了《关于实施中华优秀传统文化传承发展工程的意见》，把"加强地方史志编纂工作，做好各民族经典文献出版工作"作为开展民族特色文化保护的重要任务之一。

土家族历史悠久，土家先人用勤劳和智慧创造了光辉灿烂的土家文化，为中华民族优秀传统文化的传承发展作出了杰出贡献。然而由于没有本民族文字，土家人所创造的历史文化以文字（汉字）形式记载下来的相对较少，更多是留存于土家人口传心授的记忆中。多年来，通过众多土家文化研究者和本项目组成员们的不懈努力，征集、整理出很多以文字、实物和口述历史为载体的土家族口述史料。但这些口述史料大多没编纂成册、公开出版或发表，束之高阁、破损残缺、流失情况较为突出，亟待我们整理与出版。

（一）土家族口述史料的整理出版概况

吉首大学图书馆从 2011 年起一直致力于土家族口述史料的征编工作，是目前土家族口述史料的主要保存单位。另外，土家族还有部分口述史料散佚在武陵山片区的各史料收藏单位及民间。因土家族口述史料原来保存分散，吉首大学图书馆对其征编工作起步较晚和物力、人力等原因，致土家族很多口述史料没有整理出版，使广大用户想要了解和利用这些散佚的史料十分不便，造成了土家族很多珍贵口述史料长期无人问津，面临着随岁月流逝而湮没无闻的危险境地。

出版或称发表，是将整理好的信息资源通过图书、报刊、音像、电子、互联网等方式公之于众的一种行为。为了解土家族图书的出版概况，笔者于 2019 年 4 月 12 日登录读秀中文学术网，以"土家"为检索词进行图书书名搜索，找到相关中文图书 684 种。当笔者登录中国知网，以篇名"土家"为检索词进行中文文献检索，找到 5840 条相关结果。

以上公开出版的书刊内容都根据土家族口述史料整理而形成，对土家族部分优秀口传文化进行了集中展示、再现与弘扬，已成为研究土家族乃至武陵山区历史文化的重要资料，其价值不言而喻。但土家族还有大量口述史料没有公开出版，如本项目组征集到的咚咚喹、茅古斯、滴水牙床和土家族挑花、木雕、石雕、竹编等口述史料。为更好地对这些口述史料进行开发与利用，我们要高度重视和尽早实施土家族口述史料的整理与出版工作，更好地为广大用户提供更为集中的信息资源与服务。

（二）土家族口述史料整理出版的措施

文字、造纸和印刷术的发明使出版业逐步得到发展，传统出版的形式一直以纸质为主，纸质阅读的历史距今已逾千年。但在数字技术快速发展的今天，数字化阅读日益受到人们的青睐，传统纸质阅读需求快速下降。但传统出版不会因数字出版的出现而终结，因为纸质文献更符合人们的阅读习惯并便于保存和具有一定的权威性。数字出版建立在计算机、网络等数字技术基础上，是融合并超越传统出版内容而发展起来的一种新兴出版产业。① 正如原国家新闻出版总署署长柳斌杰所言："如果应对得当，二者会优势互补，共同发展。"②

出版是推动社会发展和文化进步的精神动力和文化力量，承担着独特的历史使命和文化担当。③ 在大力弘扬中华优秀传统文化、全力发展民族文化产业和坚定民族文化自信的新时代，我们要做好土家族口述史料的整理与出版工作：①加紧组织专业人员，集中一定的财力和物力，对征集到的土家族口述史料进行更为深入的整理、编辑与研究，并将其汇编成书或撰写成研究论文等公开出版，达到永久性保存土家族口述史料的目的，为土家族口述史料的开发与利用提供更为集中的资料。②将整理好的土家族口述史料进行融合出版，即通过计算机、网络等高新技术，对传统出版和数字出版进行整合，分析潜在的各种关系与发展模式，挖掘现代数字信息技术在出版业融合发展中的作用。探索出适应新时代的土家族口述史料出版模式，实现土家族濒危口传文化与现代科技的深度融合，进而推动土家族口述史料的开发与利用。

二　乡村振兴战略下土家族口述史料的开发与利用

乡村振兴是习近平总书记在党的十九大报告中提出的伟大战略。2018

---

① 张晓辉：《浅析数字出版对图书出版的影响及编辑的应对策略》，《科教文汇（下旬刊）》2017 年第 1 期。

② 魏静茹：《以改革为动力，推动社会主义文化大发展大繁荣——专访国家新闻出版总署党组书记、署长，国家版权局局长柳斌杰》，《理论视野》2011 年第 12 期。

③ 周红、潘俊成：《传统出版与数字出版融合的多元化发展思路》，《新媒体研究》2019 年第 5 期。

年中央 1 号文件《关于实施乡村振兴战略的意见》将"支持农村地区少数民族文化，推动优秀农耕文化遗产合理利用"作为乡村振兴战略的重要内容。① 土家族口述史料蕴藏着丰富的优秀农耕文化资源，是土家族地区农村口传文化的真实记载与再现。在乡村振兴战略背景下，对土家口述史料进行开发与利用，对于提升土家族地区农村优秀传统文化、促进乡村全面振兴具有十分重要的现实意义。

（一）开发利用土家族口述史料对于乡村振兴的价值

1. 有利于促进乡村产业兴旺

产业兴旺是实施乡村振兴战略的首要目标，这是从物质文明维度来衡量乡村振兴。只有依靠产业振兴，解决农村劳动力就业问题，才能增加农民收入，帮助农村脱贫致富，从而提增乡村振兴的基础。② 土家族世代居住的武陵山区长期与贫穷、落后为伍，开发利用土家族口述史料，发展土家族优秀口传文化产业是促进武陵山区乡村文化产业兴旺的重要路径。

土家族口述史料是还原土家族口传文化的珍贵资料，对其进行深入开发，形成编研产品，让更多人投资土家族乡村：首先会促进土家族濒危优秀文化原生地乡村特色产业的发展。如通过开发土家族织锦口述史料，不仅使龙山县捞车河村的土家织锦技艺得以传承与发展，还使该村荣获了土家织锦之乡、中国传统村落和湖南省旅游名村等美誉，成为乡村产业兴旺的示范样板。其次，通过开发与土家族濒危优秀口传文化相关的创意产业，销售蕴含土家族文化元素的手工艺品和农副产品等，可以促进与之相关的制造业发展。如张家界灵洁绿色食品有限公司始终以开发土家族饮食口述史料、弘扬土家族优秀饮食文化、发展区域经济为指导思想，坚定不移地在乡村办厂，开发土家腊味、辣椒等口传特色创意产业，已形成一条农业产业链。

---

① 《保护好优秀农耕文化遗产》，中国社会科学网，http：//ex.cssn.cn/dzyx/dzyx_gwpxjg/201805/t20180522_4281436.shtml，最后访问日期：2019 年 4 月 26 日。
② 黄三生、凡宇、熊火根：《乡村振兴战略视域下红色文化资源开发路径探析》，《价格月刊》2018 年第 9 期。

另外，文化旅游是土家族乡村当之无愧的"朝阳产业"，与地方餐饮、住宿、娱乐、贸易等服务行业密切关联。如重庆石柱县土家族村为发展文化旅游，充分利用土家族口述史料挖掘优秀文化资源，将土家文化展现在该村衣食住行等方面，让旅客切实感受到当地浓郁的土家族风情。① 同时配套开发相关特色商品，在提升旅游竞争力的同时增加了农民收入，成为土家族文化旅游的示范村。

2. 有助于建设生态宜居的美丽乡村

建设好生态宜居的美丽乡村，让广大农民在乡村振兴中有更多获得感和幸福感是乡村振兴的关键。美丽乡村建设主要包括两个方面：①生态，即做到乡村环境优美、形成统筹山水林田湖草系统治理格局的同时，对文化生态与自然生态进行协调共进。②宜居，通过加强农村地区的基础、文化等设施的建设，让农村地区的道路、电力、文化娱乐等配套设施不断完善，让农民在良好的生态环境下尽享便利。② 让广大农民脱贫致富、拥有一个生态宜居的美丽家园，不仅关系到土家族农民的切身利益，也关系到土家族乡村社会的文明和谐。

为此，开发土家族口述史料，把其中蕴含与美丽乡村建设相一致的史料内容挖掘出来，建立村史馆或在村部展示与之相关的图片、实物和视频，再通过乡村标语、互联网、微信等形式进行传播，将助力乡村良好文化氛围的营造，打造宜居的文化生态环境。如美丽乡村石堰坪坐落于张家界市王家坪的群山碧翠之间，该村历史悠久、环境优美、依山而建的吊脚楼和至今仍留存的土家族濒危文化更是构成了优美的生态环境。石堰坪村通过开发土家族口述史料，抢救性整理出糊仓、扬叉舞等一批具有浓郁地域特色的土家族优秀文化，并在村部以图片、实物等形式进行陈列，将传播土家族优秀文化与推动美丽乡村建设相结合，取得了显著的开发利用成效。

3. 有助于促进乡风文明建设

乡风文明主要包括思想、道德、文化、风俗、治安等方面，是社会主

---

① 陈泠璇：《重庆市民族文化旅游资源开发研究——以石柱土家族自治县为例》，《现代商业》2018年第9期。

② 张斌峰：《打造生态宜居的美丽乡村》，《陕西日报》2019年3月27日。

图 7 - 1 石堰坪村村部展示的土家族文化图片

义新农村建设方针的灵魂①，也是乡村振兴的根本保障。实施乡村振兴战略既要在物质方面"塑形"，也要在精神方面"铸魂"，以不断提振乡村的精气神，丰富村民的精神文化生活。文明的乡风既能促进农民返乡创业，吸引外资助推乡村发展，也能增强乡村内部凝聚力，孕育乡村对外影响力，成为实施乡村振兴战略的软实力。土家族乡村要培育文明的乡风，首先要以土家农民喜闻乐见的方式进行社会主义核心价值观的宣传教育，培育良好的民风、治安等社会风尚；其次需利用土家族口述史料挖掘土家族濒危优秀文化，并在农村大力开展与乡风文明关联的土家族民俗文化活动，提升村民的文化素养和思想道德境界，这些对于乡风文明建设具有重要的促进和优化作用。

4. 有利于推进乡村有效治理

郡县治，天下安；乡村治，百姓安。治理有效是实现乡村振兴的基

---

① 杨志坚、盛莉、丁玉敏：《民族地区的乡风文明建设与传统道德教育》，《云南农业大学学报》（社会科学版）2010 年第 6 期。

础，也是国家实现乡村治理现代化的基础。让乡村成为农民安居乐业的美丽家园，离不开有效的科学治理。我国农村的情况各有不同，要实现"治理有效"的共同目的，必须"建立健全党委领导、政府负责、社会协同、公众参与、法治保障的现代乡村社会治理体制"。土家族乡村要健全现代乡村社会治理体制，可从土家族口述史料中挖掘相关信息进行借鉴与启发。如湖南桑植、永顺塔卧等革命根据地的红色史料和湖北唐崖土司城、永顺老司城的实物史料等都蕴藏有关土家族革命传统、基层党建、社会治理等方面的实践与探索，遗留了土家族乡村有效治理方面的宝贵经验。这对健全以党组织为核心的农村工作领导机制，确保土家乡村充满活力、和谐有序，加快推进乡村治理体系现代化具有重要意义。

5. 有利于实现乡村生活富裕

生活富裕是乡村振兴战略的出发点和落脚点，实施乡村振兴战略的最终目的是为了让农民过上幸福美满的生活。2016 年，习近平总书记在安徽凤阳小岗村召开座谈会时曾强调：中国要强农业必须强，中国要美农村必须美，中国要富农民必须富；要加大推进新形势下农村改革力度，全面落实强农惠农富农政策，促进农民安居乐业。

农民要过上安居乐业的幸福美满生活，就要在农村实施创业就业行动。通过开发土家族口述史料，大力挖掘与发展土家族饮食、手工技艺、民俗风情等特色产业，培育出一批村办工厂、家庭手工作坊、农家乐等乡村企业，为广大村民提供多元化的就业岗位，从而拓宽农民增收渠道、增加农民收入、使广大农民尽快富裕起来。当然，在社会主义新时代，生活富裕已不能从狭义的物质维度去理解，而应从精神、思想、政治、生态等多维度进行广义领会。[①] 基于上述土家族口述史料对土家族地区乡村产业兴旺、生态宜居、乡风文明、治理有效价值的阐述，我们认为，开发利用土家族口述史料对实现土家族地区乡村生活富裕同样具有重要价值。

（二）开发利用土家族口述史料助力乡村振兴

基于土家族口述史料对乡村振兴的重要价值，我们要高度重视对其进

---

① 黄三生、凡宇、熊火根：《乡村振兴战略视域下红色文化资源开发路径探析》，《价格月刊》2018 年第 9 期。

行系统的深度开发与利用。坚持创新、服务和共享等发展理念，让土家族濒危优秀口传文化走进土家乡村，在美丽乡村建设中彰显土家族优秀文化的内涵，助力土家族地区的乡村振兴战略。

1. 创建土家族乡村"村史馆"

随着乡村振兴战略全面、深入的实施，土家族地区乡村的生态环境和村民生活环境得到了显著改善，很多农民过上了富裕的物质生活，但土家族的历史溯源、民族语言、传统手工技艺和民俗民风却渐行渐远。当土家人在享受乡村振兴战略成果的时候，很多土家乡村却很难找到该民族文化的"根"，很多土家人不知道本民族的起源、没听说过本民族的谚语和乡贤名人的故事，有的甚至没见过西兰卡普、更不知道茅古斯、咚咚喹等土家族优秀文化。

为此，我们建议在开展土家乡村基础建设的同时，要利用土家族口述史料，深入挖掘土家乡村的历史溯源、优秀文化与乡风乡韵并修建"村史馆"，做好共享史料、传承文化，增强土家人的文化认同工作。在创建的土家族乡村"村史馆"内，可将与该村相关的口述史料以文字、图片、实物和视频等形式进行陈列，将其内容分为历史篇、文化篇、产业篇与成就篇，以勾起老一辈土家人的民族记忆，让更多年轻人了解到当今美好生活的不易，进而展现该村独特的历史文化底蕴与艰辛的创史建业历程，使之成为承载土家族历史记忆、弘扬文明村风、传播土家族濒危优秀文化的重要基地。

2. 筹建土家濒危文化示范村

土家族口述史料是乡村文化建设的重要资料，也是保存乡村记忆的重要载体。近年来，土家族地区积极推进文化资源开发、非遗保护与乡村振兴工作的纵深发展，形成了很多特色文化村，如张家界乡村旅游文化村、长阳土家特色文化村等，使土家族特色文化村呈现出一幅百花齐放的良好景象，但以土家族濒危文化为特色的示范村却不多见。为留住"土家文化记忆、传承土家乡村文明"，我们建议选取具有一定历史沿革、文化底蕴深厚、民俗民风留存较为完整的土家族古村落，作为"土家濒危文化示范村"。

如湘西龙山县靛房镇石堤村山清水秀、土家族文化资源丰富且保存相对完好：①全村目前仍在使用土家语交流。②现拥有国家级茅古斯传承人1名，省级土家族咚咚喹传承人1名，州级土家语、土家谚语、梯玛、茅古斯传承人各1名，县级打溜子传承人4名。③还有很多村民会土家族各类濒危技艺，是名副其实的土家族濒危文化之村。如在该村建立土家族口述史料展示室、土家族濒危口传文化传承基地和乡村文化广场或表演场等试点，通过开发与推广应用，使之逐步建设成美丽乡村"土家濒危文化示范村"，成为土家族口述史料在服务乡村振兴战略中的样板地。

图7-2 石堤村民在该村茅古斯表演场进行演出

3. 再现土家乡村濒危优秀文化

土家族口述史料不仅记录了土家族历史文化发展的轨迹，还能为美丽乡村建设提供珍贵的第一手资料。为此，我们要加强对土家族乡村口述史料的开发与利用，组织相关单位和民俗专家深入土家族古村落、文化名村和美丽乡村，访谈土家文化传承人或知情人、查阅口述文字史料、考察口述实物史料，深入挖掘土家族乡村濒危优秀文化的内涵，真实还原与再现土家族乡村濒临消失的优秀口传文化。如龙山县土家族民俗研究专家彭英子多年来致力于土家族乡村濒危优秀文化的挖掘、传承与弘扬工作，编写了《社巴日之歌》《土家织锦图纹解读》《土家语辞典》《土家族建筑》等著作，还通过对靛房镇石堤村土家族口述史料的挖掘与整理，编导了《丝兰卡普》《茅古斯石梯乐土》等舞台剧。其中,《茅古斯石梯乐土》是根据石堤村土家先民的故事改编而成,表演者均为石堤村民,所有对话和唱词全部使用土家语。该剧融入了土家族打溜子、摆手舞、咚咚喹、梯玛、哭嫁、山歌、谚语等文化元素,为观者再现了一场土家乡村濒危优秀文化的盛宴,得到了众多戏曲、民俗等专家学者们的高度好评,为石堤村存留古拙的乡村记忆、弘扬土家族濒危优秀文化、提升该村在美丽乡村建设中的文化影响力发挥了积极作用。

图 7 – 3   土家族民俗研究专家彭英子的研究成果(彭英子   摄)

三   土家族口述史料的产业化开发与经济价值利用

当今时代,文化产业在全世界已成为战略性产业,文化的经济功能日益突出,并在区域经济竞争中扮演着重要的角色。[①] 土家族口述史料有鲜明的地域特征,是土家族文化生产所必需的原材料,具有一定的经济价值,如果对其进行合理的开发与利用,必定会推动土家族地区经济与社会的发展。从整体而言,土家濒危口述史料的产业化开发与经济价值利用主要从两方面进行:一是土家族口述史料的商品化开发,二是土家族口述史料的产业化运营。

---

①   管宁:《地方文化资源产业元素开发探究》,《贵州社会科学》2011 年第 11 期。

（一）土家族口述史料的商品化开发

商品化指原本不属于买卖流通和通过货币实行交换的事物，在市场经济条件下转化或变异为可进行买卖和货币等价交换的商品。传统文献史料的开发一般为公益性，即向社会提供免费的文化资源，但在市场经济体制下，人们逐渐发现文化资源是一笔财富，通过加工能转化为满足社会消费需要的文化商品，这为土家族口述史料的商品化开发提供了有利的先决条件。

1. 土家族口述史料的商品化开发策略

对土家族口述史料进行商品化开发的渠道很多，但在土家族地区旅游业蓬勃发展的今天，笔者认为对口述史料中蕴藏的旅游资源进行商品化开发是土家族地区获取经济收益最重要的途径。

（1）利用音乐舞蹈口述史料进行商品化开发

土家族地区过去交通不便，土家先民长期生活在封闭的环境中，只有通过音乐舞蹈来娱乐、交流与增长知识。可以说，土家族音乐舞蹈承载着土家人的文化起源与时代变迁，真实表现了土家先民的情感、信仰与生产生活，内容涉及土家族的农耕、渔猎与风俗等方面的文化资源，其中梯玛神歌、薅草锣鼓、咚咚喹、打溜子、茅古斯、摆手舞等被列入国家级非物质文化遗产名录。土家族这些独特的音乐舞蹈体现了该民族丰厚的文化底蕴，是土家族文化旅游商品化开发最重要的资源，对广大旅游者具有超强的吸引力。

为此，我们要借助土家族地区得天独厚的自然旅游资源，如张家界国家森林公园、永顺老司城遗址、凤凰古城与酉阳桃花源等著名风景区，将土家族音乐舞蹈口述史料与该地区如火如荼的旅游业相融合，进行商品化开发，这将推动土家族文化和旅游的繁荣发展。首先，在已批准为国家或省级等传承人的带领下成立相应的歌舞表演队，利用农闲或节日在乡村进行土家族音乐舞蹈的传承与表演工作，为土家族乡村旅游添砖加瓦；其次，将土家音乐舞蹈与生态环境和现代艺术等元素结合，在旅游区进行原生态文化演出，为游客展示土家族优秀的文化资源，让"白天观土家山水，晚上赏土家文化"成为广大游客的共识；以文化软实力提升土家族旅游景区的知名度，打造土家族文化旅游品牌，实现土家族地区经济发展与文化传承双丰收，提高土家族口述史料的利用率。

（2）利用饮食文化口述史料进行商品化开发

随着大众旅游时代的到来，外出旅游欣赏美景与体验地方民俗文化已成为一种风尚，但民以食为天，越来越多的游客将品尝旅游地区的特色饮食作为他们期待和欢迎的旅游项目之一，迫切的需求加速了饮食文化的商品化开发。饮食文化包含"饮"与"食"两方面：饮，即饮酒、饮茶；食，即吃的东西。

饮食文化与人们居住的自然环境密切相关，土家族地区山多田少，主食以稻谷、玉米为主，配以小米、糯米和红薯等，土家人常用这些粮食做各种小吃，如油粑粑、蒿子粑粑、绿豆面、糍粑、米豆腐与团馓等；土家族菜肴以酸辣为主，素食如各种酸菜、酸辣子、酸糯米辣子、酸合渣等，肉食以腊味最具特色，如腊香肠、腊猪肉、腊鱼、腊牛肉、腊羊肉等。土家族酿酒技艺高超，酿出的酒种类繁多，如苞谷酒、糯米酒、米酒、高粱酒、伏子酒等，土家人喝酒很讲究，酒文化渗透于整个土家人民的生产生活中。土家族地区盛产茶叶，土家人除喝开水冲泡的茶外，还有喝罐罐茶和油茶汤的习俗，饮茶在土家族地区不仅是一种习俗，也是一种礼仪。

图7-4 土家族各种特色小吃组

图 7-5　土家族各种特色菜肴组

　　土家族虽拥有如此博大精深的饮食文化，但与该地区快速发展的旅游业相比，其开发利用并不理想，很多饮食制作技艺正濒临失传。饮食文化是旅游业的重要组成，没有饮食，旅游将无法进行。为此，我们要将土家族饮食文化资源与该地区旅游业融合，进行商品化开发，以实现饮食业与旅游业的双赢。首先，利用土家族饮食口述史料挖掘该民族饮食文化资源，抢救和开发特色饮食，助力土家族饮食文化的商品化开发；其次，对土家族饮食文化进行全方位开发，以满足游客对味觉、视觉及精神等方面的追求，让广大游客有"宾至如归"的感觉；同时，在游客比较集中的地方开辟土家族特色饮食美食街并定期举办各种美食节，这样不仅会丰富旅游者的旅游内容，还会招徕更多的游人前来品尝美食；然后开发土家族饮食旅游商品，树立土家族饮食文化品牌，如张家界市为树立旅游饮食文化品牌，曾于 2018 年开展了张家界（土家族）饮食"选美"活动，评选出十大特色名菜、名厨与名店，促进了张家界饮食产业和旅游产业的融合与商品化开发。①

---

　　① 《张家界美食"选美"圆满落幕十大"名厨、名菜、名店"出炉》，张家界政府公众信息网，http://www.zjj.gov.cn/c32/20181027/i429122.html，最后访问日期：2019 年 5 月 16日。

（3）利用工艺美术口述史料进行商品化开发

土家族工艺美术是土家族口传文化和艺术的重要组成部分，它将传统美术和工艺品的设计与制作融为一体，并通过手工技术制作出精美的工艺品。土家族工艺美术品种繁多、技艺精湛，是直观表现土家族优秀文化的重要载体，但目前因传承人匮乏、缺乏创新与生产效率低等原因正遭受重大冲击，很多技艺正濒临失传。

随着土家族地区旅游业的快速发展，"吃、住、行、游、购、娱"等行业的有机结合，在当地已构一个紧密的旅游产业链。游客不仅要休闲娱乐，还要购买当地精美工艺品作为纪念或馈赠亲友。土家族工艺美术展现了该民族独特的文化风貌，若作为旅游商品进行开发，必定深受广大游客的喜爱，对促进土家族工艺美术传承与旅游业的发展也具有重要意义，这为土家族工艺美术口述史料的商品化开发提供了巨大空间和条件。

为此，我们首先要做好市场调查，充分了解广大旅游者购物的心理需求，利用土家族工艺美术口述史料研发出具有纪念性、民族性、精致性与实用性的旅游商品，如土家挑花鞋垫、手帕和织锦背包、围巾等；其次，在保护与传承的同时，将土家族传统工艺美术与现代技术融合，进行规模化生产，开发出不同层次与时代感的旅游产品。如土家族滴水牙床也称"千工床"，意为1000个工作日才能完成，过去因价格昂贵多为富人定制，但用现代机械技术制作，一个月就能完成，如今作为旅游商品已逐渐进入各大宾馆和普通百姓家中；再次，土家族口述史料虽蕴含丰富的工艺美术资源，但要全面开发，目前不太现实，为此我们要去粗取精，以突出特色、濒危和优秀为原则，开发出一些具有标志性的旅游工艺品，如土家族竹编的小背篓、菜篮和石雕的石磨、擂盐钵与土家族服饰等。

（4）利用节日风俗口述史料进行商品化开发

节日是一个民族在长期生产、生活实践中形成的一种具有特定社会风俗的日子，是在相对固定的时间内，以特定主题和方式约定俗成并代代相承的一种文化活动日，能从不同角度综合反映该民族或该区域的历史、经济与文化。土家族传统节日主题鲜明、内容丰富，主要有四种类型：①与土家族重大历史事件相关的节日，如过赶年、牛王节、六月六、族年节等。②与土家族生产劳动相关的节日，如二月二、三月三、吃新节、迎紫

图 7 - 6　土家族工艺美术商品

姑、佛诞日等。③与土家族爱情婚姻相关的节日，如社巴节、女儿节、赶秋节、偷瓜节等。④与土家族宗教信仰相关的节日，如四月八、鬼节、社日、烧黑神等。① 土家族这些独具特色的节日习俗因具有广泛的参与性而深受人们喜爱，如作为文化旅游资源进行开发，不仅能保护与传承土家族濒危文化，还能吸引众多旅游者前来观看和体验，对推动区域经济文化发展有着重要意义。

　　为此，我们要充分利用土家族节日风俗口述史料挖掘该民族优秀的节日文化，将土家族节日风俗文化资源与地方旅游业融合进行商品化开发。①坚持濒危、原生态、保护与创造性等为开发原则，避免过度开发，实现土家族节日文化与旅游业的可持续发展。②以政府为主导进行商品化开发，打造和提升土家族节日文化旅游热潮。如湘西古丈县政府为保护、展现与传承土家族原生态的节日风俗，从 1990 年起，每年都举行盛大的"舍巴节"活动，将祭祀、歌舞与吃无灾饭等土家族风俗与节日紧密融合，吸引了众多游人前往参与并体验此项活动。③利用土家族节日风俗进行招商引资，吸引外来资本参与到土家族地区的经济建设中。如湖北恩施作为

_____

① 陈廷亮：《土家族节日述论》，《吉首大学学报》（社会科学版）1991 年第 4 期。

土家族女儿节的主要发源地，已将女儿节作为一项重要的旅游文化资源进行了成功的商品化开发，通过招商引资，于2013年在恩施市七里坪村建造了土家女儿城，每年在该城举行盛大的女儿会活动。如今，女儿会已成为恩施文化旅游的一张重要名片，对恩施地区的旅游经济发展起到了重要的推动作用。

以上四种开发策略是土家族口述史料与文化旅游融合进行商品化开发的典型代表，虽各具特色，但相互补充与促进。为此，在开发过程中不能将四者分开，而应更多考虑如何将它们结合，如在节日风俗活动中完全可融入土家族音乐舞蹈、工艺美术和饮食。这样不仅能丰富土家族节日风俗的内容，还能从听觉、视觉和味觉等方面为广大游客带来美好的体验与享受，从而取得共同做好"1＋1＋1＋1＞4"的节日活动效果。可见，对土家族口述史料的开发不能仅限于某一单独形式，应勇于突破、善于结合，不断探索出更多的创新点和赢利点。

2. 土家族口述史料商品化开发的影响

任何事物都具有两面性，对土家族口述史料的商品化开发虽能促进土家族濒危文化在现代化背景下的传承与发展，但也可能影响土家族传统文化的原生性。我们无法在短时间内断定民族旅游文化资源的商品化究竟会产生正面效果还是负面效果，但在经济全球化的今天，商品化开发对民族文化的传承与发展既充满着机遇与希望，又潜藏着挑战与风险，我们要以最小的开发成本创造与生态、文化、经济和社会等方面协调统一的效益。[1]土家族口述史料的商品化开发对土家族濒危文化产生的影响，我们也应一分为二地看待。

（1）传承了土家族濒危文化，导致了部分文化失真

随着现代化进程的加快和社会经济的发展，各民族之间的文化交流与传播不再受时间和空间限制，但在相互传播过程中，现代主流文化给传统民族文化带来的影响几乎是毁灭性的。土家族文化依靠口传心授传承，具有一定的封闭性与滞后性，在现代化浪潮的冲击下面临着同化或濒临消失

---

[1] 李沛新：《民族文化资源开发利用新思维——以广西为例》，中国经济出版社，2017，第162页。

的危机。商品化也许是当前形势下土家族濒危文化传承与发展的一个重要契机，因为商品经济能很好地激发人们的开拓精神，在追求经济利益和市场竞争的压力下，土家人会不断对本民族优秀文化进行提炼、改造与整合，从而有效减少外文化的强势冲击，使土家族濒危文化走上可持续发展的道路。

但是，商品化具有无限制逐利特性，使得部分开发者在经济利益驱动下，为迎合广大游客好奇、求知的心理，不顾保持土家族口传文化的原生性，对其资源进行过度、肆意的商品化开发，刻意制造一些看点，为了迎合而开发，为了原始而原始，导致了土家族部分文化的失真。这种本末倒置的开发不仅是对土家族文化资源的践踏与亵渎，也是对广大消费者的一种欺诈，极易使土家族优秀文化失去应有的价值。在经济利益的诱导下，如一味迎合主流文化而开发，不仅不能为人类文化发展注入新活力，反而会使传统优秀文化失去原有的特色，阻碍人类文化发展的好机遇。

（2）增强了民族文化自信，扭曲了民族文化价值观

文化自信是一个国家、一个民族对自身文化价值取向、文明成果的内在肯定和尊崇而形成的文化自豪感与自信心，这种乐观的文化精神离不开优秀传统文化的支撑。[①] 土家族濒危文化涵盖了土家人生产生活的实践与创造，凝结着该民族的智慧与结晶，是新时代增强民族文化自信的重要源泉。商品化是土家族濒危文化传承发展与推陈出新的外在动力，而每位土家人对自身文化价值观的认同是该民族文化自信的内在推力。商品化后的土家族濒危文化不再是单纯的文化再现，而是不断唤起土家人对本民族濒危文化的历史记忆，重新恢复和增强土家人对自身文化的自豪感与自信心，激起他们主动保护与传播本民族优秀文化的热情，从而推动土家族濒危文化的复兴与可持续发展。

然而，商品化也会在一定程度上扭曲土家族的传统价值观和民族信仰。在土家族文化资源未进行大规模商品化开发之前，土家族地区的人们大多勤劳朴实、热情好客、重义轻利。但随着土家族地区旅游业的快速发展，土家族口述史料作为一种客观存在的文化资源已成为旅游市场交易的

---

① 周非非：《弘扬优秀传统文化　增强文化自信》，《人民论坛》2018 年第 26 期。

商品，旅游者欣赏、体验土家族歌舞、技艺、民俗民风与品尝美食等都需支付费用，为土家族地区带来了丰厚的经济效益，也使部分旅游从业者为追求更大的经济利益，对土家族文化资源进行了多途径的商品化开发，导致旅游市场出现了乱收费、宰客等与土家族传统美德相悖的现象，严重扭曲了土家族传统的文化价值观。

（3）加速了民族的全球化，丧失了土家文化的独特性

随着经济全球化的快速发展，文化全球化已成为一种必然的发展趋势，它从根本上决定着各民族文化的生存与发展。全球化犹如角逐的大舞台，一个民族文化世界化程度越高，越会获得更多的生存空间和发展机遇。[1] 旅游开发作为土家族口述史料商品化的重要途径，首先是土家族文化走向世界并与世界文化融合、交流的过程，可使不同国家和民族的人们通过互联网、电视等媒体了解土家族优秀文化，激发他们前来旅游体验；其次，通过旅游者对土家族文化产品的消费，扩展土家族濒危文化生存与发展的空间，为土家族优秀文化提供一个展示的舞台。如将土家织锦传统工艺与现代元素融合开发，设计出的织锦服饰、箱包与床上用品等极富土家特色与时代风貌，深受国内外人们的喜爱，已成为土家族向世界递交的一张精美名片。

当拥有不同文化背景的人们来到土家族地区旅游或开发土家族文化产品时，常会带来不同的文化并进行交流、互动，这必然会影响土家族传统文化的独特性。如《梯玛神歌》是梯玛进行祭祀活动时用土家语传唱的一种古歌，被誉为研究土家族历史文化的百科全书，但在外文化的强势冲击下，土家族语言极度濒危，如今会用土家语完整演唱的梯玛已屈指可数。此类体现土家族精神内核的口述资源本不适合商品化开发，但在旅游区的一些旅游演艺节目中，经常可看到伪"梯玛"们用各种方言表演《梯玛神歌》，使土家族这一优秀文化被逐步同化，失去了原有的独特性，面临着失传的危机。

综上所述，土家族口述史料的商品化开发所产生的影响，既有积极的

---

[1] 李沛新：《民族文化资源开发利用新思维——以广西为例》，中国经济出版社，2017，第163页。

一面，也有消极的一面。目前，土家族地区经济、文化发展相对滞后，土家族文化资源的商品化无疑是推动地区经济、文化与社会发展的重要措施。为此，我们要大力弘扬商品化带来的积极作用，尽量避免与降低消极影响，以促进土家族地区文化旅游产业的繁荣发展。

（二）土家族口述史料的产业化运营

产业是社会分工的产物，即资产或资源的集合；产业化是指某一产业在市场经济环境下以行业需求为指导、以实现经济效益为目标，依靠专业服务和质量管理形成的系列化、品牌化的经营方式和组织形式。土家族口述史料作为一种无形的文化资源，具有一定的潜在价值，要想成为商品进入市场，获得消费者青睐，就必须将其转化为让消费者可感知、物质化的文化产品，而产业化是展示其潜在价值的重要方式，能实现土家族口述史料具象化的开发与利用。为此，就需要我们对土家族口述史料进行产业化运营。

1. 依托土家族口述史料构建产业集群

产业集群（industry cluster），也称"产业簇群"或"竞争性集群"，是介于市场与等级之间的新型经济体集结形式，主要指在某一特定区域内，由具有产业分工协作关系所构成的某一主导产业企业及其相关机构和组织等构成的集聚体。[①] 产业集群能推动区域经济发展，而区域经济发展也能为产业集群的发展创造更好的条件，现已成为很多国家和地区发展区域经济的一种重要策略。

土家族地处偏远的武陵山片区，相比我国的发达地区，文化相对落后、经济发展缓慢。为促进武陵山片区经济、文化的发展，党中央已将该地区作为扶贫攻坚的主战场，进行了区域协调发展与扶贫攻坚等工作。土家族口述史料内容丰富、形式多样，蕴藏大量的土家族优秀文化资源。我们完全可以依托土家族口述史料，把蕴藏的优秀文化资源转换为旅游产业，并以推动土家族文化旅游产业为核心，构建土家族文化产业集群。如打造以土家织锦、挑花、刺绣、蜡染等为代表的土家族女红产业集群，以

[①] 陈剑锋、唐振鹏：《国外产业集群研究综述》，《外国经济与管理》2002 年第 8 期。

土家木雕、石雕、竹雕、竹编、草编等为代表的土家族工艺品产业集群，以土家歌舞、宗教、体育、民俗、节日等为代表的土家族演艺产业集群，以张家界国家森林公园、玻璃桥、黄龙洞、天门山等核心景区为主体的旅游产业集群等。笔者现以湖南张家界市为例（土家族为张家界的主要民族），探讨构建张家界旅游产业集群的策略，希望能为土家族其他产业集群的发展提供参考案例。

张家界市位于湖南西北部，属武陵山区腹地，辖 2 个市辖区（永定区、武陵源区）、2 个县（慈利县、桑植县），既是国家重点扶持的民族贫困地区和革命老区，也是拥有众多自然资源的国家生态保护区和我国主要的旅游城市之一。张家界 1998 年因旅游而建市，旅游业已成为该市的支柱产业，大力推动了该地区经济、文化等各行业的发展。但与张家界旅游业相关联的公共设施、生态环境、教育、娱乐、信息技术等产业感应度的需求程度不高，且这些产业对该地区的贡献明显低于平均水平。[①] 因此，要大力发展张家界市的旅游业，推动与之相关产业的发展，就必须构建和打造张家界旅游产业集群，以带动区域经济、文化的发展。

（1）利用土家族文化资源，开发民族文化旅游

随着社会发展与生产力水平的不断提高，人们对旅游不再是传统的自然观光型需求，而是集自然、文化于一体的精神层面需求，文化旅游因此日益受到人们的热捧。为此，张家界旅游业的开发必须与各旅游景区的配套设施紧密相连，利用得天独厚的自然资源和丰富多彩的土家族文化，大力开发与发展民族文化旅游，提升张家界旅游竞争的软实力，促进地方文化旅游产业的健康发展。如按中心外围理论，在张家界市以突出核心（张家界国家森林公园、武陵源和天门山等核心旅游景区）、东西联动（东线慈利五雷山、朝阳地缝与西线桑植九天洞、贺龙故居等旅游景点）、展现民族文化（依托土家族文化，打造与自然风光相媲美的国际化文化旅游城市）等为策略，整合地方旅游资源，依托土家族口述史料进行合理开发与

---

① 王兆峰、杨琴：《旅游产业集群与经济发展研究——以张家界旅游产业为例》，《内蒙古社会科学》（汉文版）2009 年第 6 期。

利用，实现该区域文化、旅游资源的共享、联动与融合，促进张家界文化旅游集群的进一步发展。

（2）加强人才队伍建设，持续推动旅游业发展

张家界秀丽的风景和独特的土家族文化在国内外旅游界享有较高的知名度，为了将张家界的自然资源与民族文化资源有机融合并进一步转化为竞争优势，实现旅游产业内部结构的不断优化，促使张家界旅游产业集群持续、健康的发展，就必须提高张家界旅游从业者的素养，加快发展地方教育事业，培养与文化旅游产业发展相适应的人才队伍，尤其是从事民俗、知识、信息等第四产业的人员最为重要，他们对张家界文化旅游集群的构建、发展起着关键性作用。随着人们旅游热情的日益高涨，张家界作为旅游胜地，其旅游人数与旅游收入持续增长，但与之相关的优秀旅游管理、策划、宣传人才和高技能服务人员及教育培训、科研平台等发展却相对滞后。为此，我们要加强张家界旅游人才队伍的建设，进一步强化张家界旅游人才的培养体系，依托地方高校进行"产学研"结合，大力培养、引进人才并与发达地区旅游人才进行交流与合作，建立旅游人才成长激励机制，不断完善旅游人才的公共服务体系，从而促进张家界旅游产业集群的可持续发展，为地方经济、文化和社会的发展保驾护航。

（3）加强政府政策引导，促进旅游产业集群发展

旅游产业集群稳定、持续、健康的发展意味着旅游地区不仅要利用自然资源发展旅游观光，还要利用文化资源发展文化旅游，开发文化旅游产品，以促进地方旅游产业发展。张家界是一个以土家族为主的少数民族聚居区，拥有独特的土家族音乐舞蹈、饮食、工艺美术等文化旅游资源，对这些资源进行旅游产品开发时，部分企业开发者受溢出效应的影响，担心其他民族企业"搭便车"而开发观念相对落后。为此，地方政府要充分发挥主导和协调作用，努力营造良好的基础设施和制度，加强产权制度和竞争机制的引进与规范，打造一个支撑集群竞争力提高的良好环境，以保证企业公平有序的竞争，在提供高质量的教育、培训中起到重要作用。另外，要积极构建与发展旅游产业集群，建立旅游企业合作联盟，成立张家界市旅游联合会等机构，制定各种旅游集群发展策略与规划，加强整体形

象策划。① 如以张家界市永定区为核心，其他各县区为外围，举办或参加各种旅游展销会，宣传并实施市场一体化政策，促进张家界市文化旅游产业快速、健康的发展，在日益激烈的市场竞争中发挥独特优势。

2. 利用土家口述史料打造文化旅游产业链

文化是旅游的灵魂，旅游是文化的重要载体。文化旅游产业是以自然旅游和民俗文化资源为依托，通过旅游经营者的利用开发，满足旅游消费者文化需求的服务行业的集合，其目的是提高人们旅游的质量，获得经济、文化与社会效益的统一。文化旅游产业链由提供公共性基础服务的企业和机构组成，通过对文化旅游资源的开发，向消费者提供文化旅游产品，以满足消费者对旅游地吃、住、行、游、购、娱等方面文化需求的互动链接组织②，是搭建在文化旅游产业内部和供需关系上的产业"生态圈"。

文化旅游产业链主要由旅游资源（自然景观、民俗文化等）、旅游企业（旅行社、餐馆、酒店等）、旅游交通（交通运输、道路设施等）、旅游者四大横向链条构成。旅游资源、企业和交通是整个文化旅游产业链的供给侧，旅游资源是旅游产业开发和发展的核心资源③，旅游者则是旅游产业链的需求侧。旅游者消费文化旅游产品，使整条旅游产业链实现了产品成本的回收和获利，将文化旅游产品转化为促进产业发展的动力，最终带动地区经济的增长。

土家族世代居住在风光旖旎的武陵山片区，在对该地区土家族主要聚居区进行文化旅游开发时，要充分利用土家族口述史料去展现该民族优秀文化的魅力，构建该地区丰富的文化旅游产业，打造土家族文化旅游产业链。在当代经济发展与文化转型的历史进程中，把土家族地区旖旎的自然风光与特色鲜明的土家族文化相结合发展文化旅游，不仅能促进土家族文化资源与武陵山片区旅游产业的深度融合，还能将土家族文化旅游的资源

① 王兆峰、杨琴：《旅游产业集群与经济发展研究——以张家界旅游产业为例》，《内蒙古社会科学》（汉文版）2009 年第 6 期。
② 王克岭、刘佳、张扬楣：《文化旅游产业链治理模式研究》，《企业经济》2012 年第 12 期。
③ 李沛新：《民族文化资源开发利用新思维——以广西为例》，中国经济出版社，2017，第 173 页。

优势转化为产业、竞争和发展优势。

（1）开发土家族乡村游

在典型的土家族聚居乡村，充分利用独特的自然风光和丰富的土家族传统文化开展文化旅游活动，让旅游者身临其境，亲身体验原生态的土家族乡村氛围，以调整和优化土家族乡村产业结构，大力促进乡村文化旅游发展，延伸土家族文化旅游产业链，为乡村振兴战略实施创造良好的经济基础。如张家界永定区的石堰坪村是一个典型的土家族古村落，不仅生态环境优美，至今仍保留着浓郁的土家族民俗民风。2017 年 1 月，湖南卫视新春走基层"直播苏木绰"节目组来到了石堰坪村，对该村古老的渔猎、榨油、饮食、过赶年、音乐舞蹈等土家族优秀文化活动进行了为期五天的直播，从多角度展现了土家族濒临消失的传统文化。如今，石堰坪村依托自然风光和民风民俗，借助文化旅游的时代背景，进行了土家族文化旅游产业开发，成为名副其实的露天"土家族生态博物馆"，吸引了众多游人前来观光、体验民俗风情，促进了地方经济的强劲发展。

（2）开发土家族节庆游

土家族传统节日主题鲜明、内容丰富并各具特色，最具代表性的有过赶年、六月六、三月三、舍巴节、女儿节等。对这些节日文化进行旅游开发，既可融入地方自然景点、土家乡村之中，也可独立打造成文化旅游品牌，以获得社会各界的关注与参与。随着土家族地区经济、文化、旅游的发展，应打造以"民族文化为主题，特色产业为基础"的区域性、全国性甚至是国际性的土家族节庆游活动，通过广大媒体宣传、旅游者消费等有效延伸其文化旅游产业链，产生显著的经济效应。如被国家文化和旅游部命名为"中国民间文化艺术之乡——土家族舍巴日之乡"的湘西龙山县洗车河镇，土家族文化底蕴丰厚，每年六月六都会举行盛大的舍巴日节庆活动。通过多位土家族国家级、省级或县级等非遗代表性传承人对摆手舞、梯玛歌、茅古斯、打溜子、咚咚喹、摆手锣鼓与传统体育、游艺、绝技绝活等土家族优秀濒危文化的表演，吸引了众多周边群众和外地游客前往观看与体验，打造了浓郁的土家族节庆游品牌，大力促进了文化与旅游的融合发展，为该地区带来了良好的经济效应。

图 7 - 7　2019 年龙山县洗车河镇舍巴节盛况

（3）开发土家族演艺游

旅游演艺是从旅游者的角度出发，依托著名旅游景区景点，表现地域文化背景、注重体验性和参与性的形式多样的主题商业表演活动。土家族内容丰富、形式多样的文化资源为土家族地区旅游演艺节目的创作提供了取之不尽的源泉，使《魅力湘西》《梦幻张家界》《天门狐仙》与《千古情》等高品质的旅游演艺产品相继产生，实现了原生态文娱演出与著名旅游景点的完美结合，打造了具有浓郁地域与民族特色的旅游演艺产业，延伸了土家族文化旅游产业链，获得了良好的社会和经济效益。如由冯小刚导演的《魅力湘西》将湘西民族尤其是土家族文化资源、张家界自然资源与名人明星等资源有机结合，通过在张家界核心景区武陵源的实景演出，让湘西濒临消失的民族记忆复活起来，展现了湘西民族文化的无限魅力，深受国内外观众的好评，并获得了"2017 年中国旅游演出剧场类剧目票房十强"的称号，成为当今旅游演艺产品产业化、商品化、市场化的成功案例，用文化软实力提升了张家界及土家族文化在国际上的知名度和美誉度。

在土家族文化旅游业链发展过程中，为有效避免与其他民族发生同质化的现象，要形成以自然山水为根、优秀特色文化为本、市场需求为中心的开发意识，针对性地对土家族口述史料进行开发与利用，形成一批具有土家族特色的旅游产品，实现土家族地区经济与文化发展的双赢，有效提高土家族口述史料的利用率。

综上所述，笔者认为对土家族口述史料进行开发与利用时，必须坚持"尊重民俗、合理开发、有效利用、传承发展"的工作方针，在保持口述史料原有内涵和风貌的前提下，通过合理、有效的开发利用，促进土家族濒危文化的传承与可持续发展。为此，土家族地区各级政府与单位应根据地方实际，对土家族口述史料的开发与利用在政策、经费等方面给予扶持；积极鼓励社会组织尤其是土家族民间力量以各种方式参与土家族口述史料的开发与利用，推进和深化土家族口述史料的征编研究。

附录

◆◆

土家族濒危口传文化传承
人口述史案例

◆◆

一 土家族语言传承人（专家）口述史

口述访谈人物：土家族语言州级传承人彭英子

土家语拼音方案创制人彭秀模

土家族谚语州级传承人田茂菊

1.湘西州土家语传承人彭英子口述访谈摘录

受访人：彭英子（图 A-1）

访谈时间：2013 年 7 月 21~24 日、2019 年 5 月 4~8 日

访谈地点：湖南省龙山县城彭英子家中（图 A-2）

访谈时长：约 7 小时，文字记录 2.3 万字

受访人简介：

彭英子，男，土家族，大专文化，1954 年 2 月出生于湖南湘西龙山县靛房镇石堤村。为传承本民族文化，他从 1978 年开始研究土家族语言，并一直为之而努力。曾参与或撰写了《坡脚乡志》《土家语导游读本》《龙山县土家语》《土家源》《土家语辞典》《土家族建筑》等著作，同时在《多彩湘西·学讲土家语》影碟中及《梯玛和他的儿子》电影中扮演土家语人物的主要角色，为土家族语言的传承作出了突出贡献。2014 年被湘西州政府评为州级非物质文化遗产土家语代表性传承人，2018 年 11 月被国家语委办任命为中国语言资源保护工程发音人。

图 A-1 土家语传承人彭英子
（朱慧玲 摄）

访谈正文：

（1）介绍家庭和个人经历

问：彭老师您好！您是土家语传承人，对土家族语言颇有研究，想请

图 A-2　彭英子在家中接受笔者访谈（朱慧玲　摄）

您介绍一下您的家庭概况和研究土家族语言的经历，好吗？

　　答：好的，我 1954 年出生于龙山县靛房镇石堤村，这是一个典型的土家山寨，所有人都说土家话，不懂汉话。土家语是我的母语，现在我们全家都会说。小时候因不会说汉话，母亲怕我跟不上班再加上家里穷，就不让我上学读书，总让我在家守牛和放羊。后来，我背着她偷偷地报了名，母亲无可奈何只得多刮构皮、野麻之类的卖钱给我交学费，所以我发蒙比较迟。

　　那时在学校因不会说汉话常感到自卑，也不敢与外人讲话，因为我一出口就会带出土家语来，怕别人嗤笑。为此，直到三年级我才能说一些简单的汉语句子，写作文时老是将汉语认为是倒装句，为此常被老师批评，也闹出好多笑话。

　　1971 年我参军入伍，那时 17 岁，在部队开始正式学习普通话，说话还是改不了乡音，但总算没人嘲笑我了，也暂时摆脱了土家语。1977 年我回乡当了老师，那时提倡汉语教学，为了让学生们尽快学好汉语，我想把土家语引进课堂，作学习汉语的辅助成分，以提高学习质量。但发现能脱口说土家语的我还真不懂土家语的来龙去脉，于是决定研究土家语。在研究的过程中发现土家语作为一种语种，语法上有些和汉语不一样。才明白：怪不得以前老师总说讲土家语的学生写出的句子不通顺，很难改而伤透了脑筋。为此，我带着这个问题进行了深入研究，并向研究土家语的专家、教授们请教，才认识土家语作为一种语种，有它的系统性、特殊性和一定的规律。

（2）土家族语言的特征

问：彭老师，土家语的系统性、特殊性和规律主要体现在哪些方面呢？

答：首先，土家语属于汉藏语系，藏缅语族，土家语支。为什么呢？因为土家族有语言而无文字。在汉语和土家语中，有许多土家语音节和汉字的意义相同或者相近。譬如：麄即猪，土家语把猪叫着麄，不仅意义相同，声调也一致。特别是西南官话，类似较多。土家语和藏语不仅语法类似，而且数词一、二、三惊人地相同。其次，土家语的词类也和汉藏语系的词类相一致，分实词和虚词，有名词、动词、形容词、代词、数词、量词、副词、连词、介词和感叹词。构词方式上有联合词组和偏正词组，也有合成词和单纯词。再次，土家语和汉藏语系在语系和语法上大致相同，有主语、谓语、宾语、状语、定语和补语。相同的我就不再赘述了。

土家语的特殊性首先是构词上的独特性，土家语构词上没有动宾（述宾）式和动宾词组，这是因为土家语的思维方式形成的。土家语是以物第一性，意识第二来思维的，哲学上讲是唯物思维法。例如："粢呷"，"粢"是汉译为"饭"，"呷"（ga）汉译为"吃"，"粢呷"汉译为"吃饭"。为什么要把"饭"放置在前头呢？唯物思维是这样的，"饭"是物体，首先见的是"饭"，是看得见摸得着的实物，而且是能够充饥的食物。一旦出现了饭，才想对饭的认识，是大米饭，还是玉米饭，进一步认定是干饭，还是稀饭。然后对饭进行选择，是吃还是不吃，然后采取行动"吃"。总之，是这么一个流程。先有物体再认识物体，然后采取相应的行动。所以说土家语没有"吃饭"这种构词形式，句子中也没这种语法结构。一句话，没有动宾式。

其次是宾语前置，即所谓的"倒装句"。"倒装句"就是我前面说的句子不通顺，经常遭批评的句子。刚才，我们知道了土家语的思维是唯物论的，也就不难理解"倒装句"就是宾语前置，是没有动宾词组、动宾句子的缘故。譬如："姐姐洗衣服"写成了"姐姐衣服洗"，把宾语提到了谓语"洗"字的前面了。现在用唯物思维评判："姐姐衣服洗"逻辑和语法上并没有错。我们那时说土家语的学生就吃亏在这上面，这也是作文总是落后于汉族语地区学生的主要原因。

再次是修饰语在中心词后。在土家语中，修饰词语往往置于被修饰对象后，即修饰词放置在中心词后。形容词和数量词最为明显，如："红太阳"写成"太阳红"，"白云"写成"云白"（状语后置），如"一只鸡"写成"鸡一只"（定语后置），这些都是唯物思维带来的结果。

然后是独特的最高级的形容格式：ABBCC。例如：红彤彤太阳，土家语形容成：劳迟揭揭炫炫。这五字式连用两个联绵词来形容一个物体或性状，这一格式的特点是补充式。CC作为尾缀词对前一个形容词修饰的程度更进一步的补充，尽量修饰得淋漓尽致，凸显主词的意义。ABBCC的形容格式在汉语里很少见，在世界林林总总的语言大观中也只有土家语有，这可能是井底看天吧。

（3）土家语的保护与传承

问：彭老师，您如何看待土家族语言的濒危？

答：土家语消亡是必然的。1957年土家族民族识别之时，讲土家语的人有54万，到目前只有10万人了，也就是60年的光景，锐减了40万人。现在全操土家语的人将近3万人。这样还能保得住吗？保不住啰！积极传承也是空的。但是，传承还是搞，搞的目的就是让它存在久一点，消亡慢点。就像给病危的老人打吊针了，让他多些时日罢了。

问：您说话太直接了，难道没有什么更好的办法挽救吗？

答：土家语的保护与传承，在理论上你比我知道的还多。大家都知道：语言是民族的标识、民族精神的接力棒是一切文化活动的载体，但现实是强势语言或主流语言终究要同化弱小的语言，这是语言发展的规律。你看清朝这么厉害，但满语基本消失了，所以小民族语言总是要消失的，只是社会发展的快慢与否来决断，也就是我们常说的"只是时间问题"。

作为土家族人，尤其是土家语传承人，我也不想本民族语言消失呀！为此，我也想了一些路子，政府也采取了很多措施。综合来说，我认为用这几个方法来保护和传承土家语比较实用：

一是通过学校传承。在土家族集聚区推行双语教学，普及土家语并像抓英语一下抓，与升学率挂钩，这样会土家语的人会骤增。呵呵呵，这当然是我个人一厢情愿的想法，要执行起来会很难。你看州政府在我们这里（靛房镇）的学校开办了土家语教学试点，效果还是有的，总有部分学生记住了一些土家话。

二是网络传承。当今信息网络发展迅猛，微信、抖音铺天盖地，在这个网络世界中，组建不少土家语群，在群里用土家语对话，用歌谣交流，很有传承效果。

三是歌谣传承。土家族艺人用土家语唱山歌，改编歌词。如"我和我的祖国"用土家语唱遍了土家山寨。

四就是你们的这种方法，我觉得你们现在做的这项工作很有意义，通过深入实地搜集、整理土家族语言资料、访问我们这些传承人，然后将这些资料编写成书或写成论文，并通过公开发表和建数据库保存与传播，为以后的土家族子孙和爱好语言研究的仁人志士留下了一份宝贵的财富。

（4）传承工作的经历与收获

问：彭老师，多年来您一直致力于土家族语言的传承工作，可以为我们介绍一下具体做了哪些工作和取得的收获吗？

答：勤劳耕耘，就有收获。传承效果是有的，语言的传承不像技艺的传承，技艺可以带来经济实惠，挣得到钱。语言却赚不到锑壳子，只有民族精神的传承。你刚才问我具体做了哪些工作和取得哪些收获，我现在就罗列一些例子：

首先是在双语教学方面，提高了土家语学生学习汉语的积极性。我从1977年起，教学时用土家语解释汉语，提高了学生的学习兴趣，加速了学汉语的进程。当时，我撰写的《我们是怎样办好民族学校的》发表在《全国小学教师》刊物上，1988年还被编入《中国民族教育论丛》。

1984年，我担任双语教学老师，组织双语教学实验。1989年，我写的《拼音识字，注音识字，提前读写实验中解决错别字初探》发表在国家《汉语拼音报》上。还有《注音识字，提前读写实验在土家语地区大有可为》刊登在《全国小学语文教学》第十期上，1988年编入《湖南省少数民族教育论文集》并获湖南省少数民族教学论文一等奖，被教育局颁发记功证。1988年12月，《土家思维是唯物主义的思维》发表在《民族研究》上，1991年12月撰写的《双语双文（汉语、土家语）接龙教学》获龙山县教改成果一等奖。

2001年7月18日，在我的组织下，我们龙山成功地举办了清朝以来的第一个坡脚乡土家族"社巴节"（社巴日），把土家文化搬上了艺术的舞台，将梯玛、哭嫁等神秘文化以表演艺术的形式公之于世。这是我研究土家语文化的最大成果，对传承与发扬土家族传统文化具有重要意义。

2003年，同样在我的组织下，成立了坡脚乡毕兹卡艺术团。2006年我撰写了《土家语旅游读本》，2007年，在国家民委摄制的《中国民族影视片·土家族》中担任土家语翻译。2007年，我撰写的文章《土家族确认的前前后后》发表在《土家族研究》第一期上。

2009年，我在中国的第一部土家语电影《梯玛和他的儿子》影片中主演梯玛。2011年，担任《土家语课本》主编，2012年，我撰写的《试论土家语的消亡与保护抢救的对策》获全省民委系统调研报告一等奖。同年10月，《土家语的保护、传承、开发与应用研究》获州民委民族问题研究课题三等奖。

2014年，我创办了土家语传习所，到目前为止培训土家语师资100多次，教学对象3000余人。2015年，我翻译《苏姆切碧》20余万字，并于2017年出版发行。2016年，我在光明日报出版社出版了专著《土家源》，现已成为土家语研究的案头书。2017年，我出版的《土家织锦图纹解读》成了织锦女的必备读物，同时被聘为省、州、县地名译审专家，获"湖南省地名文化传承大使"称号。

2018年，我主编的《土家语词典》收集了11000余条土家族词汇，主编《跟我学说土家语》30课。其间还写完了制作《土家族建筑——转角楼文化》，同年担任文化部少数民族史诗项目土家族八部大王口述人。11月担任土家族土家语茅古斯《石堤乐土》的导演。2019年，《生活中的土家语》获评州委宣传部"非遗进校园"优秀校本教材。

访谈者：彭老师您真了不起，为土家族文化的传承工作做了这么多工作，真的是功德无量呀！敬佩敬佩！

答：哪里哪里，一切都是兴趣使然。虽是取得了一定的收获，但这都要归功于党和各级政府的支持与关注。感谢土家语爱好者的共同努力，纵然是大海一粟的成绩，也要分享给大家。更要对你这样执着土家族文化的学者表示敬意！

2.《土家语拼音方案》（草案）创制人彭秀模口述访谈摘录

访谈人：彭燕

受访人：彭秀模（图 A-3）

访谈时间：2017 年 12 月 8~12 日

访谈地点：湖南省吉首市彭秀模家中（图 A-4）

访谈时长：约 7 小时，文字记录 1.3 万字

受访人简介：

彭秀模，男，1921 年出生于永顺县大坝乡一个书香门第家庭。7 岁入读私塾，后在湖南省立九中学习。1944 年进入教育部特设大学免修班学习，后考入国立中大。1949 年成为永顺八师教员，次年成为永顺师范教员，1956 年成为湖南师院讲师，1964 年成为吉首大学讲师，1979 年晋升为副教授。曾先后担任湘西州人大会委员，政协湖南省委员会委员，中国人民政治协商会议第六届委员，湖南语言文字工作委员会顾问，湖南民族研究学会副会长，湖南语言学会理事等社会职务。

在吉首大学工作期间，与同事叶德书教授于 1983 年以龙山苗儿滩星火村为音点，创制了《土家语拼音方案》（草案），填补了土家族有语言无文字的历史空白。1986 年，在龙山坡脚中心小学和他沙小学进行了"土家汉双语"教学实验，取得了一定成效，目前土家语双语教学仍在使用此教材。多年来，彭秀模撰写并发表了与土家族语言相关的论文多篇，出版了《土家语简志》等著

图 A-3 《土家语拼音方案》创制人彭秀模（彭秀模 供图）

作，为保存与传承土家族语言做出了杰出贡献。

图 A-4　彭秀模在家中接受笔者访谈（朱慧玲　摄）

访谈正文

（1）私塾教育及其影响

问：彭老师，您好！了解到您曾经读过私塾，我们这辈人对以前读私塾的事不太了解，您能不能讲一讲读私塾的事？

答：好，我幼年时永顺县城已有新式学校。有县模范小学、县一小，乡里则为私塾。在较大的村镇也有初中和小学，师资力量薄弱，不被看好，更多的是邀请名师在村子里办私塾学堂。不分班级，讲完后再点读讲解，比如识字读范文，练习作（写字造句写作文）。老师注重背诵。启蒙课本编得好。文句有韵，朗朗上口，易记忆，长知识。教育于潜移默化之中。课本有三个字的《三字经》《百家姓》以及四个字的《幼学琼林》和《声律启蒙》。进入高年级则多选读名篇专著，如《古文观止》《聊斋志异》《左传》《纲鉴》《小仓山房尺牍》和《唐诗三百首》等。

问：您觉得在传统私塾里学到的课程，对您在语言、文学方面产生了什么影响？

答：对我影响很大，使我对古典文学和语言产生了很大的兴趣。解放前一直写文言文，解放后才写近体文。后来大学文学语言分科，我选语言，工作后教古汉语。

问：解放后您就当老师了，当时国家对语言文字和文化教育有哪些政策和要求？

答：解放后人民当家作主。人民政府重视教育，重视提高人民文化素质。除大力抓正规教育外，还注意抓扫盲教育。中国汉文字量多书繁，方言各异，因此中央人民政府国务院制了政策：推广普通话，文字改革，先简化汉字，进而拼音化。提起拼音化，我们可以追溯一段很长的历史，古代欧洲传教士到中国传教，带来了欧洲文化和欧洲宗教信仰，他们的语言和我们语系不同，文字形体各异。欧洲语言及欧语系是轻重音的，而汉语系是有声调的；欧洲文字由26个字母构成，汉字则是象形、形声的，字多形繁，难记难认。从唐朝末年起，就有改革文字的呼声，民国开始付诸行动，有的主张按汉字形态系统，制定《注音字母》，有的主张用拉丁字母。解放后50年代至60年代初期，语言学家赞同"拉丁字母"拼音化，《注音字母》叫做注音符号了。要文字改革，就应该推广普通话。

（2）土家语相关著作编撰的缘起、经过及影响

①《湖南省汉语方言普查报告》

问：1956年至1960年，您与曾少达先生合作撰写了《湖南省汉语方言普查报告》，您们是怎样想到写这份报告的？

答：不是想不想写的问题，而是为推广普通话和文字改革政策做准备工作的。当时国务院与高教部、教育部联合指示要做关于汉语方言调查，于是省教厅委托湖南师范学院中文系办"方言调查训练班"。第一阶段要调初中、高中教师13人。先培训一个月，再分湘中、湘南、湘西三个组下县实地调查，最后回去整理材料，用了一个月整理了《调查报告》27个，《学话手册》14个。第二阶段，教育厅委托湖师中文系领导调查工作，我被调进湖南师院中文系主持工作。培训学生21人，调查21个本县方言。因学生课程紧张，难以继续，教育部调北京语言研究训练班结业的曾少达协助我工作，继续调查未查之点。58年国庆前夕，全省调查工作基本完成。为了保证《总结报告》《学话手册》的质量，1959年暑假，我们又重

点到湘中、湘南方言复杂地点进行了核对。1960 年 6 月，整理出了"同音字表"，写出了《湖南省汉语普查报告》。

问：您当时写的《湖南省汉语普查报告》很有意义，您觉得它创造了什么价值？

答：《湖南省汉语普查报告》有一定的学术价值。一是根据音韵学理论指导下全面反映了湖南各方言区的特色全貌。二是用图表方式准确、明晰地揭示了各方言地区的声、韵、调情况。在《湖南省汉语普查报告》印成书后，高等学校内部交流，分送了本省高校和师专。

问：那您觉得《湖南省汉语普查报告》与土家族成立有关系吗？

答：没有关系。《湖南省汉语普查报告》是为推广普通话做准备工作的，但为我写《土家语概况》与制定《土家语拼音方案》积了丰富的经验。

② 《土家语概况》

问：1981 年，您和叶德书老师合作写了《土家语概况》，是什么样的契机让您想到要写这本书的？

答：我订有一份国家语委办发行的《民族语文》杂志，该杂志登载有各少数民族"语言概况"，我看到一篇《基洛族语言概况》，激起了我写《土家语概况》的想法。

问：可以介绍一下您的《土家语概况》吗？

答：《土家语概况》是以《基洛语言概况》为模式，并结合土家语言实际现象写成的。同系属语言有其共性与特性。我们绝不是照搬照抄。比如讲"词类"时，我们发现土家语里没有独立的数词类和量词类。表基数的只有 10 个音节，它们只是表基数的词素，单独使用，没有意义。表量的词素很多，但它们必须与表数的词素组合起来，才能表示数量，否则无义。如："La55 一"是表基数的音节，它单独用没有意义，和表量的词素连在一起，如"la55 pu55"表示"一个"。土家语里把它们合称为数量词。

③ 《土家语拼音方案》

问：您 1984 年与叶老师合作设计创制了《土家语拼音方案》，你们是怎样想到创制这个"方案"的？

答：会说土家语的人不断减缩，我们认为，语言只有进入学校，才能很好地传承下去，要不然以后可能会消亡。土家族是在 1957 年才得到确认的，我们没有赶上国家社科院为少数民族创制文字的机会，于是就想到自己设计创制"拼音方案"了。我们写过《土家语概况》，这是制定《土家语拼音方案》的基础。周恩来总理在 1958 年《当前文字改革的任务》的报告中提出了关于设计少数民族文字字母的一条重要原则，"今后各民族创造改革文字的时候，原则上应该以拉丁字母为基础，并且应该在字母读音和用法上，尽量跟汉语拼音方案取得一致"。根据周总理提出的原则，我们设计创造了《土家语拼音方案》（草案）。创制时，以北方方言为基础方言，就是以龙山县为标准，以汉语拼音方案为基础，并且充分考虑教学价值。

问：《土家语拼音方案》主要内容是什么？

答：《土家语拼音方案》的基本内容是四个表：①字母表（拉丁字母 26 个），②声母表，③韵母表，④声调表。也加了例子来解释这些表，就像字典一样。如声母有 21 个，都为单辅音声母，还有舌尖边音 1 个、舌面前鼻音 1 个、舌根清、浊擦音各 1 个和双唇半元音 1 个声母；韵母有 25 个，其中单元音 5 个、复元音 12 个、半鼻音 6 个、鼻音尾 2 个；声调分高平调、高降调、中升调和低降调四类。

问：《土家语拼音方案》发表后，对教学方面的影响有哪些呢？

答：这本书准确地记录土家语的北部方言，我们创作时尽量与《汉语拼音方案》字母的读音和用法上一致，音系与当地西南官话音系基本相同，都是 4 个声调。学会了《土家语拼音方案》，也就容易学习《汉语拼音方案》。而且发表后，得到了很多国内专家的肯定。国家语委顾问倪海曙教授在 1989 年 9 期的《文字改革简报》评价"是个好方案，干净利落"。国家语委副主任王均教授也来信说"土家语拼音方案（草案）字母使用，拼音和拼写方法包括以词为单位书写原则，都是不错的，也做到了在字母形式和读音上尽量和汉语拼音方案取得一致，符合国务院批准的关于少数民族设计文字方案的五项原则"。1988 年，中国社科院民族语言研究所将《土家族拼音方案》列入全国 41 种少数民族文字，编进《中国少数民族文字》一书出版，向国内外发行，填补了土家族有语言无文字的历史空白。

问：《土家语拼音方案》对教育影响很大，学术成就也很高，您当时是出于实际运用的考虑，才创作了它。那这个方案推出后对社会产生了怎样的效益呢？

答：产生了很大的社会效益。吉首大学与州教委合作，于1986年5月成立双语实验领导小组，教委主任龙文玉任组长，叶德书副组长，我为顾问，教委出钱，吉首大学出人跟踪指导。会上，文玉同志说："州里指挥，县里督战，悄悄播种，慢慢开花。"进行"土家汉双语"教学接龙实验，在龙山坡脚中心小学和他沙小学进行实验，取得了一定成效，目前土家语双语教学仍在使用此教材。

④《土家语简志》

问：1986年，您与田德生、何天贞、陈康合著《土家语简志》，您们是怎样想到写这本书的？

答：《土家语简志》是官书，都想得到这个任务。中南民院、西南民院，社科院民研所听到这消息，争取到了这个任务。湖南省民委了解这一消息，知道吉首大学民研有条件参与，于是争取得四家合作，由中南民院何天贞同志牵头，分任务编写。我负责语音部分，陈康负责土家语系属问题，其余词汇、语法部分他们承担。说是合作其实也不完全合作。我和陈康认为土家语有4个调，后他们统稿时改为3个。争执很久，几乎严重到推迟出版。为了保护这本书的出版机会，我放弃了我所坚持的主张。后来，何天贞同志带学生到慈利调查，最终确定是4个声调。1989年10月3日，国家语委副主任王均教授来湘西龙山，他视察双语教学时，我特请他鉴定土语北部方言的声调，他根据村民发音，认定是4个。这更加证明了土家语的声调确实是4个，我当时的坚持没有错。

问：您目前已写了与土家族相关的著作5篇，推动了土家族的文化教育事业发展，未来您在土家族文化教育方面有何打算？

答：我到吉首大学工作和生活已有40多年了，回顾过去的工作做得还很不够，也很不理想。退休后，我也像过去文人一样寄情山水，写诗填词；读书看报、活动脑筋，关心时事。在我有生之年，我一定竭尽全力在土家族文化教育方面发挥余热。

3. 龙山县土家族谚语州级传承人田茂菊访谈录

访谈人：彭燕

受访人：田茂菊（图 A‑5）

访谈时间：2013 年 7 月 21~24 日、2019 年 5 月 4~8 日

访谈地点：湖南省龙山县城田茂菊家中（图 A‑6）

访谈时长：约 5 小时，文字记录 1 万字

受访人简介：

田茂菊，女，土家族，1960 年 3 月出生于湖南省湘西州龙山县靛房镇石堤村，高中文化。1979 年通过考试成为当地乡政府的一名计划生育专干，目前两个儿子已成家立业，丈夫彭英子，既是土家文化研究专家，也是土家语的州级传承人。

图 A‑5　土家谚语传承人田茂菊（彭英子　摄）

田茂菊的母亲彭翠香非常熟悉土家族谚语并经常在家里说，在母亲的耳濡目染下，她从小对土家族谚语产生了浓厚的兴趣。作为土家族聚集区的一名乡村干部，田茂菊经常利用深入基层的机会，向当地老百姓学习谚语并搜集、整理了土家族濒临失传的谚语 4000 多条，为土家族谚语的保护作出了一定的贡献。2011 年被龙山县政府授予土家族谚语传承人，2013 年被湘西州授予土家族谚语传承人，目前从事土家族谚语的传承工作。

图 A-6 田茂菊在家中接受笔者访谈（朱慧玲 摄）

访谈正文：

（1）介绍家庭和个人经历

问：田老师，您是土家族谚语传承人，想请您为我们介绍一下您的家庭概况，好吗？

答：好，我 1960 年 3 月出生于坡脚（今靛房镇）石堤村的多松槽，当时家里有 8 口人，婆婆、父亲、母亲、我，还有两个弟弟和妹妹。父亲在粮食部门工作，母亲在家务农，主要经济来源靠父亲工资和生产队的分配。高中毕业后，也就是 1979 年，我通过考试成为当地乡政府的一名计划生育专干。1983 年，我与丈夫彭英子结婚，过上了嫁鸡随鸡的夫唱妇随生活。树老根多，人老话多，莫嫌我说话啰嗦。我们全家现在生活得也还幸福，比上不足，比下有余。大儿子彭昆洋在司法部门工作，二儿子彭崖务工在外。两个孙儿长得可爱，我现在主要是围着锅台转，接送孙儿读书，另外还传承谚语工作。

问：您是什么时候学习谚语的，哪一年成为传承人？

答：俗话说读了《增广》会说话，读得《幼学》会哭嫁，我没有学过《增广》，也未读过《幼学》，但捡得一些谚语。谚语是土家族民间语言的金子，是土家先人在认识和改造自然的过程中形成的经验和社会交往中的警句。我没有专门学过，只是常听大人和老人们讲，自然而然就记下来了。

树有根、水有源，我的母亲彭翠香最会谚语和哭嫁。她没有进过学堂，但一直是生产大队的妇女主任、大队长，这与她人品好、会说话有很大关系。当我们乱坐时，她就用谚语来教我们"坐时吹一下，进时记一下"。教我们到别人家溜达，要看人家欢不欢迎，她便说："出门看天色，进门看脸色。"人家未招呼你，就别到人家玩。每当我们几兄妹争抢东西的时候，她又不骂你，更不打你，就说"你好，我好，一个鸡蛋吃不了"等这些谚语来开导你。说老实话，她又不知道谚语是什么，她只知道这是老班子（老人）说的。跟好人，学好人。我也跟着好的娘了，不知不觉中我也能讲不少谚语了。在这种家庭环境的熏陶下，我也可以"见人讲人话"了。后来，我考上了乡镇干部，经常上山下乡和老百姓打交道，经常应用谚语交谈、沟通，顺便把一些民间谚语随时记了下来。积少成多，功夫不负有心人，这么多年来竟然有了四千来条，现在准备出一本民间谚语集。

因为我平时讲话常带有谚语，被县非遗中心的一位专家知道了，就找到了我，让我给他讲了好多谚语，觉得很有用，就向上级申报了土家族谚语项目。2011年，我被龙山县政府授予土家族谚语传承人称号，真是"无心插柳柳成荫"了，2013年，我又被湘西州政府授予湘西州谚语传承人。

（2）土家族谚语的类型与内容

问：田老师，谚语在民间使用非常广泛，它有多少种类型？

答：三百六十行，行行有名堂。谚语是民间流传的固定语句，常用简单通俗的话反映出深刻的道理。土家族谚语可分为两个语种，即土家语谚和汉语谚。土家语是土家族的主要标识，土家语谚是土家语中的金子，声声如金，句句珠玑。如"粢呷里嘎朵，食呷蠡弄哚"，意为吃饭要挖土，吃肉要养猪。直截了当，又有哲理性。谚语广泛，涉及整个自然和社会科学类。只要有人的地，就有谚语的存在。可分为自然谚和社会科学谚二大类。如：自然谚语中"初三初四雨淋淋，一个月未得天晴"，在实际的日常生活中，真是雨多晴少。再讲社会谚语"先上船，后上岸"，社会生活中常常是这样的"先来的后到"。综合起来有风俗类、生活类、行业类、自然类、事理类、修养类、社会类和时政类等十几种类型，每种类型又分好多小类。土家族各行各业都有谚语，就说自然类的谚语吧，就有节气谚、气象谚、物候谚、天文地理谚等。社会类方面就更多了，如生活类、生产类、社交类、民俗类等非常的多，都是总结事情和事物的精辟经典句子。

问：可以给我们说上几段吗？

答：好的，我现在给你们说几段土家族的气象谚：

今年树上白雪蓬，明年土里粮丰收；

树枝上头有白雪，明年稻谷多的是；

小小燕子上树梢，明天后天天晴了；

小小燕子挨地飞，明天后天雨漂漂；

小小燕子飞得高，太阳出现雨没了；

小小燕子地上飞，太阳没了有雨到；

小小燕子把屋守，明天大雨下得多。

还有：

磢磺岩石未出水，明天仅光不下雨；

水缸汉水出来了，大雨不断线地下；

甜酒起泡雨要下，盐巴湿润雨要淋；

烟尘接火是晴天，做事打盹大雨来；

下雨之前先打雷，有雨下来都不多；

保靖那里在落雨，走都走不到屋里；

永顺那里落大雨，晒谷晒米莫作急；

立夏那天太阳照，做死了都无粮收；

立夏那天下了雨，存谷烂米有的是……

再给你们说一说生活谚：

疮包痒了要好了，眼睛痒了要痛了；

有金有银冷凄凄，有儿有小笑嘻嘻。

有工夫时莫挖蕨，有酒肉时好请客。

你也好咧我也好，一个鸡蛋吃不了

要吃饭就要挖土，要吃肉就要养猪。

好睡不过大清早，好吃不过猪尾巴。

还有：

人饿了是不怕丑，鸡饿了就不怕人；

空话讲得不得劲，干豆腐来碓杆撑；

讲话时刻想一下，板凳坐时攲一下；

讲得一句缺一句，小鸡喝水望天下；

一个水潭两条龙，一潭里面不相容；

一个山头两只虎，一山难坐两只虎……

问：谚语虽然种类繁多，对人和事都有训示和指导意义，但还是不可避免地面临濒危，作为谚语传承人，您有何想法与打算？

答：在行连行，只在一行。我既然热爱谚语，又是传承人，那就要有干一行爱一行，爱一行专一行的责任与义务担当的心。俗话说"做不得牛，莫谈春"，做了这桩事就要尽心尽力地去做。现在，当务之急的是到民间收集谚语。年老的人不做事了，讲谚语用谚语的机会少了，遗忘的多了，得抢抓机遇。有些老人过世了，收集的机会都没的了。所以，还得去乡下走一走。接着就是把收集的谚语整理出来。形成书本，保存或做成电子数据库。具体怎么传承，我想了三条路子：

第一，传授给儿子孙子，这是当然的传承对象。如"鸟靠翅膀，人靠理想""男儿无志，寸铁无钢"，引导他们要树立远大的理想。讲解"会做人，心里做人；不会做人，嘴巴做人"的道理，教育他们要"有国才有家，有根才有花"的爱国爱家情怀，培养"国有国法，家有家规"的遵纪守法习惯。

第二，学校传承，经常选择适当的时候，联系一些学校的班级上谚语课。"学问学问，经常要问"，"温故而知新"，鼓励他们不断进步。"少壮不努力，老大徒伤悲"，激励学生要"好好学习，天天向上"。

第三，网络传承，世上无难事，只怕有心人。感谢现在社会给了我们不少的娱乐平台，享受着微信生活。我曾经把谚语编成土家山歌、三棒鼓等歌谣形式，发到微信群里头，让很多人唱，有时我直接在微信里唱给大家听，蛮有效果的。如将"立春雨水到，早起晚睡觉；春雷一声闹春耕，灯笼挂牛角"等谚语融入到三棒鼓里。我还经常在抖音里发谚语，使更多的人了解谚语，使用谚语，达到了传承的目的。这样子搞得，玩了手机，传了谚语，唱了山歌，真正一举四得呀！

二　土家族濒危音乐舞蹈传承人口述史

口述访谈人物：土家族咚咚喹国家级传承人严三秀

土家族摆手舞国家级传承人张明光

土家族茅古斯国家级传承人彭南京

1. 土家族咚咚喹传承人严三秀口述访谈摘录

访谈人：彭燕

受访人：严三秀（图 A－7）

访谈时间：2019 年 5 月 1～4 日

访谈地点：湖南省湘西龙山县靛房镇严三秀家中

访谈时长：约 7 小时，文字记录约 1 万字

受访人简介：

严三秀，女，土家族，1953 年 3 月出生，湖南省龙山县靛房镇人。她从小痴迷于咚咚喹，经常向精通咚咚喹的老艺人学习，并在前辈吹奏的基础上不断创新，使自己的咚咚喹技艺得到不断提高，成为远近闻名的咚咚喹能手。她演奏的"咚咚喹""巴列咚""呆都哩""乃哟乃""拉帕克"等曲牌，在湘西土家族地区家喻户晓，很多被编入教材。

严三秀虽没有读过书，但为了咚咚喹能发扬光大，她长期通过口传心授授徒，带出来的徒弟个个出类拔萃，特别是她年仅 8 岁的外孙女（图 A－8），在她的传授下，能吹奏一手优美的咚咚喹曲牌。严三秀曾多次在省、州、县等各级文化活动中获得殊誉，得到了同行专家、学者的高度好评，2008 年 12 月被湖南省人民政府命名为"土家族咚咚喹省级代表性传承人"，2009 年 5 月，被国家文化部认定为"土家族咚咚喹国家级代表性传承人"。

访谈正文：

（1）家庭概况与个人经历

问：严老师，可以介绍一下您的出生年月及家庭概况吗？

答：我出生于 1953 年 3 月，现有三个儿子两个女子，女儿彭香华会吹咚咚喹，也吹得很好，但打工去了，不到屋。但她的女儿杨英（8 岁）喜

图 A－7　严三秀在家中接受笔者访谈（朱慧玲　摄）

图 A－8　严三秀与外孙女一起吹咚咚喹（朱慧玲　摄）

欢吹，现在与我住一起，一有空就吹，也吹得好。儿子们不喜欢吹咚咚喹，都打工去了，我现在帮他们带孩子。我是24岁时嫁过来的，丈夫彭英强，52年出生的，以前做过道士，现在经常打溜子。

　　问：吹咚咚喹技艺是您家祖传的吗？

答：不是的，我小时候就喜欢吹咚咚喹，但那只是随便吹。自嫁到这里后，我的公公彭南月是当地有名的吹咚咚喹能手，所以只要有空，我就跟着他学，也经常向村里的老人们学习，慢慢地我的技艺水平得到了提高。

（2）介绍咚咚喹与制作及技艺

问：严老师，想请您为我们介绍一下咚咚喹，可以吗？

答：好，咚咚喹是土家族独有的一种竹制单簧竖吹乐器，有的地方叫"呼里"、有的地方叫"呆呆哩"，土家语叫"早古得"。咚咚喹因取材方便、制作简便，在我们湖南湘西和湖北恩施等地吹奏的人特别多，深受妇女、儿童们的喜欢。咚咚喹有三孔和四孔之分。三孔咚咚喹可发出 1、2、3、5 四音或 6、1、2、3 四音，四孔咚咚喹可发出 5、1、2、3、5 等音。

问：听说您会做咚咚喹，可以说一下具体怎么做的吗？

答：咚咚喹制作简单，只要一把刀子，用细竹尾杆节就行，这个材料我们土家乡里漫山遍野的都是，取材容易。我家门口就有这个材料，我现在就帮你做一个。（带我们来到取材处，边做边说）你看，首先采伐杆节长的竹子，剔桠截技，选取 0.5~0.6 厘米的竹管。其次，斜削筒管大的一头，呈喇叭形，这样像号一样，声音越吹越扩大，同时刮皮整理修成竹管。然后，在节头一方 2.5 厘米内削发音舌簧，俗称簧片。再从簧片隔二指厚的地方开第一个音孔，然后每隔一指厚的地方开一孔，就生成三孔一筒音的咚咚喹了。你看，制作简单不，现在就可以吹了。

问：真是又快又好，您能为我们吹一曲吗？

答：可以，（随后为我们吹了一曲吹咚咚喹调）它的词为：咚咚喹，咚咚喹，哩哩啦啦咚咚喹。隆头街上玩去哟，保靖街上踢踺子，金斗坡上坡哟，地水沟喝水哟，巴列咚喹咚咚喹，咚喹哩哩咚咚喹，哩哩啦啦咚咚喹，咚喹哩嘿咚咚喹……

问：真是天籁之音啊，音质高亢、明亮，听得我都想学了，严老师，学吹咚咚喹容易吗？

答：容易，学咚咚喹全靠口传心授，不需要教材，吹奏也不择场地，更不要伴奏和舞伴。来，我讲你吹。咚咚喹吹奏方法与其他吹管乐器不同：一是要衔住舌簧，但嘴唇不能压住簧片，呼气，气流冲开簧片就有声音了；二是大拇指要抬住竹竿，左手食指按第一音孔、右手食指按第二音孔、中指按第三音孔、大拇指从内面抬起竹管。吹奏时，左手食指打节奏，右手食指、中指专按旋律，孔全按住为筒音。咚咚喹的固定音孔发出的音值相当于简谱唱名中的"1、2、3、5"或"5、6、7、2"，还能吹奏"宫""徵"调式的各种曲调。由于节奏音孔与其他三个音孔的旋律音程相协和，所以奏一曲都有和声效果。

问：您说容易，我觉得好难，我们土家先人真聪明。严老师，咚咚喹有多少曲牌，您能吹多少个呢？

答：咚咚喹大约有20多个曲牌，常吹的或者说现在流行的有"咚咚喹、巴列咚、乃哟乃、拉帕克、歹都里"等。可吹可唱，别有风味。吹奏者常以轻快的节奏，丰富的表情，伴以风趣的衬词衬句，给人们带来爽朗之感。吹奏的技巧上，有单管吹和双管吹，单手吹和双手吹。表演的形式上有单人吹奏、男女吹奏、多人合奏等。

（3）咚咚喹的传承困境与发展

问：您在学或传承咚咚喹的过程中，遇到些什么困难吗？

答：只要有人愿意学，就没有困难，但现在的年轻人都不愿意学，就没有办法传承了。咚咚喹它不像茅古斯、摆手舞、梯玛他们要人多，家什多，要道具要场地，还要专门的老师教，拜师傅。咚咚喹不要那么麻烦，乡里吹的人也多，我不过是评上了国家级传承人而已。只要愿学，都有教。我就带了我女儿、侄女还有孙女，她们现在都会吹，而且比我还吹得好些了。但要一个班一个班教学，那就困难了。现在学校里也在课外开咚咚喹班，如坡脚小学、靛房学校，有时我也去学校教学生，送一些制作好的咚咚喹。这么多年来，我可能都做了5000多支咚咚喹，过的过一些（过相当于送的意思），卖的卖了一些，从中还赚了一点钱。

问：您是咚咚喹国家级传承人，您认为它有发展前景吗？

答：这个我就不知道。反正它是我们土家族人过去农闲时自娱自乐的一种乐器，现在随着娱乐活动（指打牌、电视等）的增加，愿意吹咚咚喹的人越来越少了，要发展只有让大家觉得学它有用，就像织锦那样能够赚钱，这样大家就都愿意学了。其实咚咚喹在吹奏内容和方法方面是可以发展和创新的，如用咚咚喹吹山歌、吹儿歌、学鸟语都是可以的，这些我都试过，效果还不错。现在国家政策好，只要让咚咚喹产生出价值，我想它一定会传承发展下去的。

2. 土家族大摆手舞传承人张明光口述访谈摘录

访谈人：彭燕

受访人：张明光

访谈时间：2019 年 4 月 19 ~ 21 日

访谈地点：湖南省龙山县农车乡张明光家中（图 A - 9）

访谈时长：约 8 小时，文字记录 1.3 万字

受访人简介：

张明光，男，土家族，初中文化，1938 年 4 月出生于湖南省龙山县农车乡。他 1955 年师承土家族大摆手第二十四代掌堂师秦恩如，在师傅的口传心授和自己刻苦练习下，很快掌握了大摆手技艺的内容与仪式。因技艺出众，1984 年，他成为土家族大摆手第二十五代传承人并担任农车乡大摆手的掌堂师，随后一直在各类摆手活动中担任掌堂和领舞。

2005 年 4 月，张明光被龙山县人民政府聘为民族文化遗产保护工程专家委员会委员。2005 年 12 月被评为龙山县优秀民间文化传承人并受到县委、县政府的表彰。2006 年 11 月被吉首大学聘请为土家大摆手传承人，定期在该校开展摆手舞传授活动。2007 年 3 月被湘西州人民政府授予"湘西州民族民间文化遗产传承人"。2007 年 4 月被县人民政府授予"龙山县民族民间文化遗产传承人"。2008 年被国家文化部认定为"土家摆手舞国家级非物质文化遗产代表性传承人"。

访谈正文：

（1）介绍摆手舞与从艺经历

问：您是土家族摆手舞国家级传承人，可以为我介绍一下摆手舞吗？

答：好的，就怕讲不好！摆手舞是我们土家族的一种原始祭祀活动，种类分为渔猎舞、生活舞、农事舞、军事舞四种，也是我们这里的一种传统舞蹈，以前每到农闲都会跳，也反映了我们土家人的一种积极乐观的心态。摆手舞是我们土家族独有的，主要分布在湘西、鄂西、渝东等地区，特别是在湘西地区盛行。摆手舞按活动规模可以分为"大摆手""小摆

图 A-9 张明光在家中接受笔者访谈（朱慧玲 摄）

手"，按舞蹈形式分为"单摆""双摆""回摆"，按举行的时间分为"正月堂""二月堂""三月堂"等。

"大摆手""小摆手"我都会跳，但主要跳大摆手。大摆手现在只有我们农车人在跳，可以说是唯一的。为此，我们这里被湖南省文化厅命名为"土家族摆手舞之乡"。农车大摆手在民国时期就非常出名了，据说民国期间，大约是民国十三年，农车搞大摆，附近几县、省都来人观看，有的还加入表演其他的文艺节目。三四万人集聚农车，搞三天三夜，非常热闹。后来，就年年跳摆手舞，后来跳不起了（经济负担问题）。决定三年两摆。如：今年农车负责搞摆手舞，明年休息一年，后年就由马蹄寨搞。摆手活动一般要摆三天。第一天摆"披甲"，又称"上酒日"，就是要披甲出征，先要敬神请祖先保佑。所以，大摆手是祭祀中最大的民俗活动。第二天，"猪祭"跳摆手舞，唱摆手歌。第三天"打狗"，活动结束后，打一只狗，以狗肝敬神，后分狗肉散会。这就叫"打狗下场"，哈哈哈。

问：可以为我们讲一下以前大摆手时的盛况吗？

答：好的，要讲详细几天几夜都说不完。记得以前每年正月，土家族的摆手舞活动都会在我们龙车的摆手堂举行，现在的这个摆手堂（图 A-10）虽然是重建的，但与那时的布置差不多。摆手堂大坪中间有一根高的旗杆，在大殿的中央供奉着两座神像：一座是八部大王，另一座是其夫人"帕帕"的神像。活动进行时，每个寨子的村民都按姓氏或族房组成"排"，每"排"又分旗队、祭祀队、摆手队、乐队、披甲队、炮仗队等。打头阵的是龙凤旗队，拿着红、蓝、白、黄四色构成的三角大旗。还有祭祀队，由我们寨子里德高望重的老人手里拿着齐眉棍、神刀组成。还有就是盛装舞队，拿着朝筒和长树枝。然后是小旗队，每人都拿着一面，有长方形的也有三角形，献给八部大王坛。接着是乐队、披甲队、炮仗队。乐队演奏的音乐有溜子和摆手锣鼓两种，还有牛角、土号、咚咚喹等。披甲队由村里的年轻人组成，炮仗队由鸟铳和三眼铳组成。由梯玛主持祭祀仪式，仪式中就有我们的摆手舞表演，一般先表演大摆手，再表演小摆手，整个祭祀快搞完了的时候，放三响礼炮。

图 A-10 张明光在龙车乡大摆手堂前（朱慧玲 摄）

问：您是什么时候开始学摆手舞的呢？

答：小时候就学会跳了，以前没有什么娱乐活动，我们这里的人都爱跳摆手舞，我从小就看并跟在大人后面跳，大人们看我悟性还好，也常教我一些要领，看多了不就会了嘛。

我在9岁时，跟我师傅秦恩如（土家族大摆手舞第二十四代传人）学习跳大摆手舞，第二年，我就可以与我们龙车大人们一起在摆手堂里跳并参加各种活动。随后，只要一有空闲的时间，我就在家门前的空地上练摆手舞，甚至有时在吃饭时，端着饭碗也要模仿一下之前学习过的动作，如

图 A-11 张明光表演土家族大摆手动作（朱慧玲 摄）

果有些地方忘记了，我就连忙跑到师傅家里去请教。因历史原因，1957 年后就没跳了。1983 年，政府来人说要恢复摆手舞，我师傅当时年纪已大，要找接班人，因中断了 20 多年，再找人跳好多人都不愿意。师傅就找到了我，我当时也怕，主要是怕又来什么运动，但自己又喜欢跳摆手舞，也不想因没有传承人而失传，于是答应了。随后，师傅就教我掌堂技艺、背祭祀词，如"嘎麦清""长马辞""短马辞"等。那段时间，我白天学，晚上背，放牛背柴都在念，结果真的还学会了。1984 年，我接替师傅掌堂了，成了土家族大摆手第二十五代传人。

（2）大摆手的舞蹈技艺

问：土家族大摆手舞有歌吗？

答：有摆手歌，我现在就给你们唱一段。唱：梭此卡（汉字记土家语音）麦尼捏，思蚩甲；澈尼捏，抵蚩甲；若尼捏，夫蚩甲；社外捏，社孔洒；里外捏，里孔扎；若打踩米查。里丰捏，梭且吉了，洒那洒斯那抵抵了。玛丰尼梭且吉了，玛那玛思那比比了。舍巴龙旗梭否梭打抵了，卜纳澈思梭嘿梭上打了。踏尼社皂梭盂瘟了。梭耶麦，哈乎了，惹日麦，阿大了。子耶龙扎波，麦波可铁透了。思孔龙扎波，麦波可铁阿了。坨坨帮刀里抵鲁。卡铁思，拍了麻，里切鲁。苏苦那土摆泊了，坡四坡兮坡了，那几摆呀，甫哈鲁。哭那摆呀，里比董么，里比且夺，里比董么，里比止夺，结冲结也，里比董么，里比且夺，里比董么，里比止夺。

问：彭老师您唱歌真好听，但都是土家语，我一句也听不懂。您80多岁了，现在还跳得起摆手舞吗？

答：老骨头还硬着嘞，跳舞还行，也经常领舞。

问：能现场为我们表演一下吗？

答：好，我给你跳一排看看。摆手舞和其他民族的舞蹈有一个明显的区别，那就是"同边手"，这也是摆手舞的重要特征。现在我跳"划船"的动作，它的锣鼓点子是：扁扁、扁冬、扁冬、乙东、扁冬。跟着锣鼓点子，右脚又上前迈一步，右手随着摆起，跟向前迈一步，右脚又上前迈一步，这时左脚抬起不落地，全身向上弹起，左脚才向前一步着地。这就是"划船"的动作。（随后，张师傅为我们跳了砍柴火、播种、收割、庆丰收和龙摆尾等动作，图A-11）

问：张师傅，您81岁了舞姿还这么轻盈、骄健，不愧是国家级传承人，看得我都想学了，学摆手舞容易吗？有什么诀窍没有？

答：摆手舞容易学，记住三点就行了。第一，听清锣鼓点子。第二，大摆手是三步舞，脚踩三下，停顿一下，换另一只脚向前迈进，这样转换而翩翩起舞。第三，必须坚守"同边手"，出哪只脚，就摆哪只手。和现代的快三、慢三样有点像。（张师傅边说边教，当看到访谈组成员的舞步时）咦咳，有悟性，学两下就会了，有的学几天都掌握不了。摆手舞其实就是"同边手"难摆，往往甩成秧歌舞了。摆手舞动作来源于土家人的生活，最突出的动作是"顺拐、屈膝、颤动、下沉"，这是对我们土家人祖祖辈辈负重行走于悬崖峭壁，常常侧身过悬崖生活状态的真实写照。

问：谢谢您教我们学摆手舞，刚才找到了一点感觉。张老师，我发现您跳摆手舞时，手里始终拿着一根木棍，这根木棍有什么意义呢？

答：哦，这根木棍叫齐眉棍，是摆手舞的主要道具，一般由掌堂师拿着。土家族摆手舞不像汉或京剧道具那么繁多，就一根棍、一片朝简、一个背笼。齐眉棍有着防身、指挥的作用，朝简是上朝时给皇帝呈送的简片，背笼是土家族背东西的主要工具。跳舞时用齐眉棍不仅可以把队伍的距离分开，也能使掌堂师手的动作看起来更具有几分勇猛劲。

（3）摆手舞的传承与发展

问：张老师，可以为我们介绍一下土家族摆手舞目前的传承状况吗？

答：好，摆手舞的传承讲容易又不容易。摆手舞虽然是土家族的一项重要的民俗活动，但它随着社会的发展而发展，随着社会形势转变而演变。过去，摆手舞是祭祀性的，请神，敬祖先，程序繁多。还带着一些封建迷信色彩，要摆三天三夜。现在成了喜庆仪式，每搞一次大型的活动，政府和相关单位都要组织开展文艺活动，摆手舞就成了演出的重要节目之一。相对来讲，现在演的人多些了，演出场次也多了，看的人就更多了。你讲，传承有问题吗。没有。现在和我学掌堂技艺的人就有七八个，我不在了就由他们其中之一掌堂。但是时间短了，由过去摆三天三夜，缩短成了十来分钟。内容上，敬神不隆重了，只是走下过场。出征、打战、狩猎等反映艰苦生活的没有了。现代化的东西又添不进来，所以说内容上简化了。

不容易的方面，就是后继没有生力军，现在农村不是留守儿童就是空巢老人。年轻人都到外头挣钱去了，这是我们这里农村里的一个共同现状。跳摆手舞需要人多，现在要找成成行行的40个人就非常了不起了。为了传承祖祖辈辈留下来的摆手舞，我也想了不少办法：一是将村里上至80岁的老人，下至5岁的小孩都召集起来，利用傍晚在村里的摆手堂教大家跳摆手舞，目前已有了一个50多人的摆手舞队；二是为了增加大家跳舞的积极性，我为大家申请了活动经费，获得相关部分的支持，现在我们每演出一场，除了供伙食，每人还有百把块钱工资，不然没的人跳了。同时，只要各学校、单位及各地要我去教摆手舞，我都义不容辞地去，我作为国家级传承人要对得起这个称呼呀，要为国家负责任嘛。

现在国家政策好，政府对摆手舞也很重视，你们看我们龙山政府花了50多万，将我们原来破败的大摆手堂重建一新，比原来气派多了，全州中小学校都在开摆手舞的课。我相信有党和国家的支持，土家摆手舞不会消失，它的未来充满希望！

3. 土家族茅古斯舞传承人彭南京口述访谈摘录

访谈人：彭燕

受访人：彭南京（图 A - 12）

访谈时间：2017 年 10 月 13 ~ 15 日、10 月 21 ~ 22 日

访谈地点：湖南省湘西龙山县靛房镇石堤村彭南京家中（图 A - 13）

访谈时长：约 6 小时，文字记录 1.6 万字

受访人简介：

彭南京，男，土家族，初中文化，1941 年 6 月出生于湖南省湘西龙山县靛房镇石堤村。他从小热爱土家族文化，尤其对祖传的"茅古斯"舞情有独钟。初中毕业后，他参过军，也当过乡村民办教师，但一直没有放弃对"茅古斯"表演的追求。特别在"文革"时期，他仍悄悄向民间老艺人们学习茅古斯表演技艺。通过几十年如一日的勤学苦练，他表演的"茅古斯"内容丰富，以其原始、古拙的形象获得了观众的一致好评。

彭南京 2005 年 12 月被评为"龙山县优秀民间艺人"；2007 年 3 月被湘西州政府授予"湘西土家族苗族自治州民族民间文化遗产传承人"称号；2007 年 4 月被龙山县政府授予"龙山县民族民间文化遗产传承人"称号；2012 年 12 月被国家文化部认定为"湘西土家族茅古斯舞国家级代表性传承人"。目前授有彭英华（州级，图 A - 14）、彭继金、彭南成等茅古斯传承人，并在靛房镇九年制学校长年给学生们传授土家族茅古斯舞。

图 A - 12　正在进行口述的彭南京（朱慧玲　摄）

图 A - 13　彭南京在石堤村家中接受笔者访谈（朱慧玲　摄）

访谈正文：

（1）介绍家庭和个人经历

问：彭老师您好！您是土家族茅古斯技艺国家级代表性传承人。想请您介绍一下您的家庭情况和学习茅古斯的经历，好吗？

答：好的，我 1941 年 6 月出生于龙山县坡脚乡石堤村，今年 78 岁了。家有五姊妹，我排行老二，上有 1 个姐姐，下有 3 个兄弟。我有 2 个女儿 1 个儿子，儿子彭小京会跳茅古斯，妻子田玉秀也会跳，但 2016 年因病去世了。

我 7 岁的时候跟随父亲彭继富学茅古斯，不管刮风下雨，只要哪里演茅古斯，我都跑去看。后来上学了，父亲不准我去，但我都想起办法去看，慢慢地就学会很多了。记得父亲曾说："茅古斯起源于远古，在母系时代它是一个团体，祖先都生活一起，姐姐妹妹，哥哥弟弟，连谁是自己的父亲都不知道。捉鱼弄虾，打野兽，欢欢喜喜地一起吃。生活有了改善，就会一起庆祝。于是就唱呀跳呀的。有时候，猎物凶猛，兔子急了也咬人，你要它的命，它要你出血。那么就用石头、木棒来对付它。"我们石堤与我同龄的人很多，大多数人都爱跳茅古斯，都会跳，这样一代传一代，就流传下来了。

（2）茅古斯的文化蕴含

问：你们进行茅古斯表演时得了猎物，为什么要喊、跪拜呢？

答：这个吗，还得从现实说起。现在我们石堤还保留着这样一种习惯：出门打猎，头人们（首领）首先要到"握厝塔"（三块石头组成的一个小孔，即猎神屋）敬土家族猎神"阿梅"；要请示，今天出行打猎，要她保护庇佑，不受伤害；获得猎物，又要回来，先敬"阿梅"嬷嬷。所以得了猎物，就要给人递信，要呼喊。喊时，一人领号，大家和。声音大的领喊两声"哦……哦……"，大家"哦……呜……"和一声。直到"握厝塔"（猎神屋）。

问："阿梅"嬷嬷是不是"梅嫦"神呢？

答：这个我不知道，我只晓得"阿梅"嬷嬷就是我们打猎的保护神。一次，家里的大大小小的人饿了，哭的哭，喊的喊，没有食物，因为打猎的人还没回来。这时一叫阿梅的人站起来说："我去找打猎的人去。"她来到猎场，发现一只老虎也正追赶一个猎人。她奋不顾身奔向老虎，展开了搏斗，到了悬崖边，她抱着老虎，跳下了悬崖。打猎的人得救了，可惜"阿梅"死了。猎人们呼喊着她的名字，找到了她的尸体，她身体倒立，头落地下，面带笑意，安详地死了。可是全身血淋淋的，遮羞物全无，一丝不挂，两脚呈 Y 字形，旁边还有一只死去的老虎。大家看后，肃然起敬，跪拜于地，无人说笑。最后把她埋在了村边，并在坟前用三块石板砌成一孔，名叫"握厝"。从此，把她奉为猎神，是她救了自己的子孙——土家人。人们便亲切地称她为阿梅"嬷嬷"（即姑姑）。并用草做一个草人，倒放在"握厝"里，以示纪念。

问：在茅古斯表演中，人人都挂着一根木棍，这个棍子有意义吗？

答：问得好，这根木棍确实有意义，而且意义挺大。它有三个作用：一是当时的路不好走（山路多）、不稳当，用它可以支撑身体的平衡；二是打猎时，用它当武器。碰到凶猛的野兽，可以防身；围歼猎物时，棒击猎物；三是早上赶路，用它拨打露水。下雨天，拨掉路边草上的水珠，便于行走，不湿鞋裤。这个棍棒又是出演茅古斯的道具，更重要的是表示男根，用于示雄等动作，所以，又叫粗鲁棍。

问：这棍还真意义深远，蕴含这么多文化现象。那么这个舞蹈为什么叫"茅古斯"呢，能给我们讲一下由来吗？

答：这个吗，就难为我啦，我也说不上个上行的（说不清楚）。只听老班子（年岁大的人）讲，茅古斯原先是叫"pa pa ge ci"，就是大家一起玩耍趣乐。不知什么时候叫茅古斯了，据说是某些专家们看了后，取的这个名字。具体由来还是你们去考证吧。

问：非常感谢彭老师的坦诚，那"茅"和"毛"到底哪一个字为好呢？

答：这个吗，公讲公有理，婆讲婆的道，我也说不清楚。但是，现在大多数人都写毛孔的"毛"，因为茅古斯毕竟反映的是原始人群，全身是毛的意思。龙山县及周边也用这个"毛"。茅草的"茅"也讲得过去，是因为当时没布匹，只得用树皮、棕榈、茅草等自然物来遮阴御寒。我们石堤茅古斯就是用传统的棕皮来做服装道具。我认为两个字都可用，没有谁对谁非，习惯成自然，以约定成俗为准。

（3）茅古斯的传承困境

问：茅古斯是土家族戏剧的活化石，您认为怎样才能长久传承下去呢？

答：你问到点子上了，这是我常思考的问题。茅古斯虽然是土家族的戏剧舞蹈，是土家族口传文化的重要组成部分。但是，却很难传承下去。因为，在现代文明的冲击下，茅古斯很难再拼撞出火花来。

问：为什么呢？

答：一是受电视、手机等现代电子产品的影响，现在人们在家或坐车出行随时都可以看到很多精彩的文艺节目和电影，没有几个人愿意来到我们这个乡下看露天的原始茅古斯表演，夏天会热死、冬天会冷死。二是愿意参加茅古斯演出或传承的人越来越少了，年轻人几乎没有，现在出演的都是50岁以上的留守老人。现在国家政策好，讲民族大团结，大力发展民族文化，进行各民族的经济、文化大交流，走共同发展进步、共同繁荣的路子。当地政府也抢抓机遇，搞文化旅游产业。茅古斯也在文化项目之列，不然早就消失了。可我还是那句话，只要我活着一天，就要抓住一切的机会，传承土家族茅古斯这一古老的文化，只要哪个想学，我都愿意教。

（4）茅古斯的动作展示

问：有您这种无私的奉献精神，再加上现在国家政策的大力扶持，我想土家族茅古斯一定会发扬光大的。您可以给我们现场表演一下茅古斯吗？

答：可以，茅古斯通常是一群人一起表演，我现在可以给你们表演几个具体动作（图 A－15）。

第一个动作：看太阳。用手遮着头，仰望太阳，动作要领：抬头，躬腰，收腹，左脚上前一步，双腿屈膝，头旋转，眨眼皮。意思是天晴了，好打猎。

第二个动作：跳茅古斯的动作要领：昂头不露脸，躬腰屈膝，摆同边手，弹跳有力，这是茅古斯舞的最基本的姿势。

第三个动作：找野兽的脚迹，蹲下来看脚印，判断是什么野兽。

第四个动作：理脚迹。发现脚印后，跟着脚迹辨野兽的去向，判定野兽的坐场，便于围猎狩捕。

第五个动作：发现猎物，勇追猎物，穷追不舍。这里有个难度，姿势不能变，要保持屈膝同边手的动作要领。

第六个动作：推豆腐，要念歌诀，做出推磨的动作。"给哩威啷波桌波，呐特鼓鲁子坡揭所，坡揭坞壕田家卡，丝里阿糍惹（re）它爬（pa）"动作要有劲，干净利落。哎呀！"埃列日 heicuo"（土家语：那就搞不起了）

（注：因年岁已大，表演到这里，彭老师已气喘吁吁、满头大汗）

问：辛苦了，辛苦了，不愧是国家级传承人，表演得惟妙惟肖。您休息一下，真是太谢谢您了。

答：不客气，你们今天来采访，我很高兴，有什么问题只管问。

（5）茅古斯传承与发展的策略

问：那我就再问您最后一个问题吧！茅古斯虽然传承艰难，但作为国家级代表性传承人，您认为今后该如何传承与发展茅古斯，未来您有何打算？

答：今后的传承打算，我主要有二个想法：第一，在我有生之年，竭尽全力，把茅古斯技艺不折不扣地教给茅古斯舞的爱好者。搭到（趁）石

图 A-14　茅古斯州级传承人彭英华（朱慧玲　摄）

图 A-15　彭南京表演茅古斯动作（朱慧玲　摄）

堤还有跳茅古斯的一班子人，再多发动一些中青年和学生参加学习。学好了总有用处，或多或少还有一点收入。第二，茅古斯作为土家族文化的重要组成，可以将它开发成文化旅游产品，依托现在流行的乡村旅游，搞茅古斯节目表演。我们这里山高路远，以前外面的人很少来，但现在每到周末和节假日，总有人上来游玩，要我们给他们表演节目，还问有吃饭的地方没，我儿子现在都想在家开个餐馆了。听说现在十八洞村和一些苗寨旅游很红火，我们也可以借鉴他们的一些方法，搞我们的土家村寨游、举办茅古斯文化节，这样茅古斯就有了生存和发展的前景，技艺就不会失传了。

三　土家族宗教信仰传承人口述史

口述访谈人物：土家族道教及丧葬文化传承人罗启湘

土家族梯玛国家级传承人彭继龙

1. 土家族道教及丧葬文化传承人罗启湘口述访谈摘录

访谈人：彭燕

受访人：罗启湘（图 A-16）

访谈时间：2015 年 10 月 23～27 日、2019 年 3 月 29～31 日

访谈地点：永顺县官坝乡××葬礼上、官坝乡罗启湘家中（图 A-18）

访谈时长：约 12 小时，文字记录 2.3 万字

受访人简介：

罗启湘，男，土家族，高中文化，1943 年 7 月 28 日出生于湖南省永顺县官坝乡。1980 年师从家族里的职业道士罗太应，取道名为"清云"。目前已主持各类丧葬仪式几百场，对土家族丧葬仪式的步骤、习俗都有一定的了解，是当地远近闻名的道士。

罗启湘多年来潜心研究道教和土家族丧葬文化，挖掘、整理并通过手写制成抄本（图 A-17），为抢救与保护土家族濒危口传丧葬文化做出了重要贡献。为更好地传承与发扬土家族道教文化，他经常参加地方道教学会组织的各类活动，是永顺县道教协会的一名优秀会员。曾多次接受专家、学者的采访，并积极传播土家族丧葬文化知识，为具有土家族特色的道教和丧葬文化的传承做出了积极贡献。

访谈正文

1. 道教的溯源与传播

问：罗先生，您是永顺有名的道教传承人，可以为我们介绍一下道

图 A-16 土家族道教传承人罗启湘

图 A-17 罗启湘珍藏的土家族丧葬口述抄本

教吗？

答：好的，道教是中国土生土长的宗教，至今已有近 2000 多年的历史。它源于古代的鬼神崇拜、方仙之术和道家思想，其前身是东汉顺帝汉安元年，大约是公元 142 年，张陵在四鹤鸣山创立的五斗米道。道教的基本信仰和教义是"道"，这个"道"不是道路之道，而是方向、信仰、主义和思想的"综合归一"。

　　道教又分为全真、正一两大教派：信奉全真派的道士必须出家，常住道观；信奉正一派的道士可以不出家，被称之为"火居道士"或"俗家道士"。道教的内容十分复杂，主要由鬼神崇拜、方仙之说和道家哲学三种思想发展而来。有人称它为"正统国教"，一点也不为过。因为以前它在国内的分布范围远远超过佛教及其他几个外来宗教，而且道教文化对中国的历史、哲学、文学、医药学等方面都产生了重要的影响。

　　问：罗先生，您不愧是一位有文化的道士，掌握这么多道教知识，还请您为我们谈一谈它的历史，好吗？

　　答：哪里哟，只是我平常喜欢看这方面的古书而已。道教的历史起源于魏晋以后，创始人是东汉的张陵。张陵祖孙三代在四川境内和陕西南部一带活动，到了第四代张盛，就是张陵的曾孙，就移居到江西龙虎山去了。道教在南北朝、唐代、元代、明代还是发展得比较好的，因为当时统治者推崇道教。但是到了清朝，统治者偏重佛教。从此，道教逐渐衰落。但是，民间还是没有停止道教活动。

　　问：罗先生，您是永顺本土的道教人士，您知道道教是如何传入永顺的吗？

　　答：这个问题就为难我了，说实话，我也不太清楚。我只知道早在东汉末年，创建五斗米教的张陵就将道教传入湖南。西晋时期，被我们封为"南岳夫人"的著名女道姑魏华存，就在南岳潜心修道16年，传播上清经录，在湖南最早播下道教的种子。唐初，道教在我们永顺王村，也就是今天的芙蓉镇修建了三清观。五代十国后晋天福二年，大约是公元937年，溪州道士彭延先辈从江西龙虎山授箓回来，奉旨修建祖师殿。同年，溪州土司彭士愁于玄武山修建祖师殿，这些都是永顺道教的最早记载。另外，土司制度兴盛时期，一切婚丧大事皆由梯玛主持操办，道士主葬，不占主流。改土归流后，梯玛退出历史舞台，行葬仪式不得不改由道士主持，我想这就是道教在我们土家族地区根基牢固的最大原因。

　　问：罗先生，您对道教研究得真透彻呀，让我们大长见识。如果平常人要成为道士，要举行仪式吗？

　　答：俗话说"干哪行爱哪行"，我做道士肯定要研究道教文化呀！平常人要成为道士，要举行仪式。其中有一个重要的仪式叫做"奏名传职"，就是请业内有资质的传度师为他度职，拜师度职后就成为"坛主"，才有资格在区内行道主事，否则只能是学徒，无职道士。道士这个职业等级严格，分为"香水职""使臣职"和"上卿大夫"，可分别主持小事主葬、五天道场、七天道场等。

问：道士既然是一种社会职业，那它一定有相关的规矩，您能为我们介绍一下吗？

答：那是当然，国有国法，行有行规。道士职业还是有严格的规矩的。除了前面讲的等级之外，要求道士个人要一心向道，不可夹有杂念。还有就是各地道士自定派序。我在这中间还闹出个笑活：我是官坝地区的人，这里的道士派序是：道德通玄静，真常寻太清，一阳来复本，合教永圆明。我的师父也姓罗，我们是同宗同姓，在族内他要以我为叔，但在业内我得拜他为师。为什么呢？他是当地第九代传人，是"太"字派，叫罗太应。而我是他的徒弟，我是"清"字派，叫罗清云。很明显，行业内我是他的侄，每逢重大的节日，我必须登门奉礼。

图 A–18　罗启湘在家中接受笔者采访（罗仕松　摄）

2. 土家族丧葬文化

问：罗老师，您经常在土家乡村活动，对土家族丧葬文化非常了解，可以为我们介绍一下它的特点吗？

答：可以，从几十年的观察和经历中，我觉得土家族丧葬文化主要有三大特点：一是，能乐观面对死亡。土家人早就看透了死亡这个问题，一旦老人过世了，他的丧事当作喜事办。当地人有"红白喜会"之说。这"白会"指的就是办丧事。既然是喜事，当然就应办得热闹喜庆一些。除了杀猪宰羊、燃放鞭炮外，还要组织唱孝歌，跳丧舞。从旧社会到今天，各个村寨都有固定

图 A-19　土家族灵堂

的唱歌班，跳丧班。以前是免费闹丧，现在生活水平提高了，有些地方也给予一定报酬；有些村寨还在办理丧事期间，组织多场阳戏、汉戏演出。

二是，主张亡人和谐赴阴。土家族讲究团结和睦，与人亲善。死亡之后，一样要以邻为亲。这一点在多个方面都有体现。比如选择坟地，一旦收起罗盘、确定是坟地的当下，马上就要烧香化钱以谢土地神仙，这等是搬到入门了。另外，在坟地挖井之前，一样要烧香化钱，要对地主进行交代和酬谢，表示已经办好买卖手续，以后再也不要出现麻烦与纠纷了；不仅如此，还要在坟井旁边的荒地上另烧一堆纸钱，这是给"左邻右舍"的见面礼，希望新亡能与大家亲善相处。

三是，主张事死如事生，也就是土家人一种大孝情怀的具体展现。好比家人要出门远行了，好比女儿要出嫁了，总要给予适当的安排与陪葬。家里的老人去世了，纪念他一辈子的操劳与辛苦，当他去到另外一个世界之时，孝家不能让他缺衣少食，不能让他在生活上为难。为了这一点，当老人临终断气之时，要为其烧"落气钱"，烧化后的钱灰要用专门的三角布袋装好，以棉线连卦在亡人胸前，这是他奔赴仙界的盘缠。大葬中烧包的钱，那是他日后的积蓄与存款。在置办中，灵屋是必不可少的。以前制作灵屋，都非常简单。现在制作的灵屋，基本上都是现代气派的高大洋房，这也许不是老人一生的追求，也是孝家子孙发自内心的期许。如果是富裕人家，还要为亡人制作纸牛纸马，制作十尊纸人部队来护送亡人。你看看，这不是把死人当作活人侍候吗？

问：随着时代的发展和丧葬制度的改革，土家族的很多丧葬文化已经

消失或濒临失传，想请您为我们介绍一下土家族丧葬习俗的整套过程，好吗？

答：好的，我就按土家族丧葬习俗的步骤来说吧：

一是，守气送终。这些都是不成文的规矩，但又要严格遵守。如某家老人病危临终之时，子女们要从四面八方赶回来为他守气。老人一旦"落气"也就是去世了，就要放一挂鞭炮，这里有礼送亡人西去的一层意思，也有向左右亲邻报丧的作用。同村同亲的乡邻听到鞭炮响声，都能不召而至前来帮忙料理后事。

帮忙的人来后便对亡人进行洗浴、穿戴。亡人的洗浴是象征性的，用干净的帕子（毛巾）粘洗两口、两脚和心窝子就行，但顺序不能打乱，要由下而上，先洗脚，再洗心，后洗手，以祈祷新亡"早日升天"。洗浴完毕接着就是穿衣，总的原则是穿单不穿双（指件数），穿多少件视年龄大小而定，如：60 岁亡者，衣穿 3 件，裤穿 2 件；以此类推，每年长 10 岁多穿 1 件。之后是"捆腰钱"，依亡人年龄大小，按一岁一根青色棉线腹部。再往下就是将亡人放在门板上，置于火床的一角，脸上盖一张纸钱，脚头点一盏清油灯，等候入木。

入木一节是相当庄重的，因为死者一旦入木，从此不见天日，永离子孙。入木前，首先对棺材进行打扫，底子上铺撒香灰，然后铺放皮纸，再用灯草装入三角形枕头，最后道士画符扫棺，请 4 个壮汉将亡人放入棺木中，这样入木仪式完毕。

二是举办丧事。这里面的内容就特别多了，步骤依次为：设置灵堂（图 A-19）、开路、解灯、散花解结、做道场、闹丧堂、大葬日、烧包送亡等。前面我就说了土家族人把死亡看得很透彻，常把丧事当成喜事办，于是就有了唱孝歌、跳丧舞等闹丧堂的习俗。土家族人唱孝歌历史悠久，唱时没有固定的人员，也没有固定的班子，但领唱者多为年纪大、威望高和熟悉歌路的人。我现在就为你们唱一段：白会当喜闹洋洋，八方歌师聚孝堂，一抛悲来二甩痛，也顷低基师歌声绕绕伴新亡……。

跳丧舞也称为"撒叶儿嗬"，听说已列入国家级非物质文化遗产名录，这是土家族特有的一种丧葬仪式舞蹈，具有浓郁的民族色彩，主要流行于湘西和湖北等土家族地区。跳丧舞主要分为待师、跳丧、摇宵、穿丧、退丧、践丧、哭丧等内容，常见动作有凤凰展翅、犀牛望月、猛虎下山、猴子爬岩、燕子衔泥、古树盘根、幺姑筛箩、牛擦痒、狗撒尿等。跳丧舞过去是一项属于纯男人们的活动，女人不能参加跳，但现在有的地方女人也开始跳了。

我再给你们说一下烧包送亡这个仪式吧，烧包就是烧亡人的包袱，这个习俗很多地方都有，但我们土家族与别的地方不一样。外地在烧包时，只给亡人和亲戚带包。我们土家族人在大葬夜烧包时，除了给亡人烧包、亲戚先亡带包，还要给当地先故的"舍把"（土司基层地方官）带包。这条要求，在我今天用的这个烧包文里有明文规定，我这个烧包文是从我的祖师覃道真那里传承下来的，至今至少已有300多年历史了。这个规定是我们土家族丧葬文化的显著特点，这种打上土司政教烙印的丧葬习俗在全国恐怕都是独一无二的。

三是，送葬往穴。土家族在漫长的历史发展中，形成了独特的送葬习俗，它步骤依次为：1. 出殡。出殡仪式是在大丧夜第二天清晨举行，出殡前道士先在灵堂念经文、恭请各路神仙前来助阵，然后挥舞令牌绕灵棺画符，画完就对前来抬棺的几位壮汉大声问道："棺木起不起"，众答："起"，随即道士飞起一脚将挡在灵前的火盆踢开，让出道路。壮汉抬起棺材将离开大门的一刹那，道士三指装满灶火灰的罐子，右手举起菜刀，口中念咒语，猛然挥刀击罐，这就是我们土家族的"灰爆罐"仪式，意在为亡灵壮行，为孝家壮胆。2. 送葬。送葬这天，孝家的儿女们要给安葬队伍中的所有人行大礼。要给各位帮忙的，特别是给抬杠子的几位壮汉，下跪行礼。戴孝人不论年岁有多大，辈分有多高，到了此时此刻，没有什么客气讲，哪怕见了族中晚辈，也得下跪谢恩，这是规定。还有就是送葬队伍经过河沟、高坎等险路地段时，孝子们也要下跪祈拜，希望安全过关。我们土家族还有个"燃火送葬"习俗。就是送葬队伍经过村寨时，每户会指派专人在门口等候，一见抬棺过路，就点燃事前准备好的小火把，凝神相送，以照亮新亡往后的路程。

四是，下葬入土。下葬前要先挖好井穴，不然灵柩一到会忙不过来。当灵柩到后，首先要热井，将一捆稻草和芝麻杆放入井内点燃，一是为了杀虫，二是希望孝家日后芝麻开花节节高。其次画卦，主要用小米或谷子画太极图和写一些象征吉祥的字。再次是撒雄黄酒、咬活鸡鸡冠并滴血，目的是承龙接脉。

下葬的第二步仪式是"挖三锄"，经过较长时间的井下操作，下葬事宜基本办妥，但因有很多人站在井边观看而留下了身影，这必须由道士扫影以防赶脚。于是道士清退人群，在灵柩前后画符扫影，完毕马上下令下葬，然后由孝子跪在棺盖头上挖三锄，挖时不能让泥土滚落井内，意为不忍心埋葬亲人，也为跪天、跪地、辞亲人。

最后一步就是施衣禄米。灵柩下葬了，在亲朋好友帮忙填土垒坟之时，道士便在墓前念经文，所有孝子跪在坟前，聆听道士经文等待"衣禄"。这时道士将事先准备好的大米撒向孝子们的衣兜里，这些衣禄米是先亡为子孙留下的俸禄，是其辉煌腾达的根基。接完禄米，孝子们抱着灵牌回家。到此，整个丧事操办过程算是全部完成了。

结束语：罗启湘先生不愧是一位有文化的道教传承人，通过他的口述，唤起了笔者（土家族）儿时的回忆，也让调查组成员耳目一新，大长见识。希望我们征集到的丧葬口述史料，能为后人研究土家族丧葬文化留下有用的依据。

2. 土家族梯玛传承人彭继龙口述访谈摘录

访谈人：彭燕

受访人：彭继龙（图 A-20）

访谈时间：2017 年 4 月 5~7 日

访谈地点：湖南省龙山县内溪乡双坪村彭继龙家中（图 A-21）

访谈时长：约 8 小时，文字记录 2.3 万字

受访人简介：

彭继龙，男，土家族，1949 年 11 月出生于湖南湘西龙山县内溪乡双坪村，从小深受土家族文化尤其是父亲彭武庚（梯玛第十三代传承人）的影响，10 岁就跟着父亲学跑堂，15 岁出师。随后，他一直潜心学艺并搜集、整理、传唱《梯玛神歌》。1993 年 11 月在龙山县土家族摆手节上，首次表演了内容丰富、形式古拙且濒临失传的土家族《梯玛神歌》，获得了观众们的高度好评。

彭继龙 1998 年开始接替父亲正式掌坛,成为土家族梯玛第十四代传承人,取法名"彭法万"。2005 年 12 月被龙山县评为"全县优秀民间艺人"。2006 年 6 月被龙山县政府授予"非物质文化遗产优秀传承人"。2007年 3 月被湘西州政府授予"湘西州民族民间文化遗产传承人",4 月被龙山县政府授予"龙山县民族民间文化遗产传承人"。2008 年 9 月被国家文化部认定为"土家族梯玛国家级代表性传承人"。

图 A－20　土家梯玛国家级代表性传承人彭继龙（朱慧玲　摄）

图 A－21　彭继龙在家中接受笔者访谈（朱慧玲　摄）

访谈正文：

（1）家庭概况与从艺经历

问：彭师傅，您是什么时候开始学习梯玛的，跟谁学的？

答：我家是梯玛世家，从小就看公公、爷爷和父亲他们掌坛、唱梯玛歌。从会走路就开始跟到大人后面看他们做法事，10岁开始跟着父亲彭武庚跑堂，15岁就学艺出师了。后因文革终止，80年代后又才慢慢开始给寨里人做法事。

问：掌坛和跑堂是什么意思？

答：坛是梯玛的一个组织单位，就好比教书的地方叫学校，我们梯玛活动的地方就叫坛。掌坛就是组织梯玛们进行各种法事，而掌堂师必须具有超高的法术，是梯玛中的最高主持者，在当地具有一定的威望。跑堂就是梯玛们做法事时给他们打下手（助手），如帮忙打锣、吹号、点香蜡等。

问：可以介绍一下您的家庭情况吗？

答：我有3个女儿，2个儿子，我现在与儿子、孙子们一起住。

问：您的孩子有学梯玛的吗？您目前授了多少徒弟？

答：我儿子他们没学梯玛，但我的两个孙子喜欢，一放假就让我教他们。他们一个叫彭亮12岁、一个叫彭明13岁，你看这是他们学梯玛时的视频（掏出手机让我们看，喜悦之情溢于言表）。我现在带的徒弟有5个，彭继恩28岁、彭南祥26岁，已经出师，还有3个正在学。

问：彭师傅，才采访您一会儿，手机就响了好多次，好像都是找您做事的电话，介意透露一下，是找您干什么的吗？（彭师傅连续接了好几个电话，访谈者决定八卦一下）

答：呵呵呵，不好意思，几次打断了我们的对话。刚才这个电话你们也听到了，是邻村的一个人，他母亲生病了，要我后天去他家做法事，我给他安排一下要准备些什么。前几个电话是邀我外出表演的，我以前在吉首乾州古城、张家界魅力湘西、恩施等地表演过，认识的人比较多。再加上我们传承人有传承义务，县里、州里有活动我们就要参加。

问：哦，难怪您的电话那么多，您在外面主要表演什么，现在还经常去吗？

答：主要表演梯玛的祭祀内容，还有"踩铧口""咬耙齿""八宝铜铃舞""上刀梯""下油锅""赶尸"和唱梯玛歌等。很多人都怀疑这些是假的，其实都是真实的，这需要具有一定功力的人才能完成，也是对身体极限的挑战。年轻时我经常外出表演，也去了好多地方，现在年纪大了，不太出去了，基本上都呆在家里，有人要我治病或县里有活动叫我就出去。

（2）介绍梯玛及所传承的内容

问：您现在从事的这份职业为什么叫梯玛，可以给我们解释一下吗？

答：梯玛是我们土家族人信奉的一种宗教，属于巫师类的性质。它有两个含义：一是梯玛宗教的名称，二是对梯玛教神职人员的称呼。梯玛是土家语，"梯"相当于汉语的"置""桐""放"等意，和当地土话（汉语）"登""敬神"等有着相同的意思。"梯"就是把米粢、肉食等用器皿放置在地或桌上，敬神灵。"玛"相当于汉语的"者"或"××的人"。那么"梯玛"就是专门从事敬神的人。充当着"天—神—人"三者之间沟通的媒介或中介人。就是把天神的旨意通过他传达到人间，人间的喜忧诉说给他反映到天神。

问：哦，梯玛是敬神的人，那他是怎么敬神的呢？

答：梯玛敬神，土家人叫"梯玛日"。"日"是土家语，相当于汉语的"做"。梯玛日是土家民俗活动的重要部分，就像道教开路，佛教念经等为施主做法事。"梯玛日"就是梯玛开展的法事活动。

梯玛做法事，不同于道教，送死不能救生，佛教重在超度，讲究轮回，八大戒空。而梯玛是救生不送死，重在求子求雨，解邪治病。

梯玛做法事的主要方式有踩铧口，上刀梯，咬耙齿。形式上一般有两种：一是家庭性的，土家语叫做"还愿""夫资托"；二是聚众性的，"舍巴日"上祭祀，水边洞口求雨。

问：梯玛作为土家族信仰的宗教，有经书吗？

答：我知道你要问这玩意儿。梯玛没有经书，历来是口传心授的。传说土家梯玛到师傅那里要得一本经书，还没到家就被土老司发现了，半路打劫，抢走了。叫他再和（找）师傅要去。回到师傅处只要得半本经书，半本就半本，欢欢喜喜走回家，又被苗老司发现了。让他看一下，到苗老司手里，要赖了，经书不过了，说他打乃古怪的（奇怪），能说会道，再和师傅要去。梯玛无赖，又和师傅要经书，挨了批评，经书未得。他说没有经书做不了法事，师傅封他"百说百灵，乱做乱好"。所以说"梯玛是卵弹经法事一张皮"。

问："法事一张皮"是什么意思，您能大致讲一下吗？

答："月皮"是土家语，"月"是神的土家语称呼，"皮"土家语意为"画"或"画片"，"皮"就是神画，是梯玛做法事的道具。最初是画在牛皮或羊皮上，相传最早是画熊皮上的，现在都画在纸上了。画有五层，第五层是日月星辰三元神。第四层为众星宿，第三层为人世间，第二层为土地神，第一层为鬼怪类及驱鬼捉怪的梯玛。

问：梯玛蕴含真丰富啊，您这里这么多道具，可以给我们介绍一下它们的用途吗？

答：可以，梯玛们的道具主要有：牛角，它的作用是惊鬼神；司刀、长刀用来斩妖除魔；八宝铜铃主要由6个铃和海马头组成，是用来壮威、壮胆的，其中课尺用来卜卦显神通、海马独行天下；其次五方兴帽红头巾，法衣太极符身；八幅罗裙八面风，草鞋走遍天崖。（图A-22）这些道具不用时都要统统装入背篓，所以我们常说"背篓一统天下"，也常看见梯玛们背着长背篓出行做法事。

问：您能现场用道具给我们表演一下吗？

答：好，那我给你们唱一段敬家先吧！（随即坐在木马上舞刀摇铃用土家语开唱，后经龙山土家语传承人彭英子翻译）歌词大意为："你们到了，请你们到这里来了，阴卦，你要出卦了，阳卦、顺卦、阴卦，要什么卦顺什么卦。哪个酒？水酒，好酒坏酒，我们都吃一口。骑筒菩兰山，你们歇会儿气，菜饭饭，你们吃点，尊敬祖先，请你们。儿儿女女，给你们敬一杯酒，尊敬的祖先！请你们，守屋的祖先，与人们讲话的祖先，请你们一杯酒。你们要同心同意。好酒，好酒，都吃一口。几代祖先，请你们！骑筒菩兰山。你们这里也要喝一口。儿儿孙孙请你们在这里喝一口，你们喝一满杯……（表演完彭师傅满头大汗图A-23）

问：彭师傅您辛苦啦，休息一会儿吧！

答：没事、没事，你继续问吧！

图 A – 22　彭继龙展示梯玛道具（朱慧玲　摄）

图 A – 23　彭继龙演唱《梯玛神歌》（朱慧玲　摄）

问：谢谢彭师傅，梯玛做法事主要做哪些内容？

答：梯玛法事内容非常简单，做起来又麻烦。讲起来就是一求二还三治疗。一个求"字"三个内容：求男求女求雨。三个"还"字即还愿。就是你"求"的时候表的态，如果你"求"的什么，而得到什么。如你想求一个女孩，果然生了个女孩，实现了你的愿望，那么你表的态即许的愿，承诺的是杀一只羊敬祖先或敬神仙做一堂梯玛法事，你就得兑现，不能耍赖，要诚心诚意地"还"。土家语叫"夫资托"，梯玛给你做了工夫，就得开"夫资"，即工资，也叫"夫司托"。司为"司卡"，汉语翻译成"利息"。做了工夫要连本带利地还，既要还情也要还钱。梯玛用这些钱物来做法事。这就是"还愿"的意义。三是治疗，梯玛的三大内容就是解邪治病。梯玛兼有药匠角色，精通医术。有双重身份，堂而皇之地是土家族的智人。一般有祖传秘方，加上自己的悟性，往往治好了一些疑难杂症病人。

问：您刚才说有人找您治病，用法术真的能治病吗？

答：当然能，但我主要用草药治，有时也做法事治。这点我自己也很疑惑，同样一个病人，医院治不了退回来，请我救治，我同样用和医院相同或者相近的一味药，再施一点外人看来神不弄懂鬼不弄懂（认为不靠谱）的法术，咦，就把他治好了。而且治好几个人。我也不敢断言是药效还是法术有效，反正治好了。

问：梯玛既然是好事的，能治病，那传承就不成问题了吧？

答：哈哈，大问题。虽然我讲了那么多梯玛优点，但要以此职业养活一家人很难啰。现在都讲究科学，国家对老百姓关心，注重医疗卫生事业，乡镇有中心医院，村里有医务室、赤脚医生。我们确实没事干。可是，上面要搞民族文化的保护、抢救。把梯玛从秘密活动之中浮出了水面，转向了公开的舞台表演的文化艺术了。即使这样也没有人愿意学。我现在就给两孙崽崽教，他们还蛮喜欢的。以后学不学得到一些还是两个字（不确定），可惜他们上学去了，不然可以给你们现场表演一下。

（3）介绍《梯玛神歌》

问：《梯玛神歌》被誉为"研究土家族的百科全书"，目前会完整传唱的可能只有您一个了，想请您介绍一下它的主要内容，可以吗？

答：可以，《梯玛神歌》内容丰富、形式多样，是土家族独有的一种吟唱式长篇史诗，它集诗、歌、乐、舞为一体，包含了土家族口传文化的方方面面。过去在我们这里曾广泛流传，不是梯玛的人都会唱一段，也是梯玛们进行法事活动时必须唱的内容。但随着土家族语言的濒危，会完整唱梯玛歌的人几乎没有了。

《梯玛神歌》内容就多呀，要详细唱完可能要十天半月，我现在讲一下大概。它由敬家先、敬土司、筛下马酒、交钱、赏兵、起堂、坐马、敬管事老爷、解头钱、解二钱、解三钱、上刀梯、打关过桥和交天钱回程等32章构成，其中又分76节。如：交钱那章就分化钱、安天子龙王、下马和吃上马酒5节；解头钱又分上马下马、交钱化纸、踩八卦、喊师傅当面交钱和跪下交钱5节等。

问：彭师傅，麻烦您再为我们唱上几段可以吗？

答：好的，之前我唱了敬家先，现在就唱一下敬土司王吧！歌词大意为：哦——索呢——，日日啦！弄凤格子笑，弄凤格扒平。咚不咚喃弄子叶子多弄一嘛呔呔啦！兔窝子丢嘛我挑嘛拔丢啊。劳人劳饭铺，有仇报仇上，有冤报冤上巴毛拔丢啊。长刀一抵杀人上巴毛拔啰啊，马刀砍人上巴毛直丢啊。狮子一对歇凉上巴毛拔丢啊，老虎一对赫人上巴丢拔丢啊，马熊抓人上巴毛拔丢。内罗尼外罗上巴毛拔丢，内罗外罗样巴毛拔丢。七厅衙门坡巴毛拔丢啊，六厅、五厅衙门坡，四厅、三斤、二厅、一厅衙门坡巴毛拔丢啊……

金堂瓦屋上巴毛拔丢，银堂瓦屋样巴毛拔丢。青龙白虎上巴毛拔丢。天地君亲上、师位师神上巴毛拔丢啊。事管一个老爷堂巴毛拔丢。大斗头门上巴毛拔丢啊，门上搓尺堂巴毛拔丢啊。你业金顶银顶上巴毛拔丢哟，岩顶土顶上巴毛拔丢啊。金灶银灶孔巴毛拔丢啊，岩灶土灶孔巴毛拔丢啊，十二灶王公巴毛拔丢啊！廊场簸米上巴毛拔丢，舂米打碓上巴毛拔丢啊。业劳人劳饭铺业巴毛拔丢，左边王先生，田外郎巴毛拔丢……

（4）梯玛和《梯玛神歌》的传承

问：对于梯玛和《梯玛神歌》的传承，您有何想法？

答：真正的梯玛歌完全用土家语唱，但随着土家族语言的濒危，如果不采取保护与传承措施，要将它传承下去很难。但现在国家非常重视民族文化的传承与发展，我们地方也采取了很多抢救与保护措施，还在我们这里实行了双语教学。只要还有精通土家语的人、热爱梯玛这份职业的人，《梯玛神歌》不会失传了，梯玛这份职业也不会淘汰。

我觉得你们的这种方法很好，将我刚才讲和唱的这些内容录音并摄像，这样即使将来我不在了，后人也能通过你们的资料学习或研究梯玛及《梯玛神歌》。你们做的这件工作真的是功在当代、利在千秋！

主要参考文献

专著

[1] 田荆贵：《土家纵横谈》，未来出版社，2007。

[2] 游俊：《土家文化的圣殿——永顺老司城历史文化研究》，民族出版社，2014。

[3] 田清旺：《从溪州铜柱到德政碑》，民族出版社，2014。

[4] 崔乐泉：《中国少数民族传统体育》，贵州民族出版社，2011。

[5] 彭官章：《土家族文化》，吉林教育出版社，1991。

[6] 尹培丽：《图书馆口述资料收藏研究》，国家图书馆出版社，2017。

[7] 李向平、魏扬波：《口述史研究方法》，上海人民出版社，2010。

[8] 唐纳德·里奇：《大家来做口述历史：实务指南》，王芝芝、姚力译，当代中国出版社，2006。

[9] 保尔·汤普逊：《过去的声音——口述史》，覃方明等译，辽宁教育出版社，2000。

[10] 唐德刚：《传记文学》第 45 卷，传记文学出版社，1984。

[11] 陈子丹：《少数民族口述历史档案研究》，云南大学出版社，2015。

[12] 张公谨主编《中国少数民族古籍总目提要·土家族卷》，中国大百科全书出版社，2010。

[13] 彭司礼主编《湘西州土家族辞典》，湖南人民出版社，2015。

[14] 萧洪恩：《土家族口承文化哲学研究》，中央民族大学出版社，1999。

[15] 马晓：《城市印迹——地域文化与城市景观》，同济大学出版社，2011。

[16] 冯骥才主编《传承人口述史方法论研究》，华文出版社，2016。

[17] 王松林编著《现代文献编目》，书目文献出版社，1996。

[18] 王耀希主编《民族文化遗产数字化》，人民出版社，2009。

[19] 彭冬梅：《非物质文化遗产数字化保护与传播研究》，山东人民出版社，2014。

[20] 蔡红霞、胡小梅、俞涛编著《虚拟仿真原理与应用》，上海大学出版社，2010。

[21] 李沛新：《民族文化资源开发利用新思维——以广西为例》，中国经济出版社，2017。

[22] 杨祥银：《与历史对话——口述史学的理论与实践》，中国社会科学出版社，2004。

期刊

[1] 黄柏权：《土家族族源研究综论》，《贵州民族研究》1999 年第 2 期。

[2] 王群：《非物质文化的功能特征及其意义》，《民族艺术研究》2012 年第 1 期。

[3] 徐世璇：《论语言的接触性衰变——以毕苏语的跟踪调查分析为例》，《语言科学》2003 年第 5 期。

[4] 王景高：《口述历史与口述档案》，《档案学研究》2008 年第 2 期。

[5] 杨祥银：《试论口述史学的功用和困难》，《史学理论研究》2000 年第 3 期。

[6] 钟少华：《中国口述史学漫谈》，《学术研究》1997 年第 5 期。

[7] 王子舟、尹培丽：《口述资料采集与收藏的先行者——美国班克罗夫特图书馆》，《中国图书馆学报》2013 年第 1 期。

[8] 杨祥银：《数字化革命与美国口述史学》，《社会科学战线》2016 年第 3 期。

[9] 周新国：《构建中国特色、中国风格和中国气派的中国口述史学》，《当代中国史研究》2004 年第 4 期。

[10] 刘国能：《值得重视的口述史料工作》，《中国档案》1996 年第 4 期。

[11] 钟少华：《中国口述历史研究的探索》，《学术研究》1997 年第 5 期。

[13] 左玉河：《方兴未艾的中国口述历史研究》，《中国图书评论》2006

年第 5 期。

[14] 郑松辉：《图书馆口述历史工作著作权保护初探》，《中国图书馆学报》2010 年第 1 期。

[15] 沈固朝：《档案工作要重视口述资料的搜集》，《档案学通讯》1995 年第 6 期。

[16] 荣维木：《口碑史料与口述历史》，《苏州大学学报》1994 年第 1 期。

[17] 赵兴彬：《口碑史料厘定》，《史学史研究》2004 年第 2 期。

[18] 吕明军：《口述档案及其兴起》，《档案》1986 年第 6 期。

[19] 范金霞：《非物质文化遗产中的口述档案保护与图书馆》，《图书馆学刊》2008 年第 5 期。

[20] 杨祥银：《当代美国口述史学的主流趋势》，《社会科学战线》2011 年第 2 期。

[21] 杨祥银：《美国总统图书馆的口述历史收藏》，《图书馆杂志》2000 年第 8 期。

[22] 蔡志远：《新加坡口述历史中心》，《图书馆》2015 年第 12 期。

[23] 许雪姬：《台湾口述历史的发展》，《郑州大学学报》（哲学社会科学版）2010 年第 4 期。

[24] 王惠玲：《补白、发声、批判、传承：香港口述历史的实践》，《郑州大学学报》（哲学社会科学版）2010 年第 4 期。

[25] 林发钦：《澳门口述历史研究的回顾与思考》，《郑州大学学报》（哲学社会科学版）2010 年第 4 期。

[26] 吕明军：《口述档案及其兴起》，《档案》1986 年第 6 期。

[27] 陈国清：《如何进行党史口述史料的整理工作》，《北京党史》1990 年第 1 期。

[28] 沈志华：《对在华苏联专家问题的历史考察：作用和影响——根据中俄双方的档案文献和口述史料》，《中共党史研究》2002 年第 2 期。

[29] 沈怀玉：《口述史料的价值与应用》，《中国近现代史史料学国际学术讨论会》2004 年第 8 期。

[30] 冯晓华：《兴化抗战期间口述史料选》，《档案与建设》2005 年第 8 期。

[31] 小浜正子、葛涛：《利用口述史料研究中国近现代史的可能性——以山西省盂县日军性暴力研究为例》，《史林》2006年第3期。

[32] 左皓劼、张涛：《值得填补的空白——谈图书馆的口述史料资源》，《图书馆理论与实践》2007年第6期。

[33] 陈俊华：《"创造史料"的图书馆——口述历史在地方文献工作中的应用》，《图书情报工作》2007年第5期。

[34] 王文兵：《土家族碑刻文化资源建设与利用研究》，《图书馆学刊》2017年第5期。

[35] 王爱云：《中共与少数民族文字的创制和改革》，《中共党史研究》2013年第7期。

[36] 彭秀模、叶德书：《制订〈土家语拼音方案〉（草案）的缘起和经过》，《吉首大学学报》（社会科学版）1985年第1期。

[37] 彭武一：《土家族心理特质初探》，《吉首大学学报》（社会科学版）1988年第2期。

[38] 王兰伟：《理论与实践——图书馆口述历史工作探索》，《图书馆》2015年第12期。

[39] 张二牧：《悼念彭武一先生》，《民族论坛》1991年第2期。

[40] 王平：《论土家族古籍的文献价值》，《重庆三峡学院学报》2011年第4期。

[41] 周雪松、杨勤：《民族文化传承与图书馆》，《兰台世界》2013年第29期。

[42] 叶德书：《土家语言研究的回顾与展望》，《湖北民族学院学报》（哲学社会科学版）1999年第4期。

[43] 周沫：《研究过程中的重要一环——查阅文献》，《吉林省教育学院学报（上旬）》2014年第8期。

[44] 江乃武：《文献类型与文献的按情报加工层次分型》，《情报学刊》1981年第1期。

[45] 黄子房：《浅谈文献搜集的方法与整理》，《湖北师范学院学报》（自然科学版）2006年第2期。

[46] 陈正慧：《对土家族文献资源收集整理开发的思考》，《湖北民族学院

学报》（哲学社会科学版）2005 年第 3 期。

[47] 石敏、赵局建：《土家族历史档案保护研究》，《兰台世界》2017 年第 23 期。

[48] 王朝晖：《从虎图腾到祭虎与忌虎》，《民族论坛》1994 年第 2 期。

[49] 朱世学：《鄂西南土家族地区文物古建筑的遗存现状与保护措施探析》，《湖北民族学院学报》（哲学社会科学版）2012 年第 1 期。

[50] 陈敏：《高校档案征集工作存在的问题及其对策研究》，《科技经济市场》2015 年第 4 期。

[51] 梁雪花：《少数民族口述历史档案采集方法研究》，《中国档案》2012 年第 11 期。

[52] 李涛：《论口述档案的搜集》，《档案学研究》2008 年第 5 期。

[53] 周琼：《谈电视采访中的倾听技巧》，《新闻爱好者》2009 年第 4 期。

[54] 陈祖芬：《妈祖信俗口述访谈记录的转录与档案整理》，《档案学通讯》2013 年第 1 期。

[55] Nancy Mackay、尹培丽：《口述历史编目》，《图书馆研究与工作》2018 年第 1 期。

[56] 尹培丽：《口述档案编目问题初探》，《高校图书馆工作》2018 年第 1 期。

[57] 李艳芳：《数字环境下图书馆编目工作的创新探究》，《河南图书馆学刊》2015 年第 1 期。

[58] 李淑艳：《数字检索技术在高校数字档案馆建设中的运用》，《兰台世界》2014 年第 17 期。

[59] 鲁美艳：《土家族口头传统文化的数字化保护研究》，《赤峰学院学报》（汉文哲学社会科学版）2015 年第 10 期。

[60] 董坚峰：《湘西少数民族非物质文化遗产数字化保护研究》，《资源开发与市场》2013 年第 12 期。

[61] 李勇：《数字存档技术在档案、文献长期保存工作中的应用》，《数字与缩微影像》2017 年第 1 期。

[62] 朱中一：《三维数字虚拟技术在博物馆的应用》，《中国纪念馆研究》2017 年第 2 期。

［63］何晓丽、牛加明：《三维数字化技术在非物质文化遗产保护中的应用研究》，《艺术百家》2016年第3期。

［64］厍睿：《虚拟现实技术在数字化图书馆中的应用研究》，《数字技术与应用》2018年第8期。

［65］李鹏、邹勤：《浅谈虚拟现实技术在三维动画专业数字化资源库建设中的应用》，《电脑知识与技术》2018年第26期。

［66］杨程、孙守迁、苏焕：《楚文化保护中编钟乐舞的复原与展示》，《中国图象图形学报》2006年第10期。

［67］高芳：《党校图书馆特色数据库建设探究》，《图书馆工作与研究》2015年第9期。

［68］赵艳：《广东省舞蹈非物质文化遗产资源数据库建设的设计与构想》，《北京舞蹈学院学报》2016年第6期。

［69］李巧君、刘春茂：《浅析数据库设计的一般流程和原则》，《技术与市场》2010年第10期。

［70］杨云燕、杨美玲：《彝文古籍档案数据库的构建》，《兰台世界》2014年第32期。

［71］王敬斌：《陕西汉水流域特色文献数据库的建设与探索》，《电脑知识与技术》2016年第26期。

［72］王丹：《"211"／"985"农林院校图书馆微信公众平台建设调研》，《图书馆学研究》2016年第15期。

［73］戴文彪：《高校图书馆微信精准服务探析》，《大学图书情报学刊》2018年第3期。

［74］丁敬达、李辉：《图书馆微信的移动信息服务研究》，《图书馆学研究》2016年第22期。

［75］邵丽珍：《高校图书馆微信公众平台建设研究》，《图书馆工作与研究》2017年第10期。

［76］张正：《图书馆微信公众平台的构建》，《国家图书馆学刊》2014年第2期。

［77］黄雨生：《面向文献检索课教学模式创新的微信公众平台建设研究》，《图书馆学研究》2016年第12期。

［78］张晓辉：《浅析数字出版对图书出版的影响及编辑的应对策略》，《科教文汇（下旬刊）》2017 年第 1 期。

［79］魏静茹：《以改革为动力，推动社会主义文化大发展大繁荣——专访国家新闻出版总署党组书记、署长，国家版权局局长柳斌杰》，《理论视野》2011 年第 12 期。

［80］周红、潘俊成：《传统出版与数字出版融合的多元化发展思路》，《新媒体研究》2019 年第 5 期。

［81］黄三生、凡宇、熊火根：《乡村振兴战略视域下红色文化资源开发路径探析》，《价格月刊》2018 年第 9 期。

［82］陈泠璇：《重庆市民族文化旅游资源开发研究——以石柱土家族自治县为例》，《现代商业》2018 年第 9 期。

［83］杨志坚、盛莉、丁玉敏：《民族地区的乡风文明建设与传统道德教育》，《云南农业大学学报》（社会科学版）2010 年第 6 期。

［84］管宁：《地方文化资源产业元素开发探究》，《贵州社会科学》2011 年第 11 期。

［85］陈廷亮：《土家族节日述论》，《吉首大学学报》（社会科学版）1991 年第 4 期。

［86］周非非：《弘扬优秀传统文化　增强文化自信》，《人民论坛》2018 年第 26 期。

［87］陈剑锋、唐振鹏：《国外产业集群研究综述》，《外国经济与管理》2002 年第 8 期。

［88］王兆峰、杨琴：《旅游产业集群与经济发展研究——以张家界旅游产业为例》，《内蒙古社会科学》（汉文版）2009 年第 6 期。

［89］王克岭、刘佳、张扬楣：《文化旅游产业链治理模式研究》，《企业经济》2012 年第 12 期。

报纸

［1］张斌峰：《打造生态宜居的美丽乡村》，《陕西日报》2019 年 3 月 27 日。

［2］本报特约评论员：《乡村振兴须重治理有效》，《岳阳日报》2019 年 1

月 13 日。

网上文章

[1] 张虎：《刘代娥：国家级非物质化遗产项目传承人》，中国乡村网，ht-tp：//www. zgtlky. cn/bencandy. php？fid = 122&id = 37500/，最后访问日期：2018 年 1 月 17 日。

[2] 英国口述历史馆馆长：《英国口述史一开始就关注草根》，https：//cul. qq. com/a/20141104/050157. htm，最后访问日期：2017 年 11 月 20 日。

[3] 滕佳：《〈湘西州土家族辞典〉正式出版发行》，湘西网，http：//m. xxnet. com. cn/ItemView_ 24102/index. aspx，最后访问日期：2018 年 10 月 2 日。

[4] 数字敦煌：http：//public. dha. ac. cn/content. aspx？id = 121064271502，最后访问日期：2018 年 12 月 20 日。

[5] 中国互联网络信息中心网站，http：//www. bast. net. cn/art/2018/8/30/art_16698_387749. html，最后访问日期：2018 年 8 月 30 日。

[6] 《2018 微信数据报告》，https：//support. weixin. qq. com/cgi – bin/mmsupport – bin/getopendays，最后访问日期：2018 年 1 月 9 日。

[7] 《2018 年中国微信登陆人数、微信公众号数量及微信小程序数量统计》，中国产业发展研究网，http：//chinaidr. com/tradenews/2018 –06/120224. html，最后访问日期：2018 年 6 月 1 日。

[8] 《习近平谈中华优秀传统文化：善于继承才能善于创新》，http：//cpc. people. com. cn/xuexi/n1/2017/0213/c385476 – 29075643. html，最后访问日期：2019 年 4 月 1 日。

[9] 《习近平提出，坚定文化自信，推动社会主义文化繁荣兴盛》，ht-tp：//www. xinhuanet. com/politics/19cpcnc/2017 – 10/18/c_1121820800. htm，最后访问日期：2019 年 4 月 1 日。

[10]《加强党的政治建设，习近平总书记这么说》，http：//cpc. people. com. cn/xuexi/n1/2018/0701/c385474 – 30098224. html，最后访问日期：2019 年 4 月 17 日。

[11]《习近平总书记在全国生态环境保护大会上的讲话全文》，搜狐新闻，http：//www. sohu. com/a/292790996_120042963，最后访问日期：2019年4月23日。

[12]《习近平在小岗村主持召开农村改革座谈会》，新华社网，http：//www. chinanews. com/gn/2016/04－28/7852799. shtml，最后访问日期：2019年4月28日。

[13]《张家界美食"选美"圆满落幕十大"名厨、名菜、名店"出炉》，张家界政府公众信息网，http：//www. zjj. gov. cn/c32/20181027/i429122. html，最后访问日期：2019年5月16日。

[14]《保护好优秀农耕文化遗产》，中国社会科学网，http：//ex. cssn. cn/dzyx/dzyx_gwpxjg/201805/t20180522_4281436. shtml，最后访问日期：2019年4月26日。

[15]《〈直播苏木绰〉即将在张家界市石堰坪村精彩上演》，湖南频道，https：//hn. rednet. cn/c/2017/01/25/4201136. htm，最后访问日期：2019年6月18日。

[16]《2019龙山县土家族舍巴日在洗车河隆重举行》，龙山新闻网，http：//www. lsnews. net/LongshanNews/YW/64732. html，最后访问日期：2019年6月19日。

后　记

　　《土家族口述史料征编研究》终于得以完稿。看着这20多万字的文稿和征编好的土家族口述史料，我心中百感交集，不禁想起曹雪芹先生《红楼梦》开篇写的：满纸荒唐言，一把辛酸泪。都云作者痴，谁解其中味。口述史料征编工作是艰辛的，其过程不仅没有光环，还时常会听到亲朋好友的担忧和劝告。可是，我深知口述史料是传承发展中华优秀传统文化的重要资源，其征编工作需要一批默默无闻的学者。

　　沈从文先生曾说："一切的偶然都是宿命中的必然。"我对土家族口述史料进行研究既是偶然，也是冥冥之中的必然。

　　作为一名土家族人，孩提时期的寒暑假，我经常在土家山寨度过。那里的土家话、吊脚楼、滴水牙床、梯玛、哭嫁和舅妈的挑花、织布技艺与外婆讲的谜语、谚语等，都是我记忆深处抹不去的美好回忆。可惜的是，随着时代的变迁，这一切几乎消失殆尽，成为我内心挥之不去的痛，也萌发了我为其保护尽一份绵薄之力的念头。

　　2009年5月，我无意中看到几篇图书馆界口述历史研究的学术论文，给我留下了深刻印象。随后，我又无意中看到一条介绍土家族文化的电视新闻，让我突发奇想：土家族没有本民族文字，其历史文化长期依靠口传心授传承，如果能够进行口述历史研究，不仅能建设图书馆特色资源，更能有效保护濒临消失的民族口传文化。

　　于是，我尝试着运用图书馆学、民族学、口述史等学科的理论与方法，对土家族濒危口传文化展开了口述历史研究。2011年，我申报的"少数民族口述历史资源开发利用与永久性保存机制研究——以武陵山区为例"项目,获教育部人文社会科学研究青年基金项目的立项（已结题,批准号:11YJC870021）。通过该课题研究,我收获颇多、感触匪浅。这一过程中,除了增长学识、收获一定研究成果外,更让我了解到无文字民族还有大量的口述史料散佚于民间,亟待抢救性征编。

随后,在学术与民族责任感本能的驱使下,我将研究重心转向土家族口述史料的征集、整编与数字化保护等方面。2016年,我申报的"土家族濒危口述史料的征编与研究"项目有幸获国家社科基金一般项目的立项资助（项目批准号:16BTQ047）。在3年来的项目研究过程中,为全面做好土家族濒危口述史料的征编工作,课题组首先对土家族历史文化、口述史料进行了深入的理论探究,以期规范、系统地推进征编的实践;其次,我深入湘西、恩施等广大土家族地区的各级图书馆、博物馆、非遗办等单位及乡村展开实地调研,广泛征集土家族濒危口述文字和实物史料。同时,我对土家族18种濒危口传文化及传承人进行口述历史研究,挖掘到大量鲜活的第一手资料。随后,我对征集到的土家族口述史料进行了规范化的整理、编目、数字化与开发利用研究,并通过建立"土家族口述史料数据库",实现了长久保存、共享与利用。

如今,该项目最终研究成果——《土家族口述史料征编研究》这部专著通过我3年来的努力终于付梓。这是我10年来对土家族口述历史与图书馆特色资源建设研究的结果,同时也是众人给予我无私帮助,和我共同完成的结晶。

在此,我要特别感谢全国哲学社会科学工作办,是他们的大力支持才使本课题得以顺利开展并按时、良好结项。感谢几位匿名国家社科基金评审专家为本书提出的宝贵意见,使修改后的体系更为完整,让我实现了多年来想将研究成果整编成书的愿望。

感谢土家族民俗研究专家罗仕松先生。他不仅学识渊博,而且治学严谨。没有他多年的谆谆教诲,就没有我微小的进步。就本书而言,从题目的选定到田野调查及书稿完成,都离不开他的悉心指导。感谢土家族语言传承人彭英子先生。我在湘西进行田野调查时,他不仅担当了向导和翻译的重任,还为本书的写作提供了很多珍贵素材。

感谢余爱群、刘代娥、彭南京、陶代荣、彭善尧、彭继龙、严三秀、张明光等土家族濒危口传文化传承人。每次访谈，他们总是竭尽全力配合，并将所掌握的技艺和相关知识毫无保留地给我们展示。他们对土家文化的深厚情感和希望得到保护与传承的迫切期望，令我备受感动。

感谢粟娟、刘泳洁、吕华明、向津清等教授为本书提纲提出的精辟中肯意见，感谢他们对初稿细致周到的审阅，以及在文字表述方面给予的独到见解。这为本书的完善提供了鲜活的思想源泉。

感谢吉首大学学生沈旖旎、何轩与我一起建立了"土家族口述史料数据库"；钱龙、邹浩然、陈湘陶协助我完成了本书部分图表的绘制工作；帅晓迈、唐红霞、张心悦（研究生）等为我分担了部分资料的整理和初稿的校对工作。

感谢为我提供了大力支持和帮助的吉首大学图书馆、社科处等单位的领导和同事们；感谢我的家人、好友与课题组成员多年来一如既往地关注我的研究进展，陪我去偏远的乡村调研，力所能及地为我提供各种帮助；感谢为课题组提供土家族口述史料的单位及每个关心和支持我的人，为避免疏漏，恕不一一举名。在我的心灵深处，总有他们最真、最美的情意，任凭时光流逝，永远铭记于心。借此机会，一并致谢！

经课题组全体成员的共同努力，土家族濒危口述史料的征编已有了较为完善的研究体系。本书提出的征集、整理、编目、数字化保护和开发利用的具体措施对当前其他少数民族研究具有重要的指导作用。征集到的土家族口述史料也能为各级管理部门和研究机构，对土家族展开多维度研究提供翔实的史料基础和具体的决策依据。

"路漫漫其修远兮，吾将上下而求索。"本书的完成只是我在民族口述历史和图书馆学研究领域中的一个起点。在我伏案写作的过程中，脑海中时常会浮现土家族濒危而优秀的口传文化，那些勤劳朴实的土家族濒危文化传承人，以及利用图书馆资源查询土家族史料的研究者们……我愿在这个领域继续努力耕耘，愿我的研究能为土家族濒危口传文化的传承与发展探索出更富成效的策略，为研究者对土家族进行多维度研究提供翔实而重要的第一手口述史料，我愿我们的民族在习近平新时代中国特色社会主义思想的指引下，早日实现文化、经济的繁荣发展，不断创造中华优秀传统文化新的辉煌。

彭 燕

2019 年 11 月于张家界

图书在版编目（CIP）数据

土家族口述史料征编研究／彭燕著. -- 北京：社
会科学文献出版社，2020.8
ISBN 978 - 7 - 5201 - 7265 - 3

Ⅰ.①土… Ⅱ.①彭… Ⅲ.①土家族－民族历史－史
料－征集－研究－中国 ②土家族－民族历史－编写－研究
－中国 Ⅳ.①K287.3

中国版本图书馆 CIP 数据核字（2020）第 170206 号

土家族口述史料征编研究

著　　者／彭　燕

出 版 人／谢寿光
责任编辑／范　迎　周志静

出　　版／社会科学文献出版社·人文分社（010）59367215
　　　　　地址：北京市北三环中路甲 29 号院华龙大厦　邮编：100029
　　　　　网址：www. ssap. com. cn
发　　行／市场营销中心（010）59367081　59367083
印　　装／三河市龙林印务有限公司

规　　格／开本：787mm × 1092mm　1/16
　　　　　印　张：21.25　字　数：344 千字
版　　次／2020 年 8 月第 1 版　2020 年 8 月第 1 次印刷
书　　号／ISBN 978 - 7 - 5201 - 7265 - 3
定　　价／188.00 元

本书如有印装质量问题，请与读者服务中心（010 - 59367028）联系